江苏省产业发展研究基地
江苏省决策咨询研究基地
江苏高校优势学科建设工程项目　资助
江苏高校“青蓝工程”工程项目
南京财经大学出版项目

江苏产业发展报告2012

——江苏要素贡献率分析

主　编：徐从才
副主编：宣　烨　孔群喜

中国经济出版社
CHINA ECONOMIC PUBLISHING HOUSE
北京

图书在版编目（CIP）数据

江苏产业发展报告 2012/徐从才主编

北京：中国经济出版社，2013.2

ISBN 978-7-5136-2299-8

Ⅰ.①江… Ⅱ.①徐… Ⅲ.①产业发展-研究报告-江苏省-2012 Ⅳ.①F127.53

中国版本图书馆 CIP 数据核字（2013）第 026506 号

责任编辑　严　莉

责任审读　霍宏涛

责任印制　常　毅

封面设计　任燕飞设计室

出版发行　中国经济出版社

印 刷 者　昌平新兴胶印厂

经 销 者　各地新华书店

开　　本　710mm×1000mm　1/16

印　　张　19.25

字　　数　285 千字

版　　次　2013 年 2 月第 1 版

印　　次　2013 年 2 月第 1 次

书　　号　ISBN 978-7-5136-2299-8/F·9634

定　　价　55.00 元

中国经济出版社　**网址**　www.economyph.com　**社址**　北京市西城区百万庄北街 3 号　**邮编**　100037

本版图书如存在印装质量问题，请与本社发行中心联系调换（联系电话：010-68319116）

《江苏产业发展报告2012》编写委员会

主　　编　徐从才

副 主 编　宣　烨　孔群喜

编写委员会　徐从才　宣　烨　孔群喜

撰　　稿　（以姓氏笔画为序）

于乐乐　孔群喜　余泳泽　宣　烨　徐　圆

张　成　杨德彬　汪丽娟　张小雪

统　　稿　宣　烨

目录 CONTENTS

第一篇 相关理论与研究方法

第一章　经济增长理论

一、经济增长理论发展阶段

经济增长理论是研究解释经济增长规律及其制约因素的理论，是宏观经济学的重要组成部分之一。它源于古典经济学家斯密，形成于哈罗德—多马模式，目前已形成了不同的思路和学派。但从内在联系来看，各种经济增长理论之间存在着某种继承、发展、否定或补充的延续关系。根据这种关系，将经济增长理论划分为三个阶段，即古典经济增长理论、新古典经济增长理论和新经济增长理论。

（一）古典经济增长理论

古典经济增长理论是现代经济增长理论的思想渊源，其中的某些结论成为经典结论；某些观点却至今存在着争议。分析经济增长是英国古典经济学家的中心特点，因而在工业革命大背景下这些经济学家关于经济增长的理论就被称为古典经济增长理论。

古典经济学家研究经济增长问题源于当时特定的历史条件。当时英国的政治、经济和社会环境处于一个大变革时期，工业革命已经拉开序幕。经济学家必须对工业资本主义的运行方式、基本促进因素及其发展结果予以科学的解释，因此，古典经济学家对经济增长的研究更侧重于分析经济增长的决定因素。在古典经济学家中，对经济增长问题论述较多的主要有魁奈、斯密、马尔萨斯、李嘉图等人，其中具有代表性的是斯密和哈罗德—多马提出的增长理论。

（二）新古典经济增长理论

新古典经济增长理论兴起于20世纪50年代，由美国经济学家、MIT的索洛以及英国的经济学家斯旺创立。早在1956年，他们分别提出了经济增长模型，之后，英国经济学家米德又进一步发展了新古典经济增长理论，并对其作了系统的研究。美国的经济学家萨缪尔森等在他们的经济增长理论中提出了与索洛基本相似的观点。

新古典经济增长理论的起源是索洛对于哈罗德—多马增长理论的修正。其后，为了克服哈罗德—多马模型的缺陷，斯旺、米德和萨缪尔森等经济学家都提出了新的增长模型，认为在没有外力推动时，经济体系无法实现持续的增长，只有当经济中存在技术进步或人口增长等外生因素时，经济才能实现持续增长。这类模型的共同特点是放松哈罗德—多马模型的前提假设，探索经济增长新的路径。

（三）新经济增长理论

新经济增长理论又称内生增长理论，它的兴起是以罗默1986年发表的论文《收益递增经济增长模型》为标志。其后在以卢卡斯、杨小凯、博兰德等人为代表的一批经济学家的探索发展下，在对新经济增长理论重新思考的基础上，提出了一组以"内生技术变化"为核心的论文，探讨了长期增长的前景，重新引起了人们对经济增长理论和问题的兴趣，掀起了一股"新增长理论"的研究潮流，成为当代西方经济学界的一种主流理论。

二、从要素投入看主流经济增长理论

（一）亚当·斯密经济增长理论

斯密的《国富论》是有史以来第一部以经济增长问题为主线的经济理论著作，该书中，斯密充分阐述了其经济增长理论。从要素投入方面看，斯密认为劳动、资本、土地三者的投入构成了决定经济增长的要素投入，其中，劳动是极其重要的生产要素。对劳动投入，他不仅注意到了劳动数量，而且注意到了劳动质量。此外，斯密还指出，要增加劳动者数目，必须先增加资本，这表明他已经认识到资本要素投入对劳动要素投入的影响。但斯密将劳动分为生产劳动和非生产劳动是不合理的，他没有充分认识到"非生产劳动"的生产性。另外，斯密未能将人力资本要素单独地加以识别，更没有认识到人力资本要素对简单劳动和物质资本等要素投入的影响。

从全要素生产率看，虽然在斯密所在的年代里还没有出现全要素生产率这一概念，但斯密已经注意到了要素生产效率的提高对经济增长的作用，在他看来，要素生产率的提高是因为存在技术进步，而技术进步又是由社会分工和分工基础上对“简化劳动和缩减劳动”机器的运用所带来的。可以说，斯密的经济增长理论实际上已涉及了有关全要素生产率的多个方面，如规模经济、资源优化配置的优化、知识进展、资本要素投入对全要素生产率的影响，以及社会经济制度对全要素生产率的影响。但是，在斯密看来，这一切都是以劳动分工为基础的。斯密过分强调分工的作用，没有意识到分工会带来协调成本的上升；此外，斯密在要素生产效率方面，只重视劳动生产率的提高，在技术进步方面，非常强调机械的发明和使用，他对技术进步的理解似乎倾向于技术学意义上的技术进步。可见，斯密对要素生产率和技术进步的理解过窄，这限制了对全要素生产率进行研究的深度和广度。

（二）哈罗德—多马经济增长理论

哈罗德和多马最先将经济增长作为一个独立的研究领域，并且自哈罗德开始，增长理论几乎都是采用经济增长模型来表现的。增长理论一般是选取某些认为与经济增长有关的因素（变量），在一定的假定前提下，分析这些经济因素之间的函数关系来说明实现稳定增长的条件，这种理论体系用数学公式来表示就是经济增长模型。不同的经济增长模型所包括的变量的多少和变量的种类不同，规定各变量特征的假定也不同。哈罗德和多马所使用的增长模型极为相似，一般合称之为哈罗德—多马模型。

从要素投入上看，哈罗德—多马模型特别强调资本的投入，认为只要资本产出比不变，且储蓄等于投资，经济就能实现均衡增长，并得出简明的公式 $G_w = S_w/V_w$（式中，G_w 是均衡增长率，S_w 为合意的储蓄率，V_w 为合意的资本产量比）。这对劳动力供给充足、技术进步不明显的经济状况来说，是合理的。但由于 V 不变，意味着投入的资本劳动力比例不变，这既反映出该模型内含有劳动的投入，又可推知，当资本充裕时，决定经济增长率的根本性因素并非资本，而是劳动力，也就是说，均衡增长始终受制于自然增长率。由于该模型并未涉及资本的质量，也未涉及人力资本，而且资本和劳动力的投入也是相互不可替代的。这显然是该理论的不足之处。

从全要素生产率看，哈罗德—多马模型既含有规模收益不变的假设，又由 V 不变可推出无技术进步（经济学意义上的），从而资本和劳动力质量的提高、资源配置的改变、知识和管理的创新、制度变迁等都不会发生，即使各自变化，但对全要素生产率的作用之和为零。这使得哈罗德—多马模型虽有动态性（主要表现为投资的二重性），但全要素生产率不变这样的推论又使得哈罗德—多马模型不具长期性，因为在长期内，全要素生产率不变的假设是不合理的。

（三）索洛经济增长理论

索洛模型是在对早期哈罗德—多马模型修正的基础上提出的。哈罗德—多马模型的缺点之一是假定生产技术是不变的，对于一个给定的储蓄能够实现均衡的有保证的增长率只有一个唯一的数值，这种数值除非特殊情况，否则很难实现。因此，即使经济能够沿着一条均衡轨道向前发展，那么这条轨道将犹如“刀锋”一样狭窄，一旦偏离此轨道，增长的路径将表现为累积性的经济扩张或经济萎缩。为了克服这一局限性，索洛率先提出经济增长新的路径，主要特征为：认为哈罗德—多马的“刀锋”式的增长路径是可以避免的，充分就业的稳定增长可以通过市场调整生产中的劳动和资本的配合比例来实现。同时，索洛还指出：从长远来看，不是资本积累和劳动力的增加，而是技术进步才是经济增长的决定因素。但是，索洛经济增长理论中的劳动是简单劳动，资本是未考虑质量改善的物质资本，这容易使人对生产要素的理解简单化，并使得技术进步外生化，要素投入和技术进步没有任何直接关系，甚至在对经济增长的贡献份额上，完全是此消彼长的关系，这容易导致理论和政策上的误区。另外，索洛增长模型中，资本和劳动力是可以任意替代的，这也是不合理的。

从全要素生产率看，索洛将技术进步定义为非体现的、外生的、希克斯中性的，并用“索洛余值”测度技术进步率，索洛的技术进步率就是全要素生产率，这是索洛的一个比较重要的贡献。这种方法可以进一步推广，即使识别更多个要素的投入，由于经济运行中总会有一些识别不了的因素，因此，用索洛余值测度全要素生产率总有意义。但将技术进步看成是外生的，对决定技术进步的因素未加以全面深入的研究，这也是索洛经济增长理论的缺陷之一，使得索洛余值成为“黑箱”，索洛经济增长理论的解释力和政策含义大为削弱。

（四）罗默与卢卡斯的经济增长理论

罗默的知识溢出模型和卢卡斯的人力资本溢出模型是新经济增长理论的主流思路。从要素投入来看，罗默认为原先的经济增长模型只能考虑两个内生变量，即资本和劳动力，而其他诸多要素一则难以区分，二则只能作为外生变量处理，因而已很难用来解释今天的经济现实。在如今的经济现实中，科学技术进步迅速，知识进展日新月异，是经济增长的重要驱动力。因此，有必要将知识因素作为经济增长的内生变量加以考虑，据此，罗默提出其知识溢出模型，考虑的要素投入有资本、非技术劳动力、人力资本（按接受教育时间的长短衡量）及新思想（可按专利权数量衡量）。

与罗默不同的是，卢卡斯强调经济增长依赖于行业的平均技术水平，人力资本的外部作用表现在行业的平均技术水平上，而不是社会的人力资本积累。在卢卡斯的人力资本溢出模型中，人力资本对产出水平发生影响，而人力资本增长率取决于行业平均技术水平（平均人力资本存量），加上本期内对人力资本的投入。人力资本作为投入要素，会有效提高经济中的实际投入，使产出水平上升。单个经济单位人力资本水平的提高，在对其产出作出贡献的同时，也提高了社会平均人力资本水平，促进社会的经济运行效率。

从全要素生产率看，罗默和卢卡斯都认为微观主体的趋利行为所导致的知识和人力资本存量的增加，通过溢出效应导致规模收益增加和技术进步，这种内生的技术进步是经济增长的决定因素。通过将技术进步内生化，在要素投入与全要素生产率之间架起了一道桥梁。该理论具有新古典经济增长理论所不具备的解释力和较强的政策含义，对研究区域经济持续增长具有借鉴作用。

三、经济增长理论最新发展及其评价

近期经济增长理论的发展整体上遵循着既要能消除规模效应又能保留

内生增长理论“精髓”的路径，大致来看，可以分为两种思路。

（一）以琼斯、艾钦和托洛夫斯基为代表的经济增长理论

以琼斯、艾钦和托洛夫斯基为代表的经济增长理论保留了内生增长理论中最终产出部门和“知识”生产部门的两部门模型框架，从而保留了“知识夸时扩散”的本质特征，但放弃了内生可累积要素具有不变规模收益的强假定条件，从而得出了无规模效应结论。

从投入要素来看，在琼斯的模型中，人口或知识存量对其自身累积的贡献远不如罗默的知识溢出模型所设想的那样大，琼斯消除了经济增长中的规模效应，均衡经济增长率取决于知识生产部门内生要素的产出弹性，而非人口或人力资本规模。艾钦和托洛夫斯基则更进一步认为，琼斯的无规模效应模型仍然是一种特殊情形，他们构筑了一个更为一般的两部门无规模效应模型，并将琼斯、罗默等模型全部涵括其中。他们的结论是，假定全部内生要素在知识生产部门和最终产出部门的总产出弹性不同，那么，经济长期增长率将遵循“短边”原则，由总产出弹性最小的那个部门来决定，而与经济规模无关。琼斯、艾钦和托洛夫斯基的模型虽然从形式上消除了规模效应，但是他们却并没有说明为什么不会存在规模效应。并且，在他们的模型结论中，政府政策对长期经济增长率并不具有相关性，因此，他们的模型分析只具有纯理论上的意义。

（二）以新熊彼特主义经济学家为代表的经济增长理论

另一条思路则主要是由一批新熊彼特主义经济学家开辟的，他们从特定的研究视角来分析规模效应问题。以阿尔文·扬、阿格汗和哈威特、贝里特等为代表的增长模型，集中于对“偷生意效应”的分析，提出了一种消除规模效应的新方法。以阿尔文·扬的模型为例，按照扬的分析，如果政府的政策只是简单地对所有研究部门实行“遍地开花”式的资助，那么，很可能只是激励产品的模仿，从而只影响收入水平，而不能影响长期经济增长率；相反，如果政策立足于激励产品的质量创新，并根据R&D的研究深度实行重点资助或配额资助，那么，就可以提高长期经济增长率。因此，扬的政策含义是：政策资助应该向创新难度大的人员或项目倾斜。

（三）经济增长理论发展评价

从上述几个具有代表性的西方经济增长理论与要素投入及全要素生产率的关系中我们可以看出，西方经济增长理论对要素投入的研究经历了一个不断深化的发展过程。从要素投入和全要素生产率的角度看，在诸如对投入要素的识别、要素投入与全要素生产率的关系、决定全要素生产率的因素、各种因素在经济增长中的重要程度等方面，各理论呈现出不同的特点。这些增长理论及其特点的形成，固然与各经济学家的理论修养和研究方法有关，但更为重要的是与各个理论产生时所处的经济发展背景紧密相关。由此可知，我们在研究江苏省经济增长问题时，应在充分重视江苏省经济增长的实践背景的前提下，借鉴西方经济增长理论，理论结合实际，使研究不断深化。其中，最为核心的问题是，如何充分利用省内外的资源和条件，以要素投入增长和全要素生产率两者对增长率的贡献之和极大化并能持续下去为目标，寻求江苏省经济持续增长的动力。

第二章 要素贡献测评理论与方法

一、相关要素界定与特征

（一）技术要素

技术要素是指成为技术基本结构中的一个独立成份的因素，如经验、技能、工具、机器、知识等任何生产过程、任何技术都共同具有的基本构成因素。技术要素按其表现形态可分为以下三类：

1. 经验形态的技术要素

主要指经验、技能这些主观性技术要素，经验、技能是基本的技术表现形态，经验是人在长期实践中的体验，以生产方式为基础，在劳动过程中表现出来的主体活动能力，它包括技巧、诀窍等实际知识。经验、技能在不同历史时期表现的形式也不相同，如古代以手工操作为基础的经验技能，近代以机器操作为基础的经验技能，现代以技术知识为基础的经验技能，这三种经验技能代表了人类在利用自然和改造自然过程中的主体活动能力和方式的不同发展阶段。

2. 实体形态的技术要素

主要指以生产工具为标志的客观性技术要素，与经验技能相类似，技术手段的范畴也是与技术发展的一定阶段相互对应的，实体技术也可以按不同历史时期分为手工工具、机器装置、自控装置等三种表现形式，不同形式的实体技术表现了人类利用自然和改造自然的物质手段的不同发展阶段。

3. 知识形态的技术要素

主要是指以技术知识为象征的主体化技术要素。技术知识是人类在劳动过程中所掌握的技术经验和理论，也就是说技术知识有两种表现形式，一种是经验知识，一种是理论知识。古代的知识技术是具有描述性规律的技能、准则，现代的知识技术是技术规则和理论（苏黎，2008）①。

可以认为，经验技术知识是关于生产过程和操作方法的规范化的描述或记载，而理论技术知识则是关于生产过程和操作方法的机制或规律性的阐述。不同形式的技术知识表现了人类利用改造自然的认识能力的不同发展。

对技术发展趋势的讨论，一直是经济增长研究领域中的一个重要课题（孙中才，1994）②，自美国索洛教授在科技进步贡献率研究方面作出突出贡献而获诺贝尔经济奖以来，测度科技进步对经济增长的贡献成为经济学中一个十分活跃的研究领域。当今世界，国际竞争逐渐激烈，人们对知识与技术的迅速发展以及可持续发展越来越关注，也使得人们更加关注经济增长的源泉。一国在其发展过程中，随着经济水平、技术水平的改变，各种要素的组合方式会有所不同，因而其经济增长方式也会发生改变。熊彼特（1912）③ 最初认为创新是推动经济发展的根本动力，简单的要素增长带来的只是经济增长。索洛通过新古典经济增长理论进一步地将技术进步带来的经济增长效应模型化，使之能够被衡量。现有的研究成果已普遍认为，技术进步已经成为当今经济发展的决定性力量。

（二）资本要素

资本要素是通过直接或间接的形式，最终投入产品、劳务和生产过程中的中间产品和金融资产。经济增长的资本投入要素是指机器、设备和厂房等物质资本（叶飞文，2003）④。

1. 资本对经济增长的作用

资本是经济增长的重要推动要素之一。自亚当·斯密时代以来，资本与劳动力始终就是经济增长领域着重研究的两个基本要素，资本对于经济增长的贡献早已被广泛认同。19 世纪初法国经济学家萨伊就提出了“生产要素论”。指出资本在生产中参与了价值的创造，应当从生产的总价值中

---

① 苏黎．中国传统农业技术演化特征及成因分析［D］．沈阳：东北大学，2008.
② 孙中才．农业技术进步趋势分析［J］．农业技术经济，1994（5）．
③ 熊彼特．经济发展理论［M］．北京：中国商业出版社，2009.
④ 叶飞文．要素投入与中国经济增长［D］．厦门：厦门大学，2003.

取得相应的报酬。该理论已经肯定资本要素在生产中的作用，并进行了直接论述，这是一个进步，但他仍然没有指出资本要素作用的大小问题。19世纪末，美国经济学家克拉克认为随着资本要素数量的增加，单位资本要素的作用在降低。可见，克拉克看到了资本要素作用的变化。不同于西方经济学家，马克思从剩余价值的角度出发将资本分为可变资本与不变资本，进而研究资本对于资产阶级经济的影响。20世纪初，柯布与道格拉斯提出著名的包括资本与劳动的生产函数，从微观层面衡量资本对产出的作用。随后的经济增长理论无论是以索洛为代表的新古典理论还是内生增长理论都仍然正视资本对于经济增长的贡献。

2. 资本量的计算

对于资本要素贡献率进行衡量的第一步是能够对资本量进行有效计算。通常研究中按支出法计算GDP时的折项，即一定时期（如一年）一个国家所有常住单位用于最终消费、资本形成总额以及货物和服务的净出口总额，加总即构成本期生产的GDP的使用。显然资本形成总额是在一定时期内（如一年）获得的减去处置的固定资产加存货的变动，包括固定资本形成总额和存货增加。固定资本形成总额是指常住单位购置、转入和自产自用的固定资产，扣除固定资产的销售和转出后的价值，分有形固定资产形成总额（包括一定时期内完成的建筑工程、安装工程和设备工具购置减去处置后价值，以及土地改良和新增役、种、奶、娱乐用牲畜及新增经济林木价值）和无形固定资产形成总额（包括矿藏的勘探、计算机软件、娱乐和文学艺术品原件等获得减处置）。存货增加是指常住单位存货实物量变动的市场价值，即期末价值减期初价值的差额，包括生产单位购进的原材料、燃料和储备物资等存货，以及生产单位生产的产成品、在制品等存货等（叶飞文，2003）。

（三）劳动力要素

劳动力是指一定劳动年龄阶段并愿意就业的个人，也称为人力资源。（叶飞文，2003）实际上劳动力概念常常无法精确地加以界定，有些虽然在劳动力岗位上，但年龄已超过法定劳动力年龄（如中国规定男为16～60岁，女为16～55岁，一些高级知识分子除外）。

1. 劳动力与经济增长的关系

劳动力始终是经济增长的重要驱动因素之一，经济增长会对劳动力提出显著需求，经济增长决定劳动力的需求水平，亦即创造劳动力的就业机会和扩大劳动力人口容量。通常情况下劳动力需求分为静态需求和动态需求。劳动力的静态需求只研究一个横断面上，不同工资水平和劳动力要素收益水平下用人单位对劳动力不同的需求量。劳动力的静态需求一方面取决于企业聘用劳动力的边际收益，另一方面取决于聘用劳动力所支付的代价，即工资。劳动力的动态需求主要研究在不同的劳动生产率、投资率、资本生产率等条件下经济增长对劳动力不同的需求量。由于增长至少是一个区域的经济社会现象，因此劳动力动态需求是指一个地区或国家的经济增长对劳动力的需求。在这里，研究动态的劳动力需求，一般地，在技术条件变化不大的情况下，一定的劳动力投入与相应的资本结合，推动经济按一定的速度增长；反之一定速度的经济增长需要一定数量的劳动力投入，即创造一定的就业机会（叶飞文，2003）。

2. 劳动力衡量的两个层面——数量与质量

目前针对劳动力要素的研究主要从劳动力数量与劳动力质量两个角度出发。劳动力数量即传统意义的劳动力要素投入量，古典学派开始对这一要素的研究从未间断，成果丰厚。研究表明在经济起飞阶段，劳动力数量对经济的贡献十分显著，但是随着经济的发展，劳动力数量对于经济的贡献逐渐减弱。劳动力质量指的是劳动者由于自身教育、培训、经验等方面的差异而带来的劳动能力的高低，劳动力质量的研究已经成为当前研究的一大热点，尤其体现在人力资本方面。在经济学界，学者们普遍认为劳动力质量对经济增长的影响重大，如刁永作（1983）①、张霞英（1991）② 等学者都持有相类似的观点。相关论述在下文中展开。

① 刁永作．简论提高现有劳动人口质量［J］．人口学刊，1983（5）：51－55.

② 张霞英．提高劳动力质量的紧迫性及其途径［J］．经济管理与干部教育，1991（3）：26－33.

二、要素贡献的研究综述

人们对增长因素的认识经历了从最初偏重劳动和资本数量的增加到技术进步再到劳动者素质的提高，从偏重物质资本的作用到重视人力资源的开发，从偏重投入要素数量的增加到重视资本配置效率和组织管理等发展过程。关于要素对经济发展的贡献的认识也是在不断地发展与深化，探索经济发展的内在动力始终是经济学界一个永恒的话题。

（一）劳动力要素理论综述

从亚当·斯密时代开始，劳动力和资本就是经济增长研究领域中一直被重视的两个要素，古典学派对于劳动与资本的研究迈开了探究经济增长源泉的第一步。劳动力资源开发具有广阔的空间，相对于资金贡献率和技术贡献率，劳动力贡献率虽然低下，但却更加平稳。

1. 劳动力数量的研究

正如上文提到的，目前对于劳动力要素的研究主要集中于数量与质量两个维度。关于劳动力数量，就是通常所说的劳动投入对经济增长的影响，学术界的观点基本上是一致的。在各个时期的经济增长理论中，无论是斯密、穆勒的古典增长理论，还是索洛、斯旺的新古典增长模型，亦或最近的新增长理论，劳动力数量都在经济增长中占据着最基本的地位。劳动力数量的投入，作为最基本的要素投入，至今还没有任何完全替代的办法和可能。学者们普遍认为，劳动力数量的投入对经济增长起着十分重要且为正向的推动作用。实证研究也证实了这一点。

不过，随着时间的推移，最近的研究发现，虽然劳动力数量的投入对经济增长起着正向推动作用，但这种作用似乎在慢慢减弱。中国国内很多学者也持这种观点，认为与资本投入和技术进步相比，劳动数量投入对经济增长率的贡献最低。吴沛、李克俊（2007）① 认为劳动力数量对经济增长虽有一定贡献，但贡献率却微不足道；王宏炜（2008）② 发现劳动力数

---

① 吴沛，李克俊．中国经济增长影响因素的实证分析［J］．统计与决策（理论版），2007－05：75－76.

② 王宏炜．中国经济增长的影响因素分析［J］．统计与决策，2008：15.

量已经不是经济增长的前三大要素，其影响已经微乎其微。由此可见，劳动力数量作为经济增长的必要要素，其作用是毋庸置疑的；但是，随着时间的推移，技术等其他因素在不断地进步，对其产生一定的替代效应，相应地，其对经济增长的贡献率也在逐步下降。

2. 人力资本的研究

学术界研究劳动力要素的另一个途径是研究劳动力质量，即对人力资本的研究。人力资本（Human Capital），是指劳动者受到教育、培训、实践经验、迁移、保健等方面的投资而获得的知识和技能的积累，亦称“非物力资本”。由于这种知识与技能可以为其所有者带来工资等收益，因而形成了一种特定的资本——人力资本。人力资本和劳动力质量从本质上说，讨论和研究的是同一个东西，即加载在劳动者身上的通过各种途径获得的知识和能力。

第一个将人力视为资本的经济学家是经济学鼻祖亚当·斯密，他在肯定劳动创造价值以及劳动在各种资源中的特殊地位的基础上，明确提出了劳动技巧的熟练程度和判断能力的强弱必然要制约人的劳动能力与水平，而劳动技巧的熟练水平要经过教育培训才能提高，教育培训则是需要花费时间和付出学费的。这可被认为是人力资本投资的萌芽思想。斯密认为经济增长主要表现在社会财富或者国民财富的增长上，财富增长的来源取决于两个条件：一是专业分工促使劳动生产率的提高，因为分工越细，人们劳动效率越高；二是劳动者数量的增加和质量的提高。

而现代经济学家对人力资本的研究则以西奥多·W. 舒尔茨（1960）①、加里·贝克尔（1964）② 等为代表，舒尔茨最大的贡献在于他第一次系统提出了人力资本理论，并且对教育投资收益率和教育对经济增长的贡献率作了定量研究，因而被称为“人力资本之父”。贝克尔弥补了舒尔茨只分析教育对经济增长的宏观作用的缺陷，进行了系统地微观分析，研究了人

① Theodore W. Schultz. Investment in Human Capital ［J］. The American Economic Review, Vol. 51, No. 1 (Mar., 1961), pp. 1 – 17.

② Gary S. Becker (1964, 1993, 3rd ed.). Human Capital: A Theoretical and Empirical Analysis, with Special Reference to Education ［M］. Chicago, University of Chicago Press.

力资本与个人收入分配的关系①。

就中国而言，目前针对人力资本的研究同样成为热点。例如，李发昇、张维（2011）② 研究中国经济增长的决定因素，发现虽然不同要素在不同阶段可以发挥主要作用，但唯有资源、劳动者的劳动付出和劳动者智慧的作用始终是经济增长最根本的要素，因此禀赋资源和劳动者是经济持续增长的决定要素。由此表明人力资本对于经济发展的重要作用。杨宇、郑垂勇（2008）③ 认为信任和民间组织都可以间接通过影响人力资本积累而影响经济增长；人力资本是中国社会资本影响经济增长的机制之一。

综合来看，学者们的观点主要如下：首先，人力资源对于经济发展始终发挥基础的推动作用。其次，人力资本对于经济的推动作用将日益重要，并且将超过物质资本的作用。再次，人力资本增长的表现是劳动力质量的提高，其核心是提高人口质量，教育投资是人力投资的主要部分。通过对上述介绍的相关理论与文献可知，虽然经济增长理论还有很大的发展需求，但劳动在经济增长中的基础作用无可争议，尤其在中国，在改革开放30多年的时间里，人力资源始终是经济发展的重要来源。此外，对劳动力的细分研究虽然取得了重要成果，但仍有进一步研究的空间和必要，尤其对劳动力数量和质量的比较研究仍需进一步加强。

（二）资本要素理论综述

资金是经济发展的第一启动力，在任何一种经济增长理论中，资本始终都是最重要的。通常来说，经济基础比较落后，而经济有较快的发展速度时，投资比经济发展有一个较大的优先增长幅度；当经济处于发达水平，而增长速度较为缓慢时，投资的优先增长幅度较小。

1. 国外的相关研究

Mankiw、Romer 和 Weil（1992）④ 对索洛模型进行了修正，在假设生

---

① 两人因对人力资本的研究分获1979年诺贝尔经济学奖与1969年克拉克奖。

② 李发昇，张维．经济增长决定要素研究［J］．天津大学学报（社会科学版），2011（5）：413－417.

③ 杨宇，郑垂勇．社会资本、人力资本与经济增长［J］．经济经纬，2008（5）：19－22.

④ N. Gregory Mankiw，David Romer and David N. Weil. A Contribution to the Empirics of Economic Growth［J］. The Quarterly Journal of Economics（1992）107（2）：407－437.

产函数为柯布—道格拉斯形式下，通过研究发现，在全球范围内，地区资本的丰富程度与该区域经济发展水平存在明显正相关。但20世纪90年代中后期开始，出现了一些不同的研究结论，例如一些研究发现经济发达的地区资本投入比不发达地区大，资本报酬的增长速度小于经济欠发达地区，所以资本会从发达地区流向不发达地区。因此，有观点认为资本的匮乏并不是这些地区落后的真正原因（Easterly，1999）。

2. 国内的相关研究

具体到中国，有研究表明，资本形成总额每增长1个百分点，将推动经济增长0.32个百分点；资本形成总额每增加1亿元，将推动GDP多产出2.46亿元。可见资本是推动中国经济增长的主要动力。

根据叶飞文（2003）对中国资本要素贡献率的研究，资本投入是中国经济增长的最重要要素投入之一，对产出增长的作用至关重要。其研究发现，中国经济增长与投资增长关系密切，特别是1992—1994年开始投资高速增长，如全社会固定资产投资1992年比1991年增长44.4%，1993年又比上年增长61.8%，1994年再比上年增长30.4%；实际利用外资1992年达到192亿美元，比1991年增长66.2%，1993年又跃至新台阶，达到389.6亿美元，比1992年增长1029%，拉动中国经济以两位数的速率高速增长，1992—1993年分别达14.1%、13.1%和12.6%。

总体来看，改革开放以来中国经济持续高增长的主要动力来自要素投入的增加，其中资本投入的增加是最主要动力。1980—2004年，资本对经济增长的贡献达到59.2%，拉动经济增长5.8个百分点（邱晓华等，2006）①。

而维持中国投资率长期在高水平的重要原因是中国国内的高储蓄率。1992—2002年中国国内储蓄率平均为40.3%。根据东亚一些国家和地区高速增长时期的经验看，储蓄率一般保持在30%或高于30%，但超过40%的情况并不多见，可见中国储蓄率是相当高的（邱晓华等，2006）。

---

① 邱晓华，郑京平，万东华，冯春平，巴威，严于龙. 中国经济增长动力及前景分析［J］. 经济研究，2006（5）：4-12.

（三）科技要素与全要素生产率理论综述

随着人类社会与经济的发展，仅从劳动力与资本的角度已经很难解释近一个世纪的经济发展现象，随着研究的逐步深入，技术进步——这一之前难以被准确衡量的背后力量逐步得到重视，目前经济学界的主流观点都认为技术进步是推动经济持续发展的根本动力。据有关资料介绍，工业发达国家技术进步在经济增长中的贡献率已达 60% ~70%，一些国家甚至达到 70% ~80%，由此可见技术进步的强大力量。

1. 衡量科技进步要素贡献的理论研究

索洛（1956）① 的研究首次提出"技术进步是经济增长的主要动力和源泉"。丹尼森（1985）② 分析了 1929—1982 年美国的经济增长因素，并指出知识进展是发达国家最重要的增长因素。格里利彻斯（1986）③ 也对经济增长的因素进行过分析，认为经济增长与要素投入的增加和生产率提高均有关系。

2. 测评全要素生产率的实践研究

（1）国外学者的相关研究

在新古典经济增长理论与核算方法的基础上，进入 20 世纪 90 年代，以技术进步为主要动力的全要素生产力（TFP）的研究日益丰富，全要素生产力包括技术进步、制度变化、知识发展以及人力资本等因素对经济发展的影响。Prescott（1998）④ 从区域经济发展角度出发，修正了新古典增长模型的变量，认为尽管物质资本和人力资本是决定各国收入差异的重要因素，但这并不是故事的全部，TFP 的差异能够很好地解释跨国收入的差

---

① Solow Robert. A Contribution to the Theory of Economic Growth [J]. The Quarterly Journal of Economics. 1956, 70 (1): 65 - 94.

② Edward Denison. Trends in American Economic Growth, 1929 - 1982 [M]. Washington, D. C. The Brooking Institution, 1985.

③ Griliches. Z., Productivity, R&D and basic research at the firm level in the 1970's [J]. The American Economic Review. 1986, 76 (1): 141 - 154.

④ Prescott, E. Needed: A Theory of Total Factor Productivity. International Economic Review, 1999, 89: 1216 ~ 1233.

异，并且呼吁要有一个 TFP 的理论。Easterly 和 Levine（2001）[①] 总结了经济增长的 5 个特征，认为大约一半的人均产出和 90% 经济增长率差异可以用 TFP 来解释，进而得出结论：是“残差”而不是要素积累能够最大程度地解释各国收入和增长的差异。Jerzmanowski（2007）[②] 在增长核算框架下，同时假定生产函数为柯布—道格拉斯形式，利用 DEA 估计世界生产前沿，通过方差分解揭示如下结论：各国获得技术能力的不同可以解释 1/4 的收入差异。而大部分的收入差异是由于各国没有达到技术前沿造成的，大约 43% 人均产出的不同可以由无效率来解释。

对于技术进步贡献的研究是近年来学界的热点之一，例如 Krugman（1994）在国际上颇有影响力的《外交》杂志上发表文章，对亚洲乃至中国经济的快速增长提出质疑，他认为亚洲国家的增长“主要来自于汗水而非灵感，来自于更努力的工作而非更聪明的工作”。否定亚洲技术进步对经济的显著贡献，在国际学界引起争论，并延续至今。

（2）针对中国 TFP 的研究

在对中国 TFP 进行测算时，分析的框架主要是在索洛模型或者修正的索洛模型的基础上进行，采用增长核算法，对不同时间段的中国经济进行研究（李京文、钟学义，1998；Chow 和 Lin，2002；Wang 和 Yao，2003；Young，2003；张军、施少华，2003；彭国华，2005；傅晓霞等，2006）。这些研究大都对中国 1952 年至今或改革后至今经济增长进行分析。虽然结论差异很大，但学者们达成了一点共识，即改革后中国经济增长效率明显提高，TFP 在改革后对经济增长的贡献大于改革前，目前 TFP 对经济增长的贡献偏低，因此今后经济的可持续性取决于 TFP 对经济增长的贡献。后续的研究也支持这种观点，其中 Hu 和 Khan（1997）[③]，Wang 和 Yao

---

① Easterly, W1, Levine, R1. Itps Not Factor Accumulation: Stylized Facts and Growth Models. World Bank Economic Review, 2001, 15 (2): 177—219.

② Jerzmanowski, M1. Total Factor Productivity Differences: Appropriate Technology vs. Efficiency, European Economic Review (2007), doi: 10, 1016/j. euroecorev. 12. 005, 2006.

③ Hu, Zuliu and Mohsin Khan. Why is China Growing So Fast? IMF Working Paper, 1997, 96/75.

(2003)①，张军、施少华（2003）② 等认为改革前中国 TFP 对经济增长的贡献没有改革后的高。胡鞍钢（2003）③ 及 Wu（2003）也指出，改革开放以来的中国经济增长得益于 TFP 的大幅增长，并认为中国今后经济高速增长的关键主要是提高 TFP。彭国华（2005）④ 通过利用一个简单的带人力资本的 Cobb－Douglas 生产函数，研究认为 TFP 可以解释 1982—2002 年我国各省收入差距的主要部分，并且 TFP 与收入的变动模式具有同步性。李静等（2006）⑤ 通过方差分解的方法，利用标准的索洛增长方程也得出了类似的结论，认为 TFP 的差距是解释中国地区差距最主要的因素。

黄晖、金凤君（2011）⑥ 从区域角度对技术要素集聚的形成动因与形成条件进行了较为深入的研究，他们发现中国技术创新能力较强的省份 GDP 产值与生产效率都较高，技术进步对经济有明显的带动作用。

综上研究可以认为：TFP 是推动中国地区经济增长的重要因素，但各地区的 TFP 存在着明显的差异，东部地区要高于中、西部地区。TFP 在 20 世纪 90 年代后特别是中后期的地区差异扩大过程中起了重要作用。中国要想减缓目前地区差距扩大的趋势，必须重视 TFP 的作用。

（四）国内学者对于要素贡献的研究

具体到我国，无论是要素数量、种类还是结构都对我国的经济发展产生明显的影响，摸清这些因素的作用效果与沿革，对于推动我国经济进一步发展具有积极意义，因此许多学者进行了要素贡献衡量的工作。

岳朝龙、陆磊、李伟军（2006）⑦ 利用协整关系和因果关系检验的方

---

① Wang，Yan and Yao，Yudong. Source of Chinaps Econnomic Growth 1952－1999：Incorporating Human Capital Accumulation. China Economic Review，2003，14：32－52.

② 张军，施少华．中国经济全要素生产率变动：1952～1998［J］．世界经济文汇，2003，(2)．

③ 胡鞍钢．未来经济增长取决于全要素生产率的提高［J］．政策，2003，(1)．

④ 彭国华．中国地区收入差距、全要素生产率及其收敛性分析［J］．经济研究，2005，(8)．

⑤ 李静，孟令杰，吴福泉．中国地区发展差异的再检验：要素积累抑或 TFP［J］．世界经济，2006，(1)．

⑥ 黄晖，金凤君．技术要素集聚对我国区域经济增长差异的影响［J］．经济地理，2011 (8)：1342－1344.

⑦ 岳朝龙，陆磊，李伟军．传统经济增长因素对中国经济增长影响的再思考［J］．安徽工业大学学报，2006 (4)：213－216.

法，对中国1981—2003年经济增长和投入要素的关系进行了分析。结果表明：研发、投资和劳动力与经济增长具有长期的均衡关系；从短期看，投资和研发投入与经济增长没有因果关系，劳动力是经济增长的Granger原因，但是经济增长并不是劳动力的Granger原因。

陈娟（2009）① 通过对我国全要素生产率变化的分析，认为各要素对经济增长的贡献来说，资本投入的贡献是推动中国经济增长的主要动力，平均占到46.90%；劳动投入的贡献较为稳定，但水平相对较低，只有17.36%；全要素生产率的贡献平均维持在35.75%的水平。

赵昕、王艳楠、孙瑞杰（2011）② 的研究与此结论基本吻合。他们利用C—D函数与索洛余值法研究中国1991—2008年间的要素贡献率。结果显示，资本对我国经济增长起到了最重要的作用，资本贡献率达到52.7%，其次是科技进步对经济增长的贡献率，为33.3%，劳动力对GDP的贡献率是14.0%，远远低于以上两因素对经济增长的贡献率。以上数据表明，在我国资本投入的增加是经济增长的主要推动因素，科技进步对经济增长的作用已远远超过了劳动对经济增长的贡献，在经济增长中起着十分重要的作用，而人力资本积累不足，这与我国通过扩大资本投资来使经济规模扩张的实际运行情况是基本吻合的。

除了对要素数量的研究，也有学者从要素结构角度对要素贡献进行衡量，结果表明要素结构变动因素对产出增长的影响存在但不显著，要素积累特别是资本积累是推动中国经济增长的主要动力。这表明曾经在发达经济体工业化过程中一再演示的社会经济结构上的转变在中国迄今远未完成；这也意味着未来推动中国经济增长的动力将由要素积累方面转向要素结构变动方面，要素结构变动过程中产生的效率改进将成为拉动中国经济增长的一股重要力量（张小雪、陈万明，2009）③。

---

① 陈娟．从全要素生产率增长看经济增长方式的变化［J］．经济与管理，2009（9）：20－24.

② 赵昕，王艳楠，孙瑞杰．生产要素对我国经济增长贡献率的测算研究［J］，时代金融，2011（4）：44－45.

③ 张小雪，陈万明．要素积累、结构变动与中国经济增长研究［J］．经济经纬，2009（6）：17－20.

通过综述可以看出，中国要素贡献的特点可以进行以下概括：第一，过去30年间推动中国经济发展的主要动力是要素积累，尤其是物质要素的积累，而要素结构因素变动的作用较为有限；第二，劳动力投入对产出增长的弹性变化很大，30年间，劳动力弹性已经从显著影响逐渐降低为零影响，说明中国廉价劳动力优势即将消失，人口红利基本结束，中国经济的发展模式必须作出相应改变；第三，人力资本对于经济发展具有积极的促进作用，劳动力结构变动对产出增长的拉动作用比较显著，但较之发达国家，我国人力资本的积累与开发仍然明显不足，表明劳动力结构变动有待进一步优化；第四，资本要素对于中国经济发展的作用十分显著，30年间的中国经济增长很大动力来源于持续的大量投资，但是近期资本贡献程度出现明显下降，表明中国经济依靠投资拉动的发展模式同样需要作出改变。

三、要素贡献的衡量方法

随着对经济增长理论研究的逐步深入，基于各种理论所产生的模型均提出了不同的衡量要素贡献的方法，方法的继承与延伸为探究不同要素投入与经济增长之间的关系提供了有力的工具，进而为促进经济增长提供有益帮助。要素贡献的测量方法主要有以下几种。

（一）哈罗德—多马测量方法

1. 哈罗德—多马测量方法的理论简介

哈罗德—多马模型即“哈罗德—多马经济增长模型”（Harrod - Domar model），R. 哈罗德和 E. 多马分别提出的发展经济学中著名的经济增长模型。由于哈罗德经济增长模型和多马经济增长模型都是以凯恩斯的理论为基础的，结论是基本相似的，所以人们常常把这两个模型合称为哈罗德—多马模型。而哈罗德—多马测量方法，就是基于该模型的基本条件、假设与公式，运用具体的数据，对要素贡献情况进行测量与评估的方法。

哈罗德和多马的增长理论都是因袭凯恩斯的有效需求学说和投资等于储蓄时总供求达于均衡的论点，都试图论证资本主义经济稳定增长的条件是什么。对此，哈罗德强调的是收入水平的变化对本期投资（也就是引致投资）的影响。这就是说，为了经济能够持续地稳定增长，本期的储蓄必须全部转化为投资，哈罗德的增长模型就是要确定前一期的收入增长率究竟高到什么程度才能使本期的储蓄全部转化为投资。因此，哈罗德的增长理论是建立在加速原理的基础上。在投资和收入的关系上，凯恩斯只谈到投资增加后，通过乘数作用，扩大了收入和消费，因而将进一步刺激消费品的需求和生产。西方经济学家认为凯恩斯在投资和收入的关系上，忽略了另外一面，即当投资增加引起收入和消费增加以后，为了满足这些新增加的消费，就需要扩大厂房，增添设备，进行生产，这就是说收入的增加，通过加速原理从而进一步刺激生产资料的需求和生产，哈罗德的经济增长模型正是在这一方面作了重要的补充。

2. 哈罗德—多马测量方法的具体公式

储蓄倾向（或储蓄比例）以 s 表示。s 是任何收入水平下的储蓄和收之比，即 $s=\frac{S}{Y}=\frac{\Delta S}{\Delta Y}$。

哈罗德假定 S 是个常数。投资对产量之比以 C 表示，C 是资本增量 ΔK 对产量增量 ΔY 之比，即 $C=\frac{\Delta K}{\Delta Y}$。由于资本增量 ΔK 就是净投资 I，因此 $C=\frac{I}{\Delta Y}$。从加速原理来看，$C=\frac{I}{\Delta Y}$表明生产水平的变化所引致的新投资的比例数。如果 $C=\frac{I}{\Delta Y}$作为生产技术系数来看，C 表示平均每增一单位产量时应增加的资本量。收入或产量的增长率以 G 表示，G 是收入（或产量）的增量的百分数 $G=\frac{Y}{\Delta Y}$。哈罗德增长模型的基本公式为

$$G \times C = s \tag{2.1}$$

学界普遍认为这个公式表明了资本主义经济稳定增长的条件，例如 $s = 0.2$（即储蓄占本期收入的 20%），$C = 4$（即每增加一单位的产品需要增加的投资数）。

那么 $G=\frac{s}{C}=\frac{0.2}{4}=0.05=5\%$。

这就是说，收入（或产量）增长率必须达到 5%，才能保证本期经济

的稳定增长。

由于 $G=\frac{\Delta Y}{Y}$，$C=\frac{I}{\Delta Y}$，$s=\frac{S}{Y}$，

因此 $G\times C=\frac{\Delta Y}{Y}\times\frac{I}{\Delta Y}=\frac{S}{Y}$，

在均衡状态下 $\frac{I}{Y}=\frac{S}{Y}$，

简化后得 $I=S$。

显然，哈罗德的 $G\times C=S$ 的公式不过是凯恩斯 $I=S$ 公式的变形。但是经济学家认为以上公式也反映了哈罗德模型的基本意义，就是增长率 G 必须是一个它所引致的投资 I 能够完全吸收本期全部储蓄（即 $I=S$）的增长率，这样才能实现稳定增长的均衡（周丰滨，2001）①。

通过以上叙述可以看出，哈罗德—多马模型认为储蓄与投资是决定经济增长的重要因素，用统一的视角看，二者都属于资本要素范畴，因此该方法实际就是在凯恩斯均衡下着重衡量资本要素对经济的影响。

（二）索洛余值法

1. 索洛余值法的理论简介

索洛余值法是基于著名的索洛模型而衍生出的测量方法，也是目前主流的要素贡献评测方法，通过引入具体数据，能够较为准确地判断劳动力、资本、技术各要素对于产出的贡献。如前文提到，索洛模型又称作新古典经济增长模型、外生经济增长模型，是在新古典经济学框架内的经济增长模型，是索洛（1956）首次创立的，主要用来说明储蓄、资本积累和增长之间的关系。

该模型的主要假设有：（1）该模型假设储蓄全部转化为投资，即储蓄—投资转化率假设为1；（2）该模型假设投资的边际收益率递减，即投资的规模收益是常数；（3）该模型修正了哈罗德—多马模型的生产技术假设，采用了资本和劳动可替代的新古典科布—道格拉斯生产函数，从而解

---

① 周丰滨．哈罗德—多马经济增长理论及经济增长模型探析［J］．哈尔滨商业大学学报，2001（2）：32－35.

决了哈罗德—多马模型中经济增长率与人口增长率不能自发相等的问题。因为在科布—道格拉斯生产函数中，劳动数量既定，随资本存量的增加，资本的边际收益递减规律确保经济增长稳定在一个特定值上。该模型没有投资的预期，因此回避了有保证的经济增长率与实际经济增长率之间的不稳定，就此可得出结论：经济稳定增长。

2. 索洛余值法的具体公式

索洛（R. M. Solow）教授 1957 年首先用余值法测算资本、劳动力、科技进步对经济增长率的贡献。记 Y、K、L 分别为产出、资本和劳动力，索洛的贡献分析公式为：

$$\frac{\Delta Y}{Y} = A\frac{\Delta K}{K} + B\frac{\Delta L}{L} + \frac{\Delta TFP}{TFP} \tag{2.2}$$

式中 A、B 分别为产出对资本、劳力的弹性。$A\frac{\Delta K}{K}$为资本对经济增长率$\frac{\Delta Y}{Y}$的贡献，$B\frac{\Delta L}{L}$为劳动力对经济增长率的贡献。余项$\frac{\Delta Y}{Y} - A\frac{\Delta K}{K} - B\frac{\Delta L}{L}$记之为$\frac{\Delta TFP}{TFP}$，索洛称之为全要素生产率的增长率，看作技术进步对经济增长率的贡献。

3. 索洛余值法的不足

中外经济学界目前广泛使用索洛余值法，因为该方法具体操作简单方便，能够同时衡量资本、劳动力与技术要素对于经济增长的影响，具有很强的执行性。不过在具体使用中，该法也存在许多问题，需要在实际操作中根据具体情况加以对待。

（1）索洛余值法测算的是生产要素对经济（产出）增长率的贡献，而不是对经济增长的绝对贡献。

（2）索洛余值测算公式是导数公式，而代入的数据一般是年度数据。该公式是在生产函数可导的情况下，在一个时点的瞬时公式；而代入的产出、资本、劳动力是时期数据和间隔一年的时点数据，两者不匹配，会产生不小的误差。

（3）索洛的全要素生产率 TFP 概念不确切。一般认为 TFP 的增长率反映了各种因素对产出的综合影响。在实际计算中，资本 K 与劳力 L 的外延越大，则 TFP 的外延越小，于是算得的余值$\frac{\Delta TFP}{TFP}$也较小。例如，把研究与开发投入列在资本 K 中，则余值较小；不把它列在 K 中，则余值较大。这就导致对同一经济过程的测算，产生不同的结果。例如世界银行 1993 年用其测算东亚（1968—1989 年）的经济增长，结论是技术进步（TFP）贡献起了重要作用；而 P. Krugman 教授根据其他人用余值法测算的结果，说东亚经济神话并非技术进步，而是靠资本、劳动的大量使用。这正是由于 TFP 概念不确切，伸缩性过大而引起的（马承霈、岳琳，2001）①。

（三）投入产出测量法

1. 投入产出测量法的理论简介

投入产出分析是美国经济学家里昂惕夫（Leontief）所创立的一种数量经济分析方法，其形式表现为投入产出模型。投入产出模型具有两种模型形式：其一是投入产出表；其二是投入产出数学模型，二者密不可分，形成一个完整的模型体系。由于投入产出表反映了一定时期国民经济各部门的投入与产出之间的数量关系，而这种关系是这一时期技术状况、经济结构和组织管理水平等决定的，因此，把投入产出分析应用于测度技术进步对经济增长的作用，是投入产出分析应用的一个新发展，展开这方面的研究意义十分深远（陈岩，李兴绪，2010）②。

投入产出表以整个国民经济作为描述对象，将其视为经济系统，各经济部门成为系统的诸要素，采用表格的形式表现各经济部门间的数量依存关系。投入产出模型是以投入产出表中各经济指标间的数量关系为依据，借用线性方程组的数学形式用以反映经济系统的投入与产出的关系。

2. 投入产出测量法的具体公式

根据价值型投入产出表的行向关系，我们得到：

$$\sum_{j=1}^{n} x_{ij} + y_i = X_i (i = 1,2,\cdots,n) \tag{2.3}$$

---

① 马承霈，岳琳．经济增长的要素贡献测算新方法［J］．南京经济学院学报，2001（1）：32－36.

② 陈岩，李兴绪．经济增长中技术进步贡献的测算［J］．经济纵横，2010（2）：117－119.

其中x_{ij}表示j部门生产时要消耗的i部门产品的价值量，X_i为i部门的总产值，y_i表示i部门产品作为最终产品使用的价值量。引入直接消耗系数：

$$a_{ij}=\frac{x_{ij}}{X_j}\ (i,\ j=1,\ 2\cdots,\ n) \tag{2.4}$$

a_{ij}的含义是j部门每单位产值中对i部门产品消耗的价值量，它是反映两个部门产品技术经济联系的指标。由（2.1）、（2.2）式得到由矩阵表示的投入产出行模型：

$$AX+Y=X \tag{2.5}$$

其中$X=(X_1,\ X_2,\ \cdots,\ X_n)^T$为总产出列向量；$Y=(Y_1,\ Y_2,\ \cdots,\ Y_n)^T$为最终产出列向量；$A=(a_{ij})_{n\times n}$为直接消耗系数矩阵。

直接消耗系数矩阵A又称技术系数矩阵A，它反映各部门产品在生产过程中的技术联系。影响A变化的因素主要是生产技术水平和管理水平，因此，比较两个不同时期直接消耗系数A的变化，分析其对经济增长的影响，可以看作广义的技术进步对经济增长的贡献。由（2.3）式我们得到：

$$X=(I-A)^{-1}Y \tag{2.6}$$

$(I-A)^{-1}$称之为列昂惕夫逆矩阵，该矩阵的元素表示j部门生产单位最终产品对i部门产品的完全需要量，这里既包括对中间产品的需求，又包括对最终产品自身的需求，即对总产品的完全需要，故也可称作最终产品系数矩阵。显然，我们考虑技术进步对经济增长的贡献时，不应只考虑技术进步对经济增长的直接贡献，还应该考虑全部间接贡献，因此用$(I-A)^{-}1$来测算技术进步。下面式子中的t、0分别表示计算期和基期：

$$\begin{aligned}\Delta X &= X_t-X_0=(I-A_t)^{-1}Y_t-(I-A_0)^{-1}Y_0\\&=(I-A_t)^{-1}Y_t-(I-A_t)^{-1}Y_0+(I-A_t)^{-1}Y_0-(I-A_0)^{-1}Y_0\\&=[(I-A_t)^{-1}-(I-A_0)^{-1}]Y_0+(I-A_t)^{-1}(Y_t-Y_0)\end{aligned} \tag{2.7}$$

可见，总产出的增量ΔX可以分解为两部分：一部分为$(I-A_t)^{-1}\ (Y_t-Y_0)$，可视为由最终产出的变化导致的总产出的增加部分；另一部分为$[(I-A_t)^{-1}-(I-A_0)^{-1}]\ Y_0$，可视为各部门技术进步引起直接消耗系数矩阵A的变化所带来的总产出的增长。

我们将直接消耗系数矩阵 A 的变化所引起的总产出变化视为技术进步对经济增长的贡献是因为在投入产出模型中，国民经济各部门间的生产技术联系是通过矩阵 A 的元素 a_{ij}，即直接消耗系数来建立的，并且通过计算 $(I-A)^{-1}$来反映国民经济各部门、再生产各环节之间的间接联系。在价值型投入产出模型中，a_{ij}除了受生产技术变化的影响外，还受到价格变化和部门构成变化的影响，因此，如果能够消除价格变化和部门构成变化的影响，则不同时期的 a_{ij}所反映的就是生产技术的变化，从而 $[(I-A_t)^{-1}-(I-A_0)^{-1}]Y_0$ 代表的就是各部门技术变化所导致的总产出的变化，即技术进步对经济增长的贡献。

在消除了价格变化和部门构成变化对直接消耗系数 a_{ij}的影响后，通过（2.5）式，我们知道 $[(I-A_t)^{-1}-(I-A_0)^{-1}]Y_0$ 表示各部门技术进步对经济增长的贡献，令 $[(I-A_t)^{-1}-(I-A_0)^{-1}]Y_0=(w_1, w_2, \cdots, w_n)^T$（这里的 n 表示第 n 个经济部门），$\Delta X=(\Delta x_1, \Delta x_2, \cdots, \Delta x_n)^T$，则 w_i 即为第 i 部门技术进步对经济增长的贡献额。

$$\lambda_i = \frac{w_i}{\sum_{j=1}^{n}\Delta x_j} \times 100\%(i = 1,2,\cdots,n) \tag{2.8}$$

λ_i 为第 i 部门技术进步对经济增长的贡献率。

$$\lambda = \frac{\sum_{i=1}^{n} w_i}{\sum_{i=1}^{n}\Delta x_i} \times 100\% \tag{2.9}$$

λ 为整个国民经济系统的技术进步对经济增长的总贡献率。

（四）国内学者提出的若干方法

以上主要是当前学界主流的要素贡献测评方法，根据以上基本理论，国内学者根据中国具体情况与研究对象，在测评方法上也有所创新，以下就具体列举几种。

1. 方法一

马承霈、岳琳（2000）致力于测算生产要素对经济增长的绝对贡献；他们建立的模型只选用基期和报告期的数据，并且只用增量公式，不用微分、不用导数。这就在理论推导和实际计算上，与原始的年度数据相匹配，减少模型误差。其方法不用余值法，放弃全要素生产率的概念。在仅有资本、劳力两个生产要素的情况下，代之以：劳力不变、资本增加时对产出的贡献；资本不变、劳力增加时对产出的贡献；资本、劳力都增加时，两者对产出的共同贡献。在具体确定计算口径时要注意，资本和劳力的外延不能有重叠部分，两者外延之和应涵盖所有的生产要素，即做到不重不漏。在仅有三个生产要素的情形，例如资本、劳力、研究和开发，也要求这三个生产要素的外延不重不漏。在这种情况下，测算资本、劳力、研究与开发在其他两个生产要素不变时，各自增加时对产出的贡献；测算一个要素不变，其他两个要素增加时，后面两者对产出的共同贡献；测算三个要素都增加时，三者对产出的共同贡献。

其基本公式为：

设生产函数为 $Y=\mathrm{F}(K, L)$。当资本从 K_0 增加到 K_1，劳动从 L_0 增加到 L_1 时，经济增长为：

$$Y_1 - Y_0 = F(K_1,L_1) - F(K_0,L_0) \tag{2.10}$$

$$= [F(K_1,L_0) - F(K_0,L_0)] \tag{2.11}$$

$$+ [F(K_0,L_1) - F(K_0,L_0)]$$

$$+ \{[F(K_1,L_1) - F(K_0,L_0)] - [F(K_1,L_0) - F(K_0,L_0)]$$

$$- [F(K_0,L_0) - F(K_0,L_0)]\} \tag{2.12}$$

（2.8）式为劳力不变、资本增加时对经济增长的贡献；（2.9）式为资本不变、劳力增加时对经济增长的贡献；（2.10）式为资本、劳力都增加时二者对经济增长的共同贡献。(2.10）式可简化为：

$$F(K_1,L_1) - F(K_0,L_0) - F(K_0,L_1) + F(K_0,L_0) \tag{2.13}$$

2. 方法二

王德劲、向蓉美（2005）① 在研究人力资本对中国经济增长的贡献时，运用扩展的索洛模型（Benhabib 和 Spiegel，1994）和技术进步内生模型（Ludger J. loaning，2002），建立误差校正模型以研究人力资本等要素对经

① 王德劲，向蓉美．要素投入、技术进步与经济增长［J］．云南财贸学院学报，2005（4）：31－35.

济增长的作用。具体建立模型如下：

模型 1：扩展的索洛模型

扩展的索洛模型（Benhabib 和 Spiegel，1994；Ludger J. loaning，2002）①② 将人力资本作为一个生产要素，假定产出由物质资本、人力资本和劳动决定，且生产规模收益不变，即约束所有要素的规模弹性和等于 1。得到生产函数：

$$Y = A \times K^{\alpha} \times H^{\beta} \times L^{1-\alpha-\beta} \tag{2.14}$$

其中，Y 为产出，A 为既定的技术水平或称为全要素生产率，K、H 和 L 分别为物质资本存量、人力资本存量和劳动。该生产函数的可估计结构模型（取对数）为：

$$\ln y_t = \ln A + \alpha \cdot \ln k_t + \beta \times \ln h_t + \mu_t \tag{2.15}$$

其中，$y = \frac{Y}{L}$为单位劳动产出，$k = \frac{K}{L}$为单位劳动拥有的物质资本存量，$h = \frac{H}{L}$为平均人力资本存量。

模型 2：技术进步内生模型

假定人力资本通过影响技术水平来间接地影响经济增长，产出决定于物质资本存量、劳动和技术进步三个要素，技术进步是教育以及其他某些外生变量的函数。假定规模收益不变，且约束物质资本和劳动弹性之和为 1，得到柯布—道格拉斯生产函数：

$$Y = A \times K^{\alpha} \times L^{1-\alpha} \tag{2.16}$$

其中，Y 为产出，K 为物质资本存量，L 为劳动，A 为内生技术水平或由模型决定的全要素生产率，将产出和物质资本用劳动单位标准化并取对数，得到结构方程：

$$\ln y_t = \ln A + \alpha \times \ln k_t + \mu_t \tag{2.17}$$

---

① Benhabib and Spiegel（1994）. The role of Human Capital in Economic Development: Evidence from Aggregate Cross Country Data. Journal of Monetary Economics, vo. l 34, pp143 – 173.

② Ludger J. loaning（2002）. The Impact of Education on Economic Growth in Guatemala [J], Working Paper. Ibero – american Institute for Economic Research. 2002. 61.

其中，$y=\frac{Y}{L}$为单位劳动产出，$k=\frac{K}{L}$为单位劳动拥有的物质资本存量，随机误差项 μ_t 为带常数项的 AR（1）过程（Ludger J. loaning，2002）。

随后他们将两个模型分别改写为误差修正模型以解决非平稳变量估计容易导致的伪回归问题。

3. 方法三

叶樊妮（2010）① 采用超越对数生产函数形式对全要素生产率进行研究核算。假设总量生产函数为 H，则增加值可以表示为资本投入、劳动投入和时间的函数。

$$Q = H(k_1, k_2, Lk_n; l_1 l_2 L l_m; T) \tag{2.18}$$

Q 表示增加值，k_1，k_2，Lk_n 表示不同种类的资本投入，$l_1 l_2 L l_m$ 表示不同种类的劳动投入，T 表示时间。假设各种类型的资本投入和劳动投入可以加总为单一的资本投入和劳动投入指数，用 A 表示全要素生产率，则生产函数就可以表示为：

$$Q = AF(K, L, T) \tag{2.19}$$

将（2.12）式用超越对数函数形式表示，增加值增长就等于两种投入指数的贡献和生产率增长的贡献之和。在完全竞争市场下，每种投入的产出弹性等于该投入占总产出的份额，在规模效益不变时各种投入弹性之和恰等于1，这样可以得到：

$$\ln\left(\frac{Q_t}{Q_{t-1}}\right) = \ln\left(\frac{A_t}{A_{t-1}}\right) + V_K \ln\left(\frac{K_t}{K_{T-1}}\right) + V_L \ln\left(\frac{L_t}{L_{t-1}}\right) \tag{2.20}$$

$\ln\left(\frac{A_t}{A_{t-1}}\right)$ 反映生产率的增长，$V_K\ln\left(\frac{K_t}{K_{t-1}}\right)$ 反映资本投入对产出增长的贡献，$V_L\ln\left(\frac{L_t}{L_{t-1}}\right)$ 反映劳动投入对产出增长的贡献，$V_K + V_L = 1$。所以全要素生产率增长率可以表示为：

$$\ln\left(\frac{A_t}{A_{t-1}}\right) = \ln\left(\frac{Q_t}{Q_{t-1}}\right) - V_K \ln\left(\frac{K_t}{K_{t-1}}\right) - V_L \ln\left(\frac{L_t}{L_{t-1}}\right) \tag{2.21}$$

① 叶樊妮. 要素投入、技术进步与经济增长［J］. 经济与管理，2010（7）：10-12.

在求出全要素生产率的基础上，可以进一步计算要素投入和技术进步分别对经济增长的贡献率。

4. 方法四

邱晓华、郑京平、万东华等（2006）① 将结构变量、人力资本和制度变量引入新古典经济增长模型中，改变了仅包含两变量的传统新古典增长模型，对中国经济增长的动力加以研究。具体方程为：

$$Y = F(K,L,ST,HC,ZD) = K^{\alpha}L_{\beta}ST^{\eta}HC^{\xi},ZD^{\theta} \tag{2.22}$$

其中，Y、K、L、ST、HC、ZD 分别为总产出、资本投入、劳动投入、结构变动、人力资本和制度创新，α、β、η、ξ、θ 分别为资本、劳动、结构变动、人力资本和制度创新的弹性系数。除了上述变量可以用来解释中国长期持续的经济增长外，还应考虑使要素生产效率持续提高的其他因素，因此，他们又将其他因素变量（OTH）引入方程中，并假定其他因素随时间推移而改变生产技术水平，同时设 $OTH(t)=e^{\gamma t}$，原式变为：

$$Y = \mathrm{F}(K, L, ST, HC, ZD, OTH) = e^{\gamma t}K^{\alpha}L^{\beta}ST^{\eta}HC^{\xi},ZD^{\theta} \tag{2.23}$$

再两边取对数，并添加随机变量 μ_t，则得到：

$$\ln(Y_t) = \gamma t + \alpha\ln(K_t) + \beta\ln(L_t) + \eta\ln(ST_t) + \xi\ln(HC_t) + \theta\ln(ZD_t) + \mu_t \tag{2.24}$$

他们通过利用 1980—2004 年的相关数据回归表明，改革开放以来中国经济持续高增长的主要动力来自要素投入的增加，其中资本投入的增加是最主要动力，劳动投入的影响比较弱。技术进步在推动中国经济增长中发挥了重要作用。1980—2004 年，技术进步对经济增长的贡献达到 35.7%，年均拉动经济增长 3.5 个百分点。

四、总结

本章根据第一章的经济增长理论的相关内容，配合性地介绍了若干国

---

① 邱晓华，郑京平，万东华，冯春平，巴威，严于龙．中国经济增长动力及前景分析［J］．经济研究，2006（5）：4－12.

际主流的要素贡献测量方法，并结合中国实际与具体研究，引入了一些当前国内学者较多使用的测量方法，旨在对要素贡献率的测量方法进行简单的梳理，为本书下面章节的方法的使用简要地加以铺垫。

要素贡献率的测量方法是一种研究工具，其发展的根基仍然是与之相对的经济增长理论，在方法论的层面上既要熟练，但又不能舍本逐末，忽视理论假设。在此基础上针对具体的研究问题，运用合适的理论与方法才能够更好服务于我们的研究目的。

第三章　数据来源及研究方法

一、数据来源及处理

本报告的研究时段为1978—2010年，样本截面为中国29个省市区（重庆与四川合并介绍）。考虑到西藏地区数据缺失较多，且其占全国经济总量的比重极低，不会明显影响全国层面的估计结果，本书未予考虑；由于物质资本计算中需要较长的年限来平抑初始资本存量设置的误差，而重庆的初始年份数据距今较近，为了保持数据的精确性，本书将重庆和四川合并计算。我们以国内生产总值（GDP）来表示产出，投入包括物质资本和劳动两项。其中，各地区的国内生产总值（GDP）按2000年不变价进行了平减处理；物质资本采用张军（2004）提供的方法计算获得，并同样按2000年不变价进行了平减处理；劳动采用全社会从业人员数据。以上数据主要来自相关历年的《中国统计年鉴》和《新中国60年统计资料汇编》。这里需要说明的是有关物质资本的计算，由于在张军（2004）提供的计算方法之中，其折旧率为9.6%。由于张军（2004）提供的计算方法只关注了2000年以前的资本存量的计算，按照其提供的有关折旧率的计算方法①，在2000年前采用此方法得到的各省市区的资本存量具有一定的合理性。但是在2000年以后，我国经济开始走向了投资驱动经济增长的道路，经济增长率保持在10%左右。此时，投资规模则保持在20%以上的增长速度。所以，随着投资规模的不断扩大和科技进步水平的不断提升，设备的

---

① 其假定各省全部建筑和设备的平均寿命期分别是45年和20年，其他类型的投资假定为25年，三者的折旧率分别是6.9%、14.9%和12.1%。三类资本品在总固定资产中的比重分别是：建筑安装工程63%，设备工器具购置29%，其他费用8%。基于这个权重，在相对效率呈几何递减的模式下，其计算得到了各省固定资本形成总额的经济折旧率δ是9.6%。

磨损程度越来越大，采用以上折旧年限计算的折旧率可能存在被低估的现象[①]。最终，我们采用张军（2004）的核算资本存量的方法在近些年来有可能高估了资本存量，从而使得资本对经济增长的贡献被高估[②]。虽然这种资本存量的核算方法可能会存在一定的不合理性，但是为了保持数据的一致性和可比性，我们还是采用了张军（2004）对资本存量的计算方法。

二、核算方法的设计

增长核算的方法大体可分为两种：一是利用统计资料直接估测生产函数的要素产出弹性参数，进而求出产出与投入间的 TFP 余值；二是利用具有截面的样本集，通过回归等统计方法来估算生产函数的参数或者建立线性规划模型来求得 TFP。前一种方法最大的问题来自于参数设置的可靠性，通过探讨间接地统计资料所得出的弹性值在很大程度上其准确性是难以直接验证的。对此，理论上的一个可行方法是通过资本、劳动收入占总产出的比重来验证，但是排除相关统计资料可得性的限制，[③] 由于中国的市场经济还处于发育过程中，基于真空世界的一般均衡结论很难套用于中国，尤其是不能运用于改革之初计划经济仍占据重要地位的时期。后一种方法一般是基于分省数据展开，具体就测算方法来看，早期的研究主要采用索洛增长核算法。但是，这种方法自问世以来便饱受诟病[④]，尤其是其假定所有生产者在技术上都是充分有效的这一点，明显不符合经济活动的实际情况。

为此，Farrell（1957）提出了生产前沿面的概念，并指出现实中往往

---

① 如建筑折旧年限为 45 年，但是从实际操作来看，我国建筑的使用寿命要远远低于会计折旧的年限。设备的 20 年寿命也存在一定的商榷之处，随着技术和产品的升级换代，设备尤其是生产设备的使用年限很难达到上述使用寿命。

② 本报告计算的最终结果也实现了资本对经济增长的贡献非常高，甚至已经超出了常识性预期结果。由于资本对经济增长贡献的挤占使得劳动力和技术进步对经济增长的贡献有可能存在被低估。而且受于数据的限制，我们不可能在劳动力数据上将教育水平、工资报酬水平以及地区经济发展水平差距等因素考虑进去，也可能使得劳动力对经济增长的贡献被低估或者出现某些地区不合理。

③ 生产税净额难以分清多少是来自资本、多少是来自劳动。

④ 关于此方面的具体介绍可参见易纲、樊纲和李岩（2003）。

只有部分生产者能处于生产前沿面上，其余大部分的生产者的效率往往与前沿面所示的最优生产效率存在一定的差距。其具体的测定方法大体可分为两类：一类是非参数方法，也称为数学规划方法，在目前的应用中以数据包络分析法（Data Envelopment Analysis，以下简称 DEA）最具代表性；另一类是参数方法，也称为统计方法，目前以随机前沿分析法（Stochastic Frontier Analysis，以下简称 SFA）的应用最为流行。就 DEA 方法而言，其运用上存在着四个主要的问题：一是该方法假设所有的效率影响因素都已被模型所涵括，即不存在非投入的影响因素（也称环境影响因素），这显然与现实不相符合，也容易导致计算结果的不精确；二是该方法作为一种数学规划方法，无法就计算模型的适宜性进行检验；三是该方法虽然具有可计算多产出模型的优势，但是就经济意义而言，多个产出间必须具有非相关性，然而采用多产出 DEA 形式的生产函数估算研究文献均违背了这一原则；四是该方法的运用，需要首先对计算数据进行秩相关检验，以确保数据的适宜性和结果的精确性，但是目前的有关研究文献均未进行此步骤的操作。接下来，就传统计量方法来看，事实上即为索洛余值法，其内含着所有生产者在技术上均充分有效的假定，这明显不符合经济活动的实际情况。从生产前沿面理论的角度来讲，其所测算的结果仍不过只是技术效率而已。

综上，本书采用了 SFA 的方法对我国 29 个省市区的生产函数进行了估算，在生产函数设定上，我们采用了超越对数的生产函数形式，并对模型的形式进行了检验，从而保证估计系数的显著性。

三、要素对经济增长贡献率的分解

由于宏观经济生产函数是耦合性质的，其无法进行存量的线性分解，但是流量的线性分解在存量变化水平并不高的情况下是可以近似线性分解的。[①] 这种分解方法的思路实际上体现的是微分的思想。设 X_{it} 表示第 i 种

① 在中国，年度经济增长所带来的产出水平变化虽然较大，但一般不超过 12%，近似线性分解是可行的。只有在对个别极高速增长的新兴产业进行分解时，这种方法才会造成较大的误差。

要素在 t 时期的投入，$i=1,2,\cdots,n$，$f(X_{it})_t$ 表示 t 时期采用 X_{it} 作为投入的产出（$t=1,2,\cdots$）。考虑如下微分式：

$$df(X_{it})=\sum_{i=1}^{n}df_{X_i}(X_{it})+df_{TFP}(X_{it}) \tag{3.1}$$

将式（3.1）扩展为由 t 到 $t+1$ 期的变动，则经济增长可做如式（3.2）的近似分解：

$$\frac{f(X_{i,t+1})_{t+1}-f(X_{it})_t}{f(X_{it})}\approx\sum_{i=1}^{n}\frac{f(X_{i,t+1})_t-f(X_{i,t})_t}{f(X_{i,t})_t}+\frac{TFP_{t+1}-TFP_t}{TFP_t} \tag{3.2}$$

由式（3.2）可导出各个要素和 TFP 分别对经济增长所作出的贡献，设 $P_{X_i,t+1}$ 和 $P_{TFP,t+1}$ 分别表示要素 X_i 和 TFP 在 $t+1$ 期对经济增长的贡献比例，则它们的百分比形式分别如式（3.3）和（3.4）所示：

$$P_{X_i,t+1}=\left(\frac{f(X_{i,t+1})_t-f(X_{i,t})_t}{f(X_{i,t})_t}\right)\Big/\left(\sum_{i=1}^{n}\frac{f(X_{i,t+1})_t-f(X_{i,t})_t}{f(X_{i,t})_t}+\frac{TFP_{t+1}-TFP_t}{TFP_t}\right)\times 100 \tag{3.3}$$

$$P_{TFP,t+1}=\left(\frac{TFP_{t+1}-TFP_t}{TFP_t}\right)\Big/\left(\sum_{i=1}^{n}\frac{f(X_{i,t+1})_t-f(X_{i,t})_t}{f(X_{i,t})_t}+\frac{TFP_{t+1}-TFP_t}{TFP_t}\right)\times 100 \tag{3.4}$$

对于无法得到单独归类的余额部分所占比重，我们可以计算如下：

$$\varepsilon_{t+1}=\left(\frac{f(X_{i,t+1})_{t+1}-f(X_{it})_t}{f(X_{it})}-\sum_{i=1}^{n}\frac{f(X_{i,t+1})_t-f(X_{i,t})_t}{f(X_{i,t})_t}-\frac{TFP_{t+1}-TFP_t}{TFP_t}\right)\Big/\left(\frac{f(X_{i,t+1})_{t+1}-f(X_{it})_t}{f(X_{it})}\right)\times 100 \tag{3.5}$$

一般情况下，经济增长率越高，无法得到归因的耦合部分越大，当然，这在一定程度上还受到要素和 TFP 构成比重变化的影响。需要指出的是，以往研究计算 TFP 对经济增长的贡献时以 TFP 变动率比上经济增长率来表示，这事实上是将要素和 TFP 耦合部分的贡献全部纳入 TFP 的贡献之中，对于中国这样经济增长率较高的国家，往往会造成较大的度量误差。具体的误差变动规律较为复杂，我们这里不再展开讨论。

四、TFP分解及计算方法

本书对中国TFP的核算将采用随机前沿分析法（Stochastic Frontier Analysis，SFA）。在已有研究中，随机前沿生产函数常被设定为柯布—道格拉斯和超越对数两种主要形式。为便于检验对比，本书这里首先将我国地区生产函数设定为超越对数形式，其具体形式如式（3.6）所示：

$$\ln Y_{it} = \beta_0 + \beta_1 \ln L_{it} + \beta_2 \ln K_{it} + \beta_3 t + 1/2\beta_4 (\ln K_{it})^2 + 1/2\beta_5 (\ln L_{it})^2 + 1/2\beta_6 t^2 + \beta_7 \ln K_{it} \ln L_{it} + \beta_8 t \ln L_{it} + \beta_9 t \ln K_{it} + v_{it} - u_{it}$$

$$u_{it} = \{u_{it}\exp[\eta(t-T)]\} \sim iidN^{+}(\mu, \sigma_u^2) \qquad (3.6)$$

式（3.6）中，K、L分别表示物质资本和劳动力数量；v_i为随机干扰项，服从标准正态分布；u_i为技术无效率项，且服从零点截断的半正态分布；η为技术效率水平的时变参数。LR单边似然比检验表明，允许参数μ和η自由取值较之对其施加0约束更具适宜性，为此我们在下面的计量过程中允许μ和η自由取值。为了检验（3.6）式的适宜性，本书作出如下假设：（1）$H_0:\beta_4=\beta_5=\beta_6=\beta_7=\beta_8=\beta_9=0$，即生产前沿函数采用Cobb-Douglas生产函数形式；（2）H_0：即没有技术进步；（3）H_0：初选模型中系数不显著项系数为0。根据Battese和Coelli（1992，1995）的研究，SFA模型设定中所涉及的所有假设都可以使用广义似然率统计量（LR）来检验。所有的假设都使用广义似然率统计量来检验，$\lambda=-2\ln[L(H_0)/L(H_1)]$，$L(H_0)$、$L(H_1)$分别是零假设$H_0$和被择假设$H_1$前沿模型的似然函数值。如果零假设成立，那么检验统计量λ服从混合卡方分布，自由度为受约束变量的数目①。

基于上述估计结果，根据Kumbhakar（2000）的分解法，把生产函数对t求导，为了简洁省略下标it。

$$\frac{\dot{Y}}{Y} = \frac{\partial \ln Y}{\partial t} = \frac{\partial \ln f(X,t)}{\partial t} + \sum_j \frac{\partial \ln f(X,t)}{\partial \ln X_j}\frac{\partial \ln X_j}{\partial X_j}\frac{dX_j}{dt} - \frac{\partial U}{\partial t}$$

---

① 很多研究在进行SFA模型的LR检验时都采用了普通的χ^2检验临界值，严格地来讲这种做法是错误的。Kodde和Palm（1986）曾给出了各自由度对应的单边广义似然比检验的临界值，本书在检验过程中将采用其所提供的临界值。

$$= \frac{\partial \ln f(X,t)}{\partial t} + \sum_j \varepsilon_j \frac{\dot{X}_j}{X_j} - \frac{\partial U}{\partial t} \quad (3.7)$$

$$T\dot{F}P = SE + TP + T\dot{E} \quad (3.8)$$

根据上述对 $T\dot{F}P$ 的分解公式，计算得：

$$TP_{it} = \frac{\partial \ln Y_{it}}{\partial t} = \beta_t + \beta_{tt} t + \sum_j^m \beta_{tj} \ln X_{jit} \ (j = 1,2) \quad (3.9)$$

$$TE_i = E[\exp(-u_i) \mid v_i - u_i] \quad (3.10)$$

$$SE = (E-1) \sum_j \frac{E_j}{E} \dot{X}_{jj} \quad (j = 1,2) \quad (3.11)$$

$$E_j = \beta_j + \sum_{k \geq j} \beta_{jk} k + \beta_{tj} t \quad (j = 1,2) \quad (3.12)$$

其中，$T\dot{F}P$ 、$T\dot{E}_{it}$ 、TP_{it} 分别代表全要素生产率增长率、生产效率变化率以及技术进步率。$\dot{X}_j$ 表示第 j 种投入要素的增长率。E_j 代表要素的产出弹性，$E = \sum E_j$ 表示规模弹性。

五、生产函数估计及整体分析

（一）生产函数估计

利用 Frontier4. 1 软件计算得出的上述模型具体估计结果如表 3. 1 所示：

表 3. 1　中国经济生产函数模型的估计

t 统计量	变量	系数	估计值
截距	β_0	-3. 769 ***	-9. 914
ln K	β_1	1. 318 * **	19. 007
ln L	β_2	0. 711 ***	11. 913
T	β_4	-0. 082 ***	-7. 095
ln L ×lnK	β_5	-0. 076 ***	-7. 883
t×ln K	β_8	-0. 0023 ***	2. 677
t×ln L	β_9	-0. 0089 ***	-4. 992

续表

t统计量	变量	系数	估计值
σ^2		3.678***	2.720
γ		0.9935***	349.26
Log 似然函数值		53.10	
技术无效率不存在的 LR 检验		163.40	

注：*** 代表在1%的显著性水平下通过了系数显著性检验。

表3.1显示，模型的拟合效果极佳。同时，高达0.9935的γ值显示出模型存在明显的复合结构，且技术无效率不存在的LR检验拒绝了原假设，这些均表明运用随机前沿模型要较之传统计量模型更为适合刻画中国的国民经济生产函数。

（二）TFP与各要素贡献率整体变化趋势

按式（3.8）计算，1979—2010年间，中国全要素生产率年均增幅为2.202%，其中规模效率改进年均为1.38%，技术进步率年均为0.671%，技术效率改进年均为0.151%。按照式（3.2）、式（3.3）和式（3.4）计算的各要素对经济增长率的贡献来看，1979—2010年间，中国经济增长率中由资本引致的增长率为9.742%，由劳动引致的经济增长率为0.494%，而由TFP引致的经济增长率为0.999%，技术进步对经济增长的贡献为10%左右。

以上分年份数据和变化趋势如表3.2和图3.1、图3.2所示：

表3.2 改革开放以来中国历年TFP及其构成的变动（1979—2010年） （%）

类别 年份	几何加权计算结果						
	资本引致的经济增长率	劳动引致的经济增长率	TFP引致的经济增长率	△规模效率	△技术进步	△技术效率	△TFP
1979	6.686	0.547	1.133	1.102	-0.099	0.797	1.801
1980	6.435	0.816	1.856	1.086	-0.046	1.275	2.315
1981	5.202	0.839	0.091	0.906	0.006	0.229	1.141
1982	7.700	0.839	1.296	1.239	0.060	1.211	2.510
1983	8.016	1.006	2.060	1.270	0.124	1.503	2.897

续表

类别/年份	几何加权计算结果						
	资本引致的经济增长率	劳动引致的经济增长率	TFP 引致的经济增长率	△规模效率	△技术进步	△技术效率	△TFP
1984	9.573	0.567	5.162	1.400	0.168	2.543	4.112
1985	11.071	0.741	1.645	1.632	0.231	0.706	2.569
1986	10.311	0.642	−3.467	1.507	0.287	−1.524	0.270
1987	10.066	0.669	0.637	1.408	0.348	0.244	2.000
1988	9.167	0.641	1.861	1.261	0.400	0.817	2.479
1989	5.872	0.383	−2.126	0.815	0.431	−0.909	0.338
1990	5.756	1.111	−1.299	0.870	0.490	−0.691	0.670
1991	6.595	0.331	2.790	0.936	0.526	0.686	2.148
1992	8.720	0.412	6.651	1.240	0.574	2.361	4.176
1993	11.032	0.288	5.312	1.599	0.630	1.569	3.798
1994	11.243	0.517	3.031	1.670	0.689	0.619	2.978
1995	10.961	0.314	1.675	1.621	0.741	0.102	2.464
1996	10.417	0.142	1.280	1.529	0.780	0.163	2.472
1997	9.604	0.299	1.118	1.400	0.822	0.044	2.265
1998	9.882	−0.689	0.487	1.402	0.828	−0.192	2.039
1999	9.216	−0.004	−0.403	1.312	0.856	−0.519	1.650
2000	8.991	0.131	0.523	1.257	0.890	−0.266	1.881
2001	9.057	0.083	0.485	1.256	0.920	−0.217	1.959
2002	9.501	0.416	0.934	1.304	0.963	−0.166	2.101
2003	10.862	0.480	0.931	1.464	1.015	−0.249	2.230
2004	11.637	0.603	1.407	1.547	1.074	−0.087	2.535
2005	12.639	0.639	0.042	1.665	1.141	−0.611	2.195
2006	12.470	0.707	0.714	1.638	1.206	−0.262	2.582
2007	12.593	0.501	1.524	1.633	1.263	0.026	2.923
2008	12.384	0.591	−0.940	1.608	1.320	−1.010	1.918
2009	13.421	0.675	−2.353	1.727	1.384	−1.638	1.473
2010	14.676	0.580	−2.087	1.858	1.446	−1.725	1.580
几何平均	9.742	0.494	0.999	1.380	0.671	0.151	2.202

资料来源：作者计算整理。

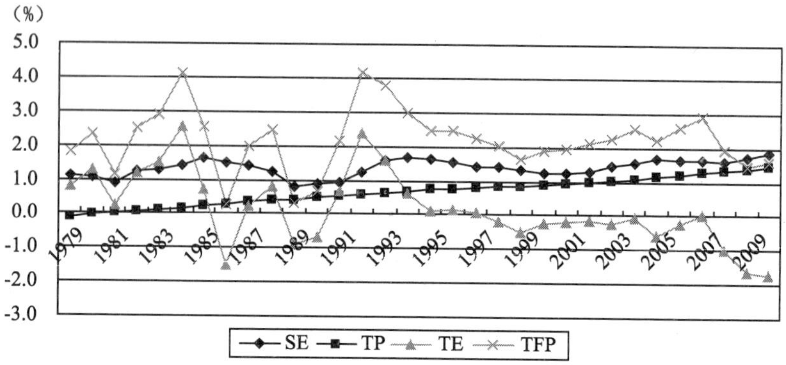

图 3.1　改革开放以来中国历年 TFP 及其构成的变动（1979—2010）

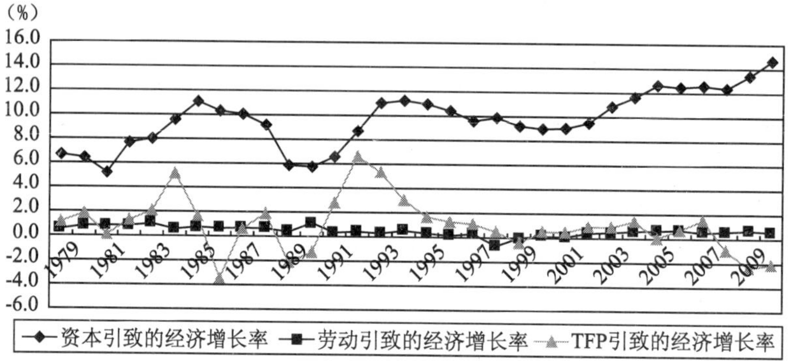

图 3.2　改革开放以来中国历年各要素对经济增长率的贡献（1979—2010）

由表 3.1 和图 3.1 的我国 TFP 的构成及变化趋势可以总结出以下直观认识：

第一，虽然整体来看，改革开放以来 TFP 对中国经济增长具有正向贡献，但是，一方面其数值水平相对于快速的经济增长而言明显过低，积极作用并不显著，另一方面其时间趋势上的变动较大，阶段性特征明显，尤其是近几年并没有对经济增长起到太大的作用。具体来看，中国 TFP 变动可分为三个阶段。第一阶段为改革开放初期的 1979—1992 年，该阶段由于改革的骤起骤落，TFP 变动也显现出了较大的波动性，但整体来看这一阶段的效率改进是最为突出的，年平均达到了 1.94%。第二阶段为改革重启至经济软着陆的 1993—2002 年，该阶段经济体制改革的大方向已经巩固确立，TFP 变动的波动性特征亦随之消失。该阶段 TFP 变动整体上为正，年平均改进率 2.361%。第三阶段为国民经济由通缩转向快速增长的 2003—2010 年，该阶段中经济增速持续保持在高位，TFP 年均变动为 2.18%。以上变化趋势整体来看，TFP 呈现了一定的波动性，并且在 2000 年以后表现得较为平稳，维持在 2% 左右，这与国内主要研究呈现了较为一致的变化①。

第二，从我国全要素生产率的构成来看，规模效率改进是中国 TFP 改进的最主要来源，其年均进步速度达到 1.38%，占整体 TFP 的 62.7%。技术效率和技术进步对中国 TFP 改进影响不大。从时间变化趋势来看，规模效率和技术进步呈现了较为平稳的增长态势，而技术效率则出现了一定的波动性。综上来看，中国经济发展中存在这样一个问题：技术前沿的推进难以完全转化成 TFP 的改进，这意味着技术创新缺乏向全社会快速有效传播的渠道，技术引进难以被充分地消化吸收。

由表 3.1 和图 3.2 各要素对经济增长率的贡献内容可以得出以下四点认识：

第一，资本投入是中国经济增长的最主要动力来源，改革开放 30 多年来其对中国经济增长的平均贡献率高达 86.7%，占要素与 TFP 能够独立解释部分近九成。贡献值数据显示，考察期间仅依靠投资拉动，中国经济便可实现 9.7% 以上的高速增长。除了对经济增长的贡献水平突出外，投资拉动作用还具有长期中波动式上升的趋势特征，尤其是近十年左右其持续上升趋势非常明显，以贡献值来看，平均每年都要提高近 1%。但是随着能源、矿产等要素价格的提高，投资拉动的持续性正面临着极大的挑战。

第二，劳动投入对中国经济增长的贡献最小，这一方面是源于人口更新换代速度的客观制约，其无法在投入量上迅速增加，另一方面源于长期过剩的劳动力供给抑制了劳动边际产出的提高，也即要素价格——工资的上涨。同样由于人口更新换代速度的客观制约，劳动投入对经济增长的贡献未出现较大的绝对值波动。排除 1998 年前后亚洲金融风暴带来的外在就业冲击，可

---

① 具体参见：李宾，曾志雄．中国全要素生产率变动的再测算：1978～2007 年［J］．数量经济技术经济研究，2009（03）：3－15；郭庆旺，贾俊雪．中国全要素生产率的估算：1979—2004［J］，经济研究，2005（06）：51－59.

以看出劳动的贡献水平具有缓慢下降的总体趋势。这主要是源于人口红利的逐渐消耗，而与此同时受结构转型滞后的困扰，劳动力市场并未对此作出足够积极的回应。最明显的事例便是愈演愈烈的民工荒现象。

第三，TFP对中国经济增长的贡献值略高于劳动投入，但绝对水平仍较低。随着TFP进步的逐年下降，2002年之后，TFP与劳动投入对经济增长的贡献值逐渐拉大。目前来看，中国TFP停滞所导致的粗放式经济增长态势已愈发令人担忧。此外由图3.2可以发现，中国的TFP变动与经济增长之间的同步变化关系非常明显，这表明从整体上来看TFP是决定经济增长的一项重要因素。

第四，中国经济增长的动力转换可大体划分以下几个阶段。第一阶段为1979—1985年，改革与治理“文革”之后国民经济的创伤一道展开，资本投入、劳动投入和TFP进步对经济增长起到了较为平衡的贡献，此时中国经济增长的动力表现为三驾马车各显其能的态势。第二阶段为1986—1997年，正值改革由徘徊的多事之秋到重启之后第一轮经济增长热潮结束，伴随着宏观经济形势的剧烈起伏，资本投入和TFP也表现出了极大的波动，但在波动过程中，资本投入逐渐拉开了与TFP之间的距离，成为经济增长最为重要的来源，此时中国经济增长的动力表现为以资本投入为主的一正二副式格局。第三阶段为1998年至今，此间中国经济经历了软着陆和重启改革后第二轮经济增长热潮，政府宏观调控手段和对经济干预的力度逐渐增强，资本积累率也随之进一步提高，但是经济转型的矛盾一直未能解决，粗放型发展的特征日益强化。此时中国经济增长的动力表现为资本投入与TFP反向角力的态势，劳动投入的作用逐渐趋于中性。[①] 虽然目前来看，粗放的高投入式增长暂时抵御住了效率维度缺失的制约，但是这一反向角力态势的逐渐强化将可能随着资源约束的触顶而引发剧烈的增长危机。应当说，中国表面上仍维持着的经济快速增长存在着深刻的内在矛盾，中国要想在未来成功跨越中等收入陷阱，迫切需要加快实现经济增长的动力机制由投资拉动向效率驱动的转变。

---

① 资本投入和TFP的贡献围绕着8%的经济增长率水平呈对称分布。

第二篇 江苏省各要素贡献率测度与分析

本篇将主要以江苏省为研究样本，通过第一篇所阐述的方法计算得出劳动力、资本和全要素生产率对江苏省经济增长率的贡献，并对各要素贡献的变化趋势和成因作详细阐述，从而可以更加深入地了解江苏省经济发展的现状和存在的问题。

第四章　资本要素对江苏经济贡献分析

一、江苏资本要素对经济贡献的经验描述

（一）江苏投资总额的变化趋势及分析

改革开放以来，江苏省固定资产投资总额呈现了大幅增长的趋势，固定资产投资总额由 1978 年的 21.75 亿元增长到了 2011 年的 26 314.66 亿元，30 多年来增长了 1 200 多倍，年均复合增长率为 24% 左右，远远高于经济的 18.58% 的复合增长率。其中在“六五”时期共完成投资总额 564.89 亿元；“七五”时期完成投资总额 1 606.75 亿元；“八五”时期完成投资总额 5 307.18 亿元；“九五”时期完成投资额 12 426.20 亿元；“十五”时期完成投资总额 28 055.30 亿元；“十一五”时期完成投资总额 79 534.10亿元。从总体变化趋势来看，江苏省的固定资产投资总额呈现了波动增长的态势。从增长幅度的变化趋势来看，江苏省的固定资产投资总额的增长率大致可以分为四个阶段：第一个阶段为 1978 年到 1990 年，这个阶段的固定资产投资总额呈现了震荡下降的态势，固定资产投资总额的增长率由 1981 年的峰值 74.2% 下降到了 1989 年的 -13.9%。这段时期固定资产投资额的年均增长速度为 26.9%。改革开放初期固定资产投资总额迅速增加，但是随着资本稀缺性的逐步降低，固定资产投资总额增长趋势也开始逐步放缓。第二个阶段为 1990 年到 1995 年，这段时期的固定资产投资的最突出特征是开始出现了迅速的增长，这段时期也是我国改革开放的攻坚时期和迅速发展期，固定资产的稀缺性又开始逐步显现，而且随着固定资产投资回报率的提升，固定资产出现了大幅增长的态势，年均复合增长率达到了 27.3%。第三个阶段为 1996 年到 2001 年，这个阶段固定资产投资额的典型特征是出现了缓慢增长的平稳态势，固定资产投资额年均复合增长 11.1%，是固定资产投资总额增长相对缓慢的阶段，主要原因在

于这个阶段为巩固改革开放成果的一个阶段，固定资产投资开始出现了边际递减效应，投资回报率不高，造成了固定资产投资增长相对缓慢。第四个阶段为2002年至今，这个阶段又开始出现了一定的波动性，这说明这段时间我国正在寻找改革的新举措。而且在2001年加入WTO以后，我国需要面对更加复杂的国际形势，所以固定资产投资也呈现了一定的波动性，总体来看这段时间固定资产年均复合增长率为17.4%，明显低于1995年前的平均增长水平。需要指出的是在2009年，为了应对金融危机，江苏省固定资产投资额比2008年增长了25.8%，是增长幅度相对较大的一年。具体各年固定资产投资额的变化趋势如图4.1所示：

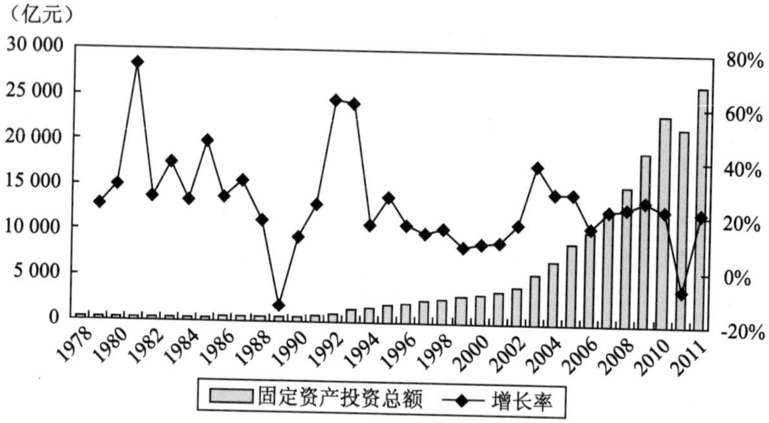

图4.1　改革开放以来江苏省历年固定资产投资额及增长率的变化趋势（1978—2011）

接下来我们观察固定资产投资总额的内部构成情况。首先，从固定资产投资额的行业构成来看，工业投资与房地产投资比重逐年上升，工业投资比重由2001年的20.73%增长到了2011年的52.33%，并且在2005年开始就占据了总固定资产投资额的一半以上，这说明工业投资已经成为固定资产投资的主体部分，工业已经成为江苏省经济发展的主力军。随着房地产行业的兴起和国家对房地产建设的支持力度不断提升，房地产投资在固定资产总投资的比重也由1990年的3.29%增长到了2011年的21.16%，我们看到房地产投资已经成为江苏省固定资产投资的一个重要组成部分。相对应的其他行业的投资则是由2001年的66.72%下降到了2011年的

26.51%，呈现了逐年下降的趋势。从固定资产投资总额的行业构成来看，工业投资是固定资产投资的主体部分，房地产投资是固定资产投资的重要组成部分。从工业投资占固定资产投资的比重的变化趋势来看，工业投资占比在2005年前呈现了较快的增长趋势，尤其是2005年工业投资占比由2004年的30.82%一下上升到了2005年的58.74%，此后工业投资占比呈现了平稳的变化，始终保持在50%~55%之间。房地产投资占比呈现了震荡提升的态势，由2001年的12.55%上升到了2011年的26.51%，这也显示了房地产投资在江苏固定资产投资中的重要性与日俱增，也从另一方面映射了江苏省在一定程度上也是依靠房地产拉动了经济增长的诟病。从房地产投资占比的全国整体数据来看，江苏省房地产投资占比要高于全国的平均水平。固定资产投资中工业投资和房地产投资及其占比情况如图4.2所示：

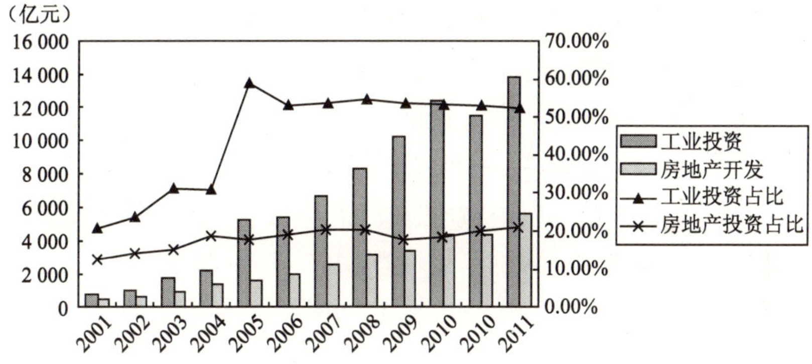

注：第二个2010是江苏统计年鉴新口径下的数据。

图4.2　江苏省历年固定资产投资额的行业构成及比重变化趋势（2001—2011）

其次，我们从固定资产投资的所有制构成来看，国有经济和集体经济固定资产投资占比呈现了震荡下降的趋势，尤其是国有企业投资占比随着国有企业改革和行业开放度的不断提升，其占比已经由改革开放初期的50%以上下降到了2011年的19.02%，而集体经济也在经历了1992年前的“黄金时期”后，呈现了逐年下降的变化趋势，在2011年其投资占比仅为

4.31%。具体变化趋势如图 4.3 所示：

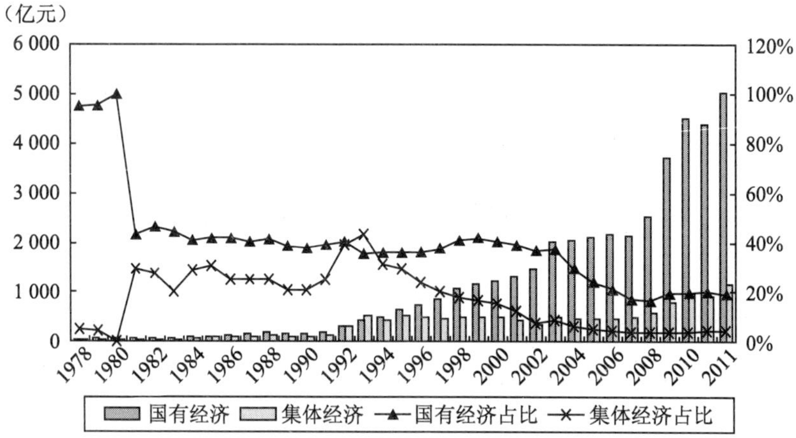

图 4.3 江苏省历年固定资产投资额的国有经济和集体经济及比重变化趋势（1978—2011）

随着改革开放的逐步深入，私营经济和外商投资开始逐步成为固定资产投资的主力军，两者的投资额及其占比也呈现了逐步提升的发展态势。图 4.4 显示，私营个体固定资产投资占比呈现了逐年提升的态势，在 2011 年达到了 36.85%，成为固定资产投资的最重要的组成部分，外商投资的比重则呈现了先提升再下降的变化趋势，1999 年到 2003 年呈现了逐年提

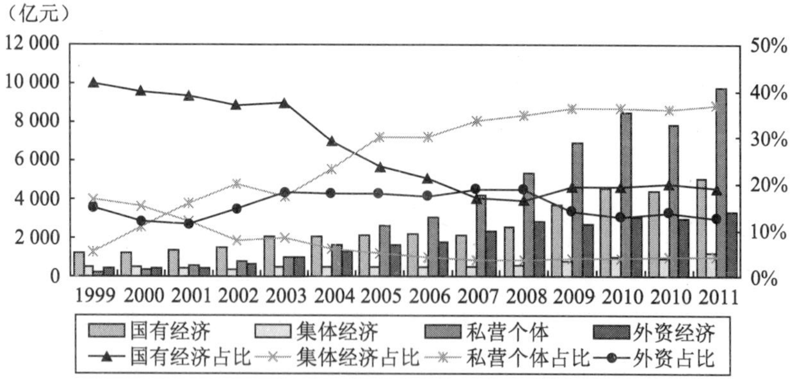

注：第二个2010是江苏统计年鉴新口径下的数据。

图 4.4 按所有制划分的江苏省历年固定资产投资额的比重变化趋势（1999—2011）

升的趋势，而在2003年到2008年则没有出现明显的变化趋势，占比维持在18%左右，而2008年以后呈现了逐年下降的趋势，2011年外商投资占比仅为12.55%，与国有经济投资占比基本相当。出现以上变化趋势的主要原因在于，随着江苏省劳动力资本和生产成本逐年提升，外商投资开始逐步向成本相对较低的中西部地区转移，所以使得外商投资占比呈现了下降的趋势。

具体江苏省固定资产投资额及其构成的具体数据如表4.1所示：

表4.1　江苏省固定资产投资的基本情况（1978—2011）　（亿元）

投资 年份	投资总额	工业投资	房地产开发	国有经济	集体经济	私营个体	外商及港澳台商
1978	21.75			20.70	1.05		
1979	26.75			25.52	1.23		
1980	34.73			34.73	3.08		
“六五”时期	564.89			242.73	156.57		
1981	60.50			26.09	17.81		
1982	76.21			35.58	20.85		
1983	105.27			46.79	21.41		
1984	130.98			53.84	37.44		
1985	191.93			80.43	59.06		
“七五”时期	1 606.75			642.46	377.21		
1986	241.23			100.97	61.28		
1987	317.12			128.43	80.35		
1988	371.87			154.04	93.45		
1989	320.23			124.16	67.26		
1990	356.30		11.71	134.86	74.87		
“八五”时期	5 307.18		554.92	1944.32	1788.50		
1991	439.98		17.22	172.09	109.87		
1992	711.70		30.42	288.00	276.16		
1993	1 144.20		114.01	403.67	493.12		
1994	1 331.13		152.42	477.86	418.27		
1995	1 680.17		240.85	602.70	491.08		300.22

续表

投资 年份	投资总额	工业投资	房地产开发	国有经济	集体经济	私营个体	外商及港澳台商
"九五"时期	12 426.20		1 463.68	4 912.01	2 288.90		2124.97
1996	1 949.53		232.62	708.60	465.21		399.99
1997	2 203.09		241.55	826.60	447.94		437.25
1998	2 535.50		300.24	1 031.96	457.36		514.23
1999	2 742.65		330.55	1 144.84	462.53	148.23	410.28
2000	2 995.43		358.72	1 200.01	455.86	326.08	363.22
"十五"时期	28 055.30	10 495.83	4 583.38	8 790.13	2 018.49	6 453.90	4 719.01
2001	3 302.96	684.83	414.36	1 285.71	400.36	528.38	378.17
2002	3 849.24	905.69	544.13	1 422.06	297.56	769.90	568.77
2003	5 335.80	1 667.65	809.96	1 998.19	456.98	932.11	972.88
2004	6 827.59	2 104.28	1 269.78	2 006.20	418.43	1 599.91	1 230.56
2005	8 739.71	5 133.38	1 545.15	2 077.97	445.16	2 623.60	1 568.63
"十一五"时期	79 534.10	42 558.47	15 124.96	14 898.12	3 136.70	27 735.48	12 592.54
2006	10 071.42	5 347.13	1 906.71	2 144.93	441.57	3 049.30	1 756.83
2007	12 268.07	6 599.08	2 515.91	2 092.57	453.28	4 125.86	2 301.12
2008	15 060.45	8 246.27	3 064.46	2 494.77	539.99	5 268.79	2 838.43
2009	18 949.88	10 167.44	3 338.50	3 677.11	753.73	6 872.67	2 681.77
2010	23 184.28	12 342.54	4 299.38	4 488.74	948.13	8 418.86	3 014.39
2011	26 314.66	13 771.12	5 567.94	5 004.82	1 132.95	9 696.87	3 303.41

数据来源：江苏省统计年鉴2012.

（二）江苏资本存量的变化趋势及分析

照张军（2004）计算得到了江苏省改革开放以来的资本存量由1978年的657.04亿元增长到了2010年的29 733.10亿元，32年来增长了135.7倍，年均复合增长16.59%。从人均资本存量来看，人均资本存量已经由1978年的0.18万元增长到了2010年的14.22万元，32年来增长了近80倍，年均复合增长率为14.6%。江苏省各年份资本存量及增长率如表4.2所示：

表 4.2　江苏省资本存量及其增长率（1979—2011）　（亿元）

年份	资本存量	增长率	年份	资本存量	增长率
1979	735.88	12.00%	1995	5 053.00	15.40%
1980	771.21	4.80%	1996	5 669.46	12.20%
1981	855.27	10.90%	1997	6 349.80	12.00%
1982	939.08	9.80%	1998	7048.28	11.00%
1983	1 054.59	12.30%	1999	7 760.15	10.10%
1984	1 220.16	15.70%	2000	8 582.73	10.60%
1985	1 431.25	17.30%	2001	9 458.17	10.20%
1986	1 580.10	10.40%	2002	10 564.77	11.70%
1987	1 791.84	13.40%	2003	12 001.58	13.60%
1988	2 143.04	19.60%	2004	13 777.82	14.80%
1989	2 196.61	2.50%	2005	15 775.60	14.50%
1990	2 306.44	5.00%	2006	18 126.17	14.90%
1991	2 497.88	8.30%	2007	20 826.96	14.90%
1992	3 137.33	25.60%	2008	23 471.99	12.70%
1993	3 758.52	19.80%	2009	26 382.52	12.40%
1994	4 378.68	16.50%	2010	29 733.10	12.70%

数据来源：根据中国统计年鉴采用张军（2004）方法计算所得。

从资本存量增长率的变化趋势来看，江苏省资本存量的变化可以分为四个阶段：

第一个阶段为 1978 年到 1986 年，这个阶段的资本存量增长率呈现了震荡提高的变化趋势，资本存量由 1978 年的 492.25 亿元增长到了 1986 年的 1 883.96 亿元，年均增长 18.37%。这段时期资本存量增长率呈现震荡走高的变化趋势的主要原因在于：改革开放初期，资本稀缺性是制约经济增长的重要因素，所以投资迅速增加，对资本存量的积累具有一定的积极作用，尤其是在 1981 年，固定资产投资额由 1980 年的 34.73 亿元猛增至 1981 年的 60.5 亿元。改革开放初期，中国濒临崩溃的国民经济迫切需要迅速的恢复与增长，计划经济体制下国家对社会经济的全面掌控为实现贫穷状态下的资本高积累创造了制度条件，江苏省作为我国改革开放的前沿阵地，当物质极度匮乏时，平均主义大锅饭能够尽最大可能释放生计水平以上的收入转作积累。这也保证了改革之初“低收入、高积累”能够在稳定的社会状态下得以实现。从此阶段的投资额变化来看，投资额的增长速度相当明显，主要表现在此阶段集体经济固定资产投资呈现了明显的上升趋势。

第二个阶段为1987年到1993年，这段时期的资本存量增长率的最突出特征是先下降后上升，在1990年达到了谷底。因为这段时间是我国改革开放的攻坚阶段。计划体制向市场体制的转型在20世纪80年代中期以后处于激烈的争论之中，改革过程表现为时进时退的态势，而这也直接造成了江苏省经济发展和固定资产投资的剧烈波动。江苏省的经济增长速度由1987年的26.1%提升到1988年的37.9%，再降到1989年的12.6%，接着的1990年只有9.6%，此后江苏省经济又开始新一轮的高速增长，由1991年的14.5%提升到1992年的42.4%和1993年的49.3%①。一方面，缺乏经验与制度的银行体系在竞相发展的年代中超发了大量的投资资金，引发了改革期间第一次严重的通货膨胀，这也在一定程度上造成江苏省此阶段资本存量的下降。随后在1990年后，我国开始重启改革，此时被压抑已久的国民经济呈现爆发式增长，江苏省的经济也在同样呈现了爆发式增长，伴随之来的是资本存量呈现了较为快速的增长。所以，此阶段江苏省资本存量呈现了先降低再升高的变化趋势。

第三个阶段为1994年到2001年，这个阶段资本存量的增长速度的典型特征是出现了缓慢降低的态势，江苏省在此阶段的资本存量增长率由1993年的21.19%下降到了2001年的12.24%，平均增速为改革开放以来最为缓慢的阶段。因为此阶段改革开放已经取得了一定成绩，但是资本的边际报酬开始出现了递减的趋势，投资开始出现了不振。而发生在1997年的经济软着陆和亚洲金融危机推动中国走向凯恩斯主义的宏观调控道路。在经济过热实现软着陆之后，由于社会投资乏力和经济停滞的连带风险增大，政府利用不断增长的财政实力直接参与扩大投资，但是对于江苏省来讲，资本存量并没有表现显著上升。这段时期国家开始注重基础设施建设投资，但是大部分投资都关注了交通基础设施建设，而江苏在此方面没

① 以上数据为名义增长率，而非实际增长率，但是我们也能看出经济在此阶段的剧烈波动性。

有享受到国家投资带来的外部效应。而此阶段江苏省房地产投资形成的资本存量没有出现太大的增长，房地产投资占比在1994年到2001年期间始终保持在11%～12%左右，而就在1990年房地产投资占比只有3.29%，这说明此阶段房地产投资并没有对资本存量的增长起到太大的作用。从江苏省固定资产投资的所有制性质来看，集体经济投资占比呈现了快速下降的态势，集体经济投资一直保持在450亿元左右，没有出现明显的上涨。因此，1994年到2001年江苏省资本存量呈现了较为明显的下降趋势。

第四个阶段为2002年至今，这个阶段江苏省的资本存量的增长率呈现了波动上升的发展态势。资本存量的提升也带动了江苏省经济的新一轮增长。这一阶段江苏省实际GDP始终保持在12%以上的增长速度。2002年国民经济迈出通货紧缩状态之后，货币政策被重新拾起，并开始进入了一轮长达近10年的宽松货币政策周期。在此期间，除税收快速增长带动下的财政性投资继续保持了通缩时期的水平外，资本价格管制下的低融资成本和地方政府“增长饥渴症”驱使下的融资平台建设，推动此前一轮通胀下的情景得以再度重现。此时，各级政府对铁、公、基等生产建设的狂热投入，进而带动了生产资料行业的快速扩张，房地产投机泡沫与建设也进入了高潮时期。最终带动资本存量的快速积累，江苏省资本存量的增长率呈现了震荡走高的态势。具体来讲，工业投资由2002年的905.7亿元增长到了2011年的13 711亿元，10年间增长了15.2倍，年均复合增长31.3%；房地产更是进入了黄金10年，投资总额由2002年的544.1亿元增长到2011年的5 568亿元，10年间增长了13.4倍，年均复合增长率为29.7%；此时私营经济也获得了快速发展的黄金10年，私营经济投资额由2002年的770亿元增长到了2011年9 697亿元，年均复合增长率为28.8%。这些因素综合在一定程度上带动了江苏省资本存量增长率的提升。值得注意的是在2009年国际金融危机以前的2006年到2008年固定资产投资出现了一定的下降趋势，但是2009年国家启动的应对金融危机的投资战略使得江苏省资本存量再次出现了上升趋势，从目前来看这种增长趋势一直保持至今。

具体江苏省各年资本存量及其增长趋势如图 4.5 所示：

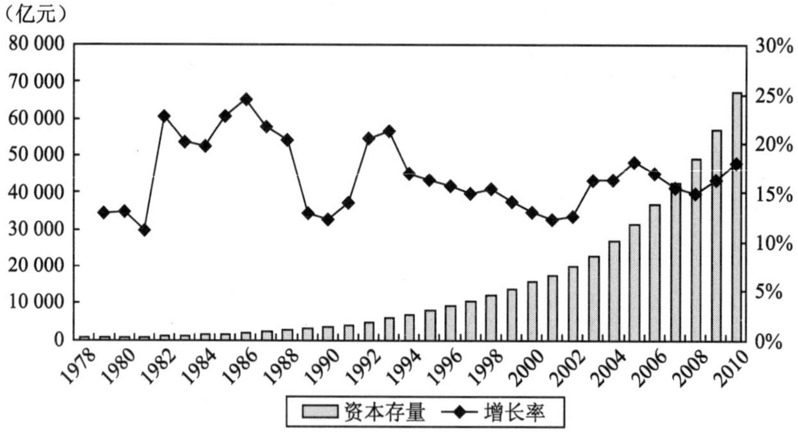

图 4.5　江苏省历年资本存量及增长率的变化趋势（1978—2010）

二、实证结果分析

（一）实证结果的描述

按照本报告第一篇第三章所阐述的计算方法，我们整理了江苏省资本对经济增长的贡献，按照此计算方法，我们分别计算了资本存量引致的经济增长量和经济增长率。从表 4.3 的计算结果来看，1979 年到 2010 年资本所引致的江苏省年均经济增长 10.87%，资本对经济的平均贡献率达到了 87.63%。这里需要说明的是以上测算数据有可能被高估，主要原因是在采用张军（2004）的方法计算资本存量数据时，资本折旧率为 9.6%，而现实中资本折旧率可能远远高于这个水平，从而使资本存量存在高估的可能，进而使得资本对经济增长的贡献存在高估。但是，即使资本存量被高估，我们从这还是可以发现资本对江苏省经济增长的贡献率的主导地位没有得到根本性的改变。

从分年度数据来看，江苏省资本引致的经济增长率较大的年份为 1985 年到 1988 年和 1992 年到 1993 年，这些阶段资本对经济增长率的贡献都超过了 12%，一个原因是这个阶段经济增长速度也较快，这个阶段江苏省的实际增长率都超过了15%。另一个原因是这个阶段投资额也出现了明显的上升，资本存量显著增加，这个可以从图4.5看出，此阶段的资本存量增长速度明显高于其他年份。这里我们需要指出的是在2003年以后，资本拉动江苏省的经济增长率平稳地保持在11%左右，这个时段是资本引致经济增长表现得最为平稳的阶段。资本引致经济增长率较低的年份为改革开放初期的1979年到1981年和改革彷徨期的1989年到1991年以及二次改革初期的1999年至2002年，这些时期一方面受于经济发展不振的影响，资本投资相对缓慢，资本存量增长速度较低，这个从图4.5可以看出。另一方面这段时期多为改革或者重启改革的初期和攻坚期，经济发展的不确定性较大，从而投资的不确定性也较大，进而形成了资本引致的经济增长相对较低。从资本对经济增长的贡献率来看，改革开放30多年有大概11年资本对经济增长的贡献都高于90%，甚至高于100%，这些年份资本贡献要远远大于劳动力和技术进步对经济增长的贡献。同时，有13年资本对经济增长的贡献低于80%，这些年资本对经济增长的贡献相对于其他年份较低。尤其是在改革开放的初期1979年和1981年，以及1992年到1995年，这些年份资本对经济增长的贡献维持在50%至70%之间。总体来看，资本对经济增长的贡献率波动性较大，在2000年以后趋于平稳。

具体各年份资本对江苏省经济增长的贡献如表4.3所示：

表4.3 江苏省资本对经济增长的贡献情况（1978—2010）①

年份	K	△K	K引致的产出增长量（亿元）	K引致的经济增长率（%）	资本贡献率（%）
1979	555.56	63.31	46.91	7.14	59.50
1980	628.00	72.44	52.21	7.09	147.80
1981	698.43	70.43	49.60	6.43	59.00

① 从数据中我们会发现资本对经济增长的贡献在有些年份超过了100%，产生此类现象的主要原因是资本的贡献要远远大于劳动和技术进步的贡献，此时劳动力和技术进步对经济增长的贡献呈现了负效用，或者说劳动力和技术进步出现了负增长，但是综合看来，资本对经济增长的贡献还是居于主导地位。

续表

年份	K	△K	K引致的产出增长量（亿元）	K引致的经济增长率（%）	资本贡献率（%）
1982	857.16	158.72	107.97	12.62	128.82
1983	1 030.23	173.08	112.09	11.94	97.04
1984	1 233.20	202.97	126.29	11.98	76.28
1985	1 513.71	280.50	167.78	13.75	79.48
1986	1 883.96	370.25	210.26	11.69	112.41
1987	2 292.82	408.86	219.91	13.92	103.86
1988	2 759.40	466.58	241.50	13.48	68.76
1989	3 114.40	355.00	177.60	8.29	127.50
1990	3 496.15	381.75	184.59	8.40	76.40
1991	3 986.92	490.77	229.86	9.97	120.07
1992	4 804.95	818.02	374.91	15.01	58.63
1993	5 823.01	1 018.07	458.07	14.60	73.74
1994	6 806.95	983.94	432.03	11.49	69.66
1995	7 912.46	1 105.50	475.92	10.87	70.58
1996	9 153.46	1 241.01	522.78	10.35	84.80
1997	10 520.12	1 366.65	563.00	9.93	82.75
1998	12 136.28	1 616.16	650.72	10.25	93.16
1999	13 845.28	1 709.00	672.37	9.54	94.45
2000	15 641.73	1 796.45	694.02	8.94	84.37
2001	17 556.15	1 914.42	729.37	8.50	83.31
2002	19 767.28	2 211.13	832.66	8.80	75.24
2003	22 997.38	3 230.10	1 198.68	11.35	83.43
2004	26 754.84	3 757.46	1 370.74	11.42	77.17
2005	31 598.80	4 843.96	1 734.25	12.59	86.81
2006	36 955.57	5 356.76	1 881.33	11.93	80.04
2007	42 661.77	5 706.20	1 977.14	10.91	73.21
2008	49 023.99	6 362.22	2 178.56	10.46	82.36
2009	57 040.54	8 016.56	2 700.96	11.51	92.80
2010	67 300.54	10 260.00	3 380.04	12.81	100.88
几何平均	—	—	—	10.87	87.63

数据来源：作者计算整理。

（二）实证结果的深入分析

为了平抑由于个别年份随机变化带来的结果的跳跃性，我们将江苏省从“六五”时期到“十一五”时期资本对经济增长的总贡献率和平均贡献率进行计算。从中我们可以观察在不同阶段江苏省资本对经济增长的贡献的变化趋势。具体计算数据如表 4.4 所示：

表 4.4　江苏省“六五”时期到“十一五”时期资本对经济增长贡献

时期	1981—1985 “六五”	1986—1990 “七五”	1991—1995 “八五”	1996—2000 “九五”	2001—2005 “十五”	2006—2010 “十一五”
资本引致经济增长率	56.72%	58.78%	61.94%	49.01%	52.66%	57.61%
资本引致经济增长率年均值	11.34%	11.76%	12.39%	9.80%	10.53%	11.52%
资本对经济增长贡献率	85.94%	96.51%	72.36%	87.67%	81.26%	85.23%
年均经济实际增长率	13.20%	10.18%	17.12%	11.18%	12.96%	13.52%

从表 4.4 可以看出，资本对江苏省经济增长的贡献率在不同时期略有不同，但是总体上资本对经济增长的贡献率仍居于主导地位。其中，1981 年到 1985 年的“六五”期间，资本引致经济增长率的年均值为 11.34%，资本对经济增长的贡献率为 85.94%；1986 年到 1990 年的“七五”期间，资本引致经济增长率的年均值为 11.76%，资本对经济增长的贡献率为 96.51%；1991 年到 1995 年的“八五”期间，资本引致经济增长率的年均值为 12.39%，资本对经济增长的贡献率为 72.36%；1996 年到 2000 年的“九五”期间，资本引致经济增长率的年均值为 9.80%，资本对经济增长的贡献率为 87.67%；2001 年到 2005 年的“十五”期间，资本引致经济增长率的年均值为 10.53%，资本对经济增长的贡献率为 81.26%；2006 年到 2010 年的“十一五”期间，资本引致经济增长率的年均值为 11.52%，资本对经济增长的贡献率为 85.23%。从中我们可以看出，资本引致经济增长率较快的时期为 1991 年到 1995 年的“八五”时期，此阶段正处于计划经济向市场经济过渡时期，江苏平均投资率为 48.87%，这个阶段也是

江苏省经济增长速度最快的一个阶段，年均经济增长率达到了 17.12%。但是我们发现资本对经济增长的贡献率则是几个时期最低的，主要原因是这段时间作为计划经济向市场经济过渡时期，劳动力对经济增长的优势开始显现，这段时间民营资本开始大力介入经济发展，劳动力得到了充分释放，带动经济呈现了快速增长。相比之下，资本对经济增长的贡献则不如其他时期。资本引致经济增长率较低的时期为 1996 年到 2000 年的“九五”时期，此阶段是市场经济初期，改革处于攻坚时期，此阶段经济增长率也相对较低，只有 11.18%，但是随着劳动力的束缚得到了一定的释放，虽然资本存量的增长趋势在此阶段出现了一定的下降，但是资本开始主导经济增长，资本对经济增长的贡献达到了 87.67%，在几个时期内处于较高的水平。我们看到改革开放的第三阶段，经济保持了持续稳定的增长，江苏省资本对经济增长的贡献也趋于稳定，但是我们也看到了其内在问题，技术进步还没有成为驱动经济增长的主导力量或者说主要力量。

为了更好地观察江苏省资本对经济增长贡献的变动趋势，我们将江苏省 1979 年到 2010 年的资本引致的经济增长率以及资本对经济增长的贡献绘制于图 4.6 之中，具体变化趋势如下：

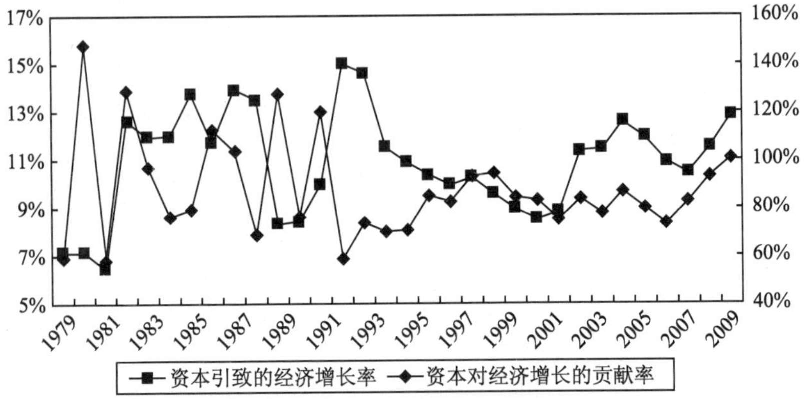

图 4.6 江苏省资本引致的经济增长率以及资本对经济增长的贡献趋势（1978—2010）

从图 4.6 可以看出，江苏省资本要素对经济增长的贡献大致可以分为三个阶段：

第一个阶段为1979年到1992年的改革开放初期，这一阶段的典型特征是资本要素对经济增长的贡献呈现剧烈的波动，主要原因是在改革开放初期，改革的不确定性和政策的不稳定性一方面使得经济出现了较大的波动性，另一方面带来投资的不稳定性。在此阶段，从国家层面来看，1978年十一届三中全会召开，到1984年提出有计划的商品经济，再到1986年全民所有制企业改革启动，直到1992年，国家确立了社会主义市场经济体制改革目标，1992年10月12—18日，中国共产党第十四次全国代表大会确定我国经济体制改革的目标是建立社会主义市场经济体制，从而正式确定了市场经济的主体地位。所以在这期间改革过程表现为时进时退的态势，最终形成了资本要素对整体经济增长的贡献的波动性。可以说江苏省作为我国经济发展的前沿阵地和示范区，经济发展和投资的波动性和国家的政策的波动性相一致。江苏省经济跟国家经济发展一样，在这一阶段经历了1978—1981年、1982—1986年和1987—1991年三次经济波动，采取了1980—1981年的调整、1986年的“软着陆”，以及1989—1990年的“治理整顿”和“双紧”政策。这一段时期政策的波动性也带来了经济的波动性，进而形成了资本要素对经济增长贡献也出现了较大的波动性。

第二个阶段为1993年到2001年，这一个阶段为改革开放的攻坚阶段，这一阶段的典型特征是资本要素对经济增长率的拉动开始出现了一定的下滑，而资本要素对经济增长的贡献则是出现了先提升后下降的变化趋势。一个重要的时间节点就是1997年的亚洲金融危机。这段时期，国家在1993年提出了建立现代企业制度和进行分税制改革和金融体制改革，这两个重要的经济政策对江苏省经济社会发展起到了重要的作用。紧接着的1994年国家提出了外贸体制改革，进而对于江苏省外贸经济的发展起到了一定的积极作用。同时在此阶段提出的住房市场化和医疗体制改革则有力地推动了江苏省住房投资，数据显示江苏省房地产投资由1992年的30亿元增长到了1995年的240亿元，短短三年间增长了8倍。在1995年国家提出了“两个根本性转变”的目标，确定了经济体制从传统的计划经济体制向社会主义市场经济体制转变和经济增长方式从粗放型向集约型转变。

江苏开始注重集约式经济增长，所以从 1996 年到 2001 年江苏省实际 GDP 增长仅为 10% 左右，是改革开放以来增长最缓慢的一个阶段。直到 1999 年国家确定了非公有制经济是社会主义市场经济的重要组成部分，江苏省的民营经济和民营投资开始逐步显现对经济增长的重要作用。但是受于 1997 年亚洲金融危机的影响，江苏省的经济增长并没有得到明显改善，这种影响一直持续到 2001 年。所以这一段时间的改革攻坚阶段加之 1997 年的亚洲金融危机使得资本对经济增长的贡献呈现了一定下降趋势，但是也促使江苏省改变过分依靠投资拉动经济增长的问题。

第三个阶段为 2002 年至今，这个阶段是改革开放的良好发展阶段，“胡温新政”极大促进中国社会经济的进步。这一阶段江苏省经济呈现了稳步增长的态势，实际 GDP 增长 13. 58%，是改革开放以来发展速度较快的阶段。尤其是在 2001 年加入 WTO 以后，江苏省外向型经济开始逐步显现其竞争优势。从资本要素对经济增长的贡献来看，虽然呈现了一定的波动性，但是资本对经济增长的贡献还是呈现了一定的上升趋势，尤其是解决 2009 年全球金融危机的背景下，资本投资对经济增长的贡献显得更加重要。2003 年以来，在国内外各种因素的推动下，我国经济在走出通货紧缩的阴影后不久，出现了煤电油运紧张、部分地区和行业固定资产投资增长过快等“局部过热”苗头。这其中作为我国工业大省的江苏也出现了投资过热的现象，工业、固定资产投资、外贸出口分别在 25%、20% 和 30% 以上的高增长轨道上运行。这在一定程度上带动了江苏省经济增长，但是也埋下了投资驱动经济增长的惯性，资本要素对经济增长的贡献长期保持在高位，形成了“投资不振，经济下滑，加大投资，经济增长”的怪圈。这种资本要素对江苏省经济发展贡献的主导地位没有得到有效解决，而且在 2008 年后出现了上升趋势。

三、总结

按照本报告第一篇第三章所阐述的方法计算的结果显示，1979 年到 2010 年资本所引致的江苏省年均经济增长 10. 87%，资本对经济的平均贡献率达到了 87. 63%。虽然有在计算方法上存在被高估的可能，但是我们还是可以发现资本对江苏省经济增长的贡献率的主导地位没有得到根本性的改变。

按照时期划分的资本要素对江苏省经济增长的贡献率来看，1981 年到 1985 年的“六五”期间，资本引致经济增长率的年均值为 11.34%，资本对经济增长的贡献率为 85.94%；1986 年到 1990 年的“七五”期间，资本引致经济增长率的年均值为 11.76%，资本对经济增长的贡献率为 96.51%；1991 年到 1995 年的“八五”期间，资本引致经济增长率的年均值为 12.39%，资本对经济增长的贡献率为 72.36%；1996 年到 2000 年的“九五”期间，资本引致经济增长率的年均值为 9.80%，资本对经济增长的贡献率为 87.67%；2001 年到 2005 年的“十五”期间，资本引致经济增长率的年均值为 10.53%，资本对经济增长的贡献率为 81.26%；2006 年到 2010 年的“十一五”期间，资本引致经济增长率的年均值为 11.52%，资本对经济增长的贡献率为 85.23%。从中我们可以看出，资本引致经济增长率较快的时期为 1991 年到 1995 年的“八五”时期，此阶段正处于计划经济向市场经济过渡时期，江苏平均投资率为 48.87%，这个阶段也是江苏省经济增长速度最快的一个阶段，年均经济增长率达到了 17.12%。但是我们发现资本对经济增长的贡献率则是几个时期最低的，主要原因是这段时间作为计划经济向市场经济过渡时期，劳动力对经济增长的优势开始显现，这段时间民营资本开始大力介入经济发展，劳动力得到了充分释放，带动经济呈现了快速增长。资本引致经济增长率较低的时期为 1996 年到 2000 年的“九五”时期，此阶段是市场经济初期，改革处于攻坚时期，此阶段经济增长率也相对较低，只有 11.18%，但是随着劳动力的束缚得到了一定的释放，虽然资本存量的增长趋势在此阶段出现了一定的下降，但是资本开始主导经济增长，资本对经济增长的贡献达到了 87.67%，在几个时期内处于较高的水平。我们看到改革开放的第三阶段，经济保持了持续稳定的增长，江苏省资本对经济增长的贡献也趋于稳定，但是我们也看到了其内在问题，技术进步还没有成为驱动经济增长的主导力量或者说主要力量。

从整体来看，江苏省资本要素对经济增长的贡献大致可以分为三个阶段：第一个阶段为 1979 年到 1992 年的改革开放初期，这一阶段的典型特征是资本要素对经济增长的贡献呈现剧烈的波动，主要原因是在改革开放初期，改革的不确定性和政策的不稳定性一方面使得经济出现了较大的波动性，另一方面带来投资的不稳定性。第二个阶段为 1993 年到 2001 年，这一个阶段为改革开放的攻坚阶段，这一阶段的典型特征是资本要素对经济增长率的拉动开始出现了一定的下滑，而资本要素对经济增长的贡献则是出现了先提升后下降的变化趋势。一个重要的时间节点就是 1997 年的亚洲金融危机。第三个阶段为 2002 年至今，这个阶段是改革开放的良好发展阶段，“胡温新政”极大地促进了中国社会经济的进步。这一阶段江苏省经济呈现了稳步增长的态势，实际 GDP 增长 13.58%，是改革开放以来发展速度较快的阶段。从资本要素对经济增长的贡献来看，虽然呈现了一定的波动性，但是资本对经济增长的贡献还是呈现了一定的上升趋势，尤其是解决 2009 年全球金融危机的背景下，资本投资对经济增长的贡献出现了明显的上升趋势。

第五章　劳动力要素对江苏经济贡献分析

一、江苏劳动力要素对经济贡献的经验描述

（一）江苏劳动力要素发展的基本情况

首先，我们对江苏省总人口的变动情况进行一个初步分析，从而可以观察江苏省以人口总数为基础的劳动力储备的水平。江苏省改革开放以来，总人口数从1978年的5 834.32万人增长到了2011年的7 898.8万人。其中城镇居民人口从1978年的800.77万人增加到2011年的4 889.36万人，城镇化率从1978年的13.73%增加到2011年的61.90%，年均提升约1.5个点。具体总人口及其城镇化率的变化情况如图5.1所示：

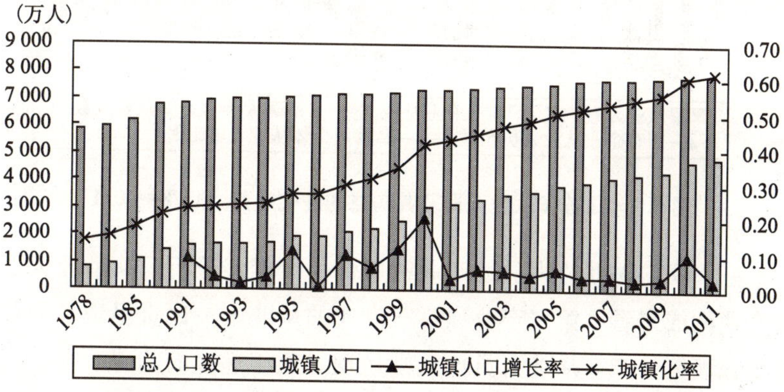

图5.1　江苏省改革开放以来总人口及城镇化率的变化趋势（1978—2011）

其次，我们对江苏省劳动就业人员的基本情况作一个初步分析。江苏省改革开放以来，随着经济的快速发展，劳动就业人员也呈现了缓慢的上涨趋势。就业人员从1978年的2 777.72万人增长到2011年的4 758万人，其中城镇单位职工人员从1978年的581.8万人增长到2011年的774.39万

人，而城镇私营和个体从业人员呈现了突飞猛进的增长，由 1978 年的 1.62 万人增长到了 2011 年的 1 381.83 万人，成为劳动就业人员的重要组成部分，而国有企业从业人员的比重有所下降，外资从业人员和股份制企业从业人员比重逐年上升。对于江苏省来讲，我们看到随着 1999 年国家确定非国有制经济的地位后，江苏省非国有制经济呈现了快速发展的势头，从私营和个体经济从业人员的比重可以看出，在 2000 年以后呈现了快速发展的势头，其变化趋势明显要高于 2000 年以前。从总人口中的就业人员比重来看，从 1978 年的 0.06% 增长到了 2011 年的 29.04%。具体从业人员及其构成变化趋势如图 5.2 所示：

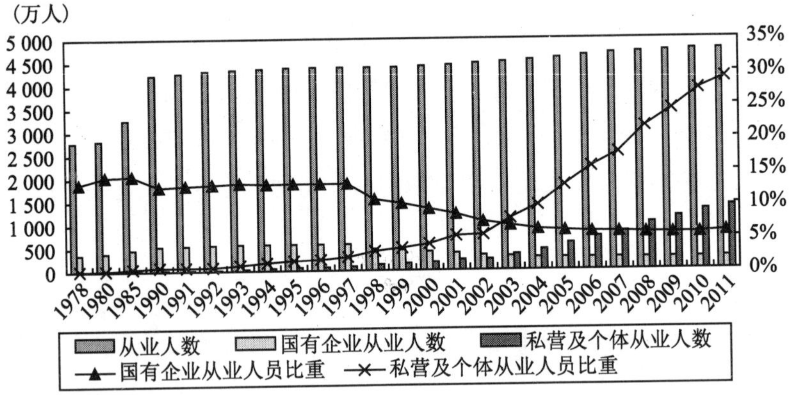

图 5.2 江苏省从业人员及其构成的变化趋势（1978—2011）

第三，我们对就业人员的产业构成作一个初步分析。从就业人员中的三次产业构成来看，第二产业和第三产业的从业人员比重呈现了稳步增长的态势，而第一产业从业人员比重则呈现了逐年递减的趋势。第一产业从业人员已经由 1978 年的 1 937.06 万人减少到了 2011 年的 1 023.02 万人；第二产业从业人员已经由 1978 年的 544.57 万人增加到了 2011 年的 2 017.49万人，增长了 2.7 倍；第三产业从业人员也由 1978 年的 296.09 万人增加到了 2011 年的 1 717.72 万人，增长了 4.8 倍。伴随着第二产业和第三产业就业人员的增加，第二产业从业人员比重已经由 1978 年的 19.6% 增长到了 2011 年的 42.4%，成为承载就业的最重要组成部分。我们同时看到第三产业从业人员比重也由 1978 年的 10.7% 增长到了 2011 年的 36.1%，但是相对于其他发达省市，江苏省第三产业的从业人员比重相对较低。从时间变化趋势来看，第三产业从业人员比重处于稳步的提升的状态，第一产业始终处于下降态势，而第二产业则是在 1995 年到 2001 年呈现了一定的下降态势，此后则出现了稳步的提升。有关三次产业从业人员及其比重的变化趋势如图 5.3 所示：

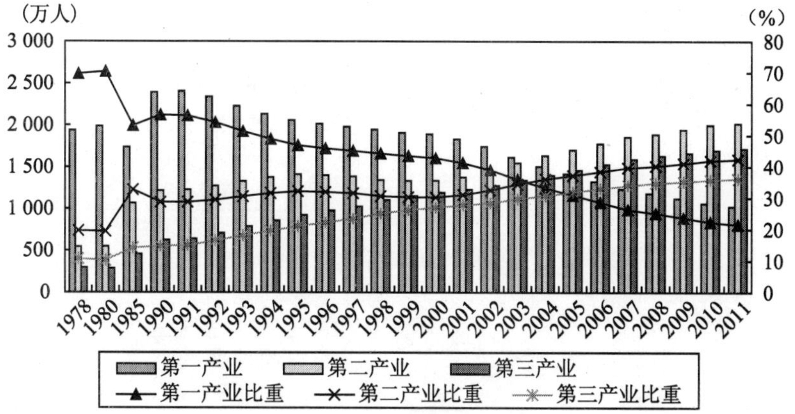

图 5.3　江苏省三次产业从业人员及其构成的变化趋势（1978—2011）

第四，我们从从业人员的内部行业构成来看，2011 年江苏省从业人员的行业构成主要来自于制造业、农业和批发零售业，三者基本构成了全部就业人员的约 60%。其次，在第三产业中交通运输、仓储和邮政业、住宿和餐饮业、居民服务和教育卫生等行业从业人员比重较高。2011 年江苏省具体各行业从业人员构成比重如图 5.4 所示。

从制造业从业人员内部构成来看，通信、设备、计算机及其他电子设备制造业，纺织服装业，交通运输设备和通用设备制造业比重相对较高，而在医药、专用设备、金属制品等行业就业人员比重相对较低。这在一定程度上说明了江苏省的制造业水平存在着高端与低端并存的现象。高端的技术密集型和资本密集型的计算机电子和设备制造业从业人员比重较高，而同时劳动力密集型的纺织服装制造业从业人员比重也相对较高。具体 2011 年江苏省制造业各行业从业人员构成情况如图 5.5 所示。

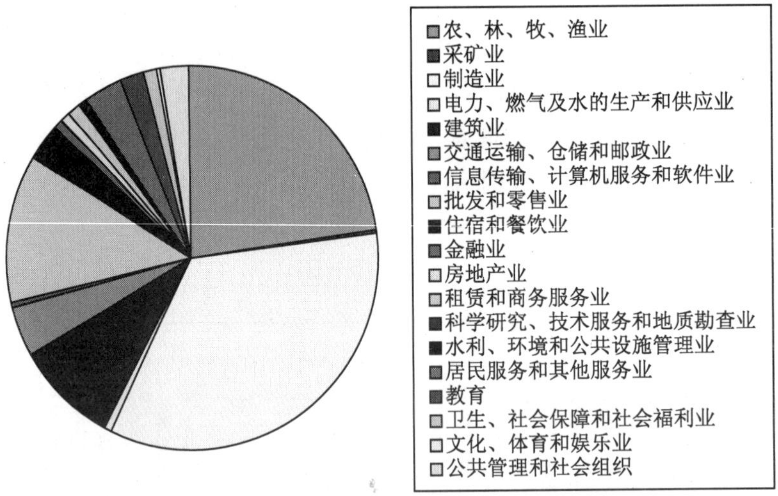

图 5.4　江苏省 2011 年各行业从业人员构成

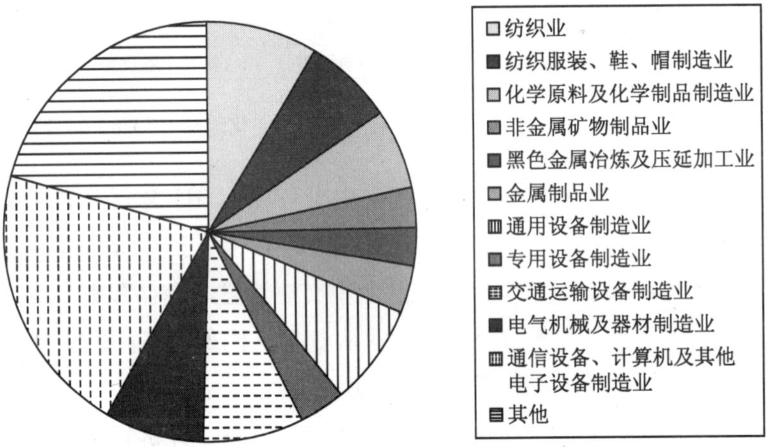

图 5.5　江苏省 2011 年制造业各行业从业人员构成

最后，我们观察一下江苏省就业人员的工资报酬情况。随着经济的发展，江苏省工人工资报酬也呈现了明显的提升，但是总体上来看，工资的增长速度要明显落后于经济的增长速度和投资的增长速度。从图 5.6 可以看出，江苏省职工工资的名义增长率在大部分年份要低于 GDP 的名义增长率，只是在1998年到2004年间，工资的名义增长率持续高于经济的增长率。这说明江苏省劳动者报酬要低于资本的报酬，劳动力的报酬相对较低。

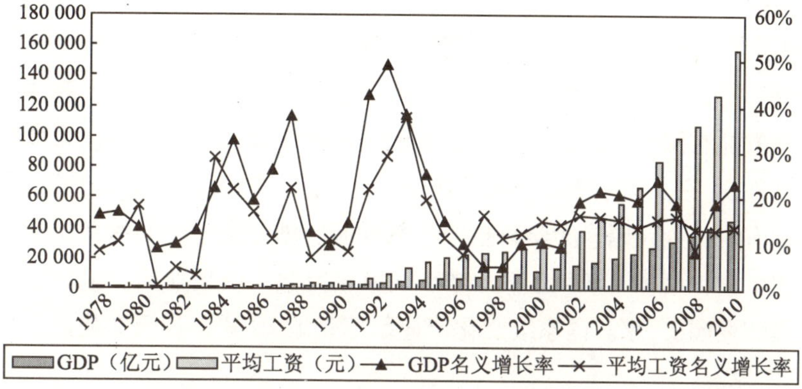

图5.6　江苏省改革开放以来GDP增速与职工平均工资增速的对比情况（1978—2011）

（二）江苏人力资本要素发展水平

江苏省人力资本呈现了较快的发展。多年来，江苏通过深入实施人才强省战略，目前已形成人才资源总量稳步增长、人才素质大幅提高、高端人才推动产业创新发展的良好局面。2010年全省人力资本投资达5 605亿元，占GDP的13.2%，人才贡献率达31.4%。全省人才资源总量810万人，其中企业经营管理人才（不含部属企业）172.09万人，专业技术人才440万人，高技能人才83.99万人。全省高层次人才40万人，高层次人才占人才资源总量的4.9%；高技能人才占技能劳动者比例为28%。从事科技活动的人员73.31万人，从事R&D人员40.62万人，其中企业从事R&D人员32.37万人。每百万人口中大学本科及以上人员3 197人。新增劳动力平均受教育年限13.9年，高等教育毛入学率达42%。普通高等教育在校生177.49万人，其中博士研究生2.21万人、硕士研究生10.33万人。中等职业教育在校生102.04万人。江苏省共有高等学校122所，每年招生超过47万人，在校生达到了177万人。按照陈钊（2006）的计算方法，江苏省人均受教育年限从1982年的4.667年上升到2011年的8.945

年，在国内具有一定的领先优势，具体增长趋势如图5.7所示。近年来，为构筑江苏人才高地，在人才引进方面，江苏相继出台了《中共江苏省委江苏省人民政府关于进一步加强高层次人才队伍建设的意见》、《关于鼓励在外留学人员为江苏经济建设服务的若干规定》、《江苏省高层次创新创业人才引进计划实施办法》、《江苏省引进海外高层次留学人员的若干规定》、《万名海外人才引进工程》等20多个引才政策性文件。在人才载体建设上，全省拥有国家级高层次人才创新创业基地3家，省级高层次人才创新创业基地54家。国家级高新技术产业园区7家，省级高新技术产业园区9家。拥有科技创业园、大学科技园、软件园、创业服务中心等各类科技孵化器301家，面积1 504万平方米。国家级留学人员创业园7家，省级留学人员创业园33家。国家级文化产业示范基地10家，省级文化产业示范基地27家。

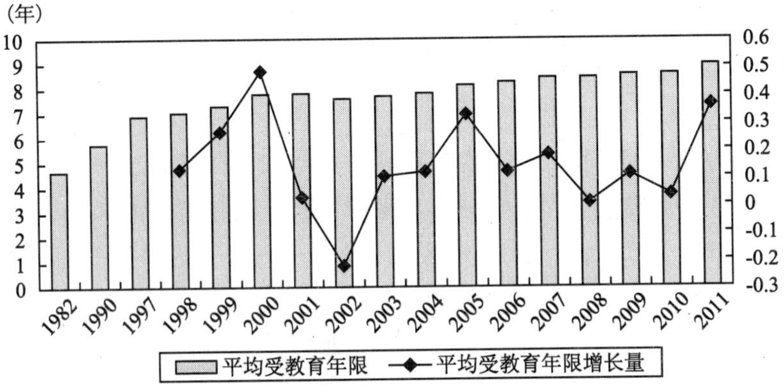

图5.7 江苏省人均受教育年限变化趋势

从各行业的人力资本要素情况来看，2011年江苏省就业人员中未上过学的人员占比为2.35%，小学人员比重为20.15%，初中学历人员比重为48.80%，高中学历人员比重为16.75%，大专以上11.95%。细分行业中，教育业，金融业，科学研究、技术服务和地质勘查业，信息传输、计算机服务和软件业，卫生、社会保障和社会福利业以及公共管理和社会组织等六个行业的大专以上学历的从业人员比重都超过了50%。住宿和餐饮业，农、林、牧、渔业，建筑业，交通运输仓储和邮政业，居民服务和其他服务业等五个行业大专以上从业人员比重还不足 10%，制造业大专以上从业人员比重也仅仅超过了 10%，只有 10.03%。具体各行业从业人员的受教育程度的比重情况如图 5.8 和表 5.1 所示。

按照陈钊（2006）的计算方法，各行业的平均受教育年限呈现了较大的差距。我们看到总体从业人员的平均受教育年限为 9.40 年，其中农林牧渔业最低为 7.23 年，教育业最高为 13.74 年，金融业为 13.46 年，科学研究、技术服务和地质勘查业为 13.39 年，信息传输、计算机服务和软件业也相对较高，为 13.05 年，卫生、社会保障和社会福利业为 13.01 年，这五个细分行业的平均受教育年限都已经超过了 13 年。我们看到制造业从业人员的平均受教育年限只有 9.75 年，是所有细分行业较低的行业。

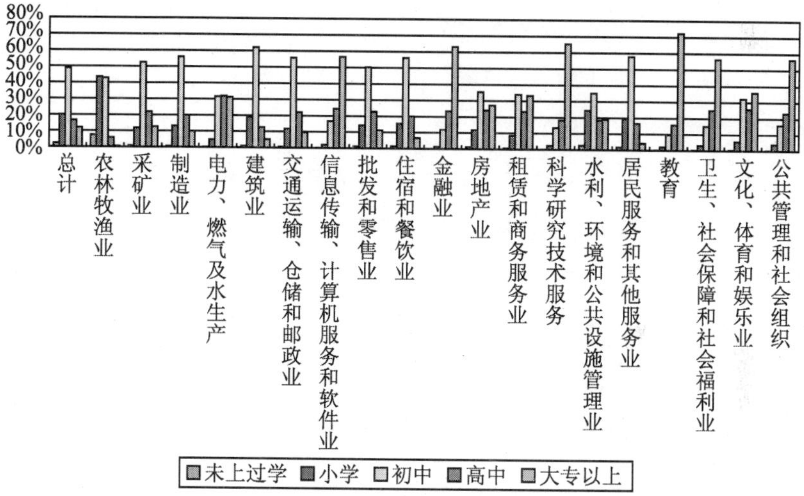

图 5.8　江苏省 2011 年各行业受教育程度的构成情况

表 5.1　江苏省 2011 年各行业受教育程度构成及平均受教育年限

行业	未上过学	小学	初中	高中	大专以上	平均受教育年限
总　计	2.35%	20.15%	48.80%	16.75%	11.95%	9.40
农、林、牧、渔业	7.49%	43.43%	42.80%	5.75%	0.53%	7.23
采矿业	0.87%	11.86%	52.50%	22.10%	12.67%	9.99

续表

行业	未上过学	小学	初中	高中	大专以上	平均受教育年限
制造业	0.67%	13.29%	55.92%	20.09%	10.03%	9.75
电力、燃气及水的生产和供应业	0.20%	4.90%	31.65%	31.96%	31.29%	11.67
建筑业	1.00%	19.26%	61.97%	12.68%	5.09%	9.02
交通运输、仓储和邮政业	0.60%	11.93%	55.75%	22.19%	9.53%	9.83
信息传输、计算机服务和软件业	0.17%	2.07%	16.81%	24.49%	56.46%	13.05
批发和零售业	1.20%	14.43%	50.23%	22.88%	11.25%	9.82
住宿和餐饮业	1.40%	15.70%	56.11%	20.21%	6.58%	9.40
金融业	0.05%	1.28%	11.92%	23.56%	63.19%	13.46
房地产业	1.10%	11.96%	35.50%	24.19%	27.24%	10.90
租赁和商务服务业	0.67%	8.48%	33.98%	23.51%	33.36%	11.39
科学研究、技术服务和地质勘查业	0.13%	2.45%	13.74%	18.31%	65.37%	13.39
水利、环境和公共设施管理业	2.75%	24.58%	35.24%	18.47%	18.97%	9.71
居民服务和其他服务业	1.85%	19.56%	57.74%	16.57%	4.28%	9.00
教育	0.12%	2.13%	9.64%	15.86%	72.25%	13.74
卫生、社会保障和社会福利业	0.26%	3.24%	15.12%	24.99%	56.39%	13.01
文化、体育和娱乐业	0.33%	5.63%	32.26%	25.81%	35.96%	11.73
公共管理和社会组织	0.32%	3.93%	16.03%	23.35%	56.37%	12.94

数据来源：由江苏省统计年鉴2011计算所得。

二、实证结果分析

（一）实证结果描述

按照本报告第一篇第三章所阐述的计算方法，我们整理了江苏省劳动对经济增长的贡献，按照此计算方法，我们分别计算了劳动引致的经济增长量和经济增长率。1979 年到 2010 年劳动所引致的江苏省年均经济增长 0.33%，劳动对经济的平均贡献率只有 2.84%[①]。这里需要说明的是以上测算数据有可能被低估，一方面可能的原因在于有关劳动力就业的统计中由于统计口径与方法的变化使得劳动力就业统计数据有一定的误差，另一方面可能的原因在于采用张军（2004）的方法高估了资本存量使得资本对经济增长的贡献挤占了劳动对经济增长的贡献。但是，即使资本存量被高估和统计数据的误差，我们从这还是可以发现劳动力对江苏省经济增长的贡献率仍较低，远远低于资本对经济增长的贡献。

从分年度数据来看，江苏省劳动引致的经济增长率较大的年份为 1981 年至 1986 年、1990 年到 1991 年以及 2003 年至今这些阶段，这些阶段劳动力对经济增长率的贡献都超过了 0.5%，一个原因是这个阶段经济增长速度也较高，这个阶段江苏省的实际增长率都超过了 12%。另一个原因是这些阶段劳动力就业也出现了明显的上升，这个从图 5.2 可以看出，此阶段的劳动力就业情况明显好于其他年份。这里我们需要指出的是在 2003 年以后，劳动力拉动江苏省的经济增长率平稳地保持在 0.5% ~0.7% 之间，这个时段是劳动力引致经济增长表现得最为平稳的阶段。劳动力引致经济增长率较低的年份是 1992 年到 2002 年，这个阶段劳动力对经济增长的贡献明显较低，有些年份甚至为负值，尤其是在 1997 年亚洲金融危机后的几年，由于劳动力就业的下降导致劳动力拉动经济增长率出现了负值，这种情况直到 2002 年才开始有所转变。从劳动力对经济增长的贡献率来看，改革开放 30 多年大概 10 年劳动力对经济增长的贡献都高于 5%。同时，有 12 年劳动力对经济增长的贡献低于 1%，这些年劳动力对经济增长的贡献相对于其他年份较低，主要集中在亚洲金融危机后的 1997 年以后。这说明亚洲金融危机还是在一定程度上影响了江苏省劳动力就业情况，这也从另外一个角度说明了江苏省受外需影响较为严重。总体来看，劳动对经济增长的贡献率波动性较大，在 2002 年以后趋于平稳，并持续为经济增长贡献

---

① 从数据中我们会发现劳动力对经济增长的贡献有些年份出现了负值，一个原因是有些年份就业呈现了负增长，另外一个原因在于资本对经济增长的贡献高于 100%，部分地挤占了劳动力对经济增长的贡献，这其中可能有统计数据的原因，也有可能是由于高估资本存量造成的。

力量。

（二）实证结果的深入分析

为了平抑由于个别年份随机变化带来的结果的跳跃性，我们将江苏省从“六五”时期到“十一五”时期劳动对经济增长的总贡献率和平均贡献率进行计算。从中我们可以观察在不同阶段江苏省劳动对经济增长的贡献的变化趋势。具体计算数据如表 5.2 所示：

表 5.2　江苏省“六五”时期到“十一五”时期劳动对经济增长贡献

时期	1981—1985 “六五”	1986—1990 “七五”	1991—1995 “八五”	1996—2000 “九五”	2001—2005 “十五”	2006—2010 “十一五”
劳动引致经济增长率	3.09%	5.39%	-2.53%	-1.01%	1.52%	3.36%
劳动引致经济增长率年均值	0.62%	1.08%	-0.51%	-0.20%	0.30%	0.67%
劳动对经济增长贡献率	4.68%	8.85%	-2.96%	-1.80%	2.34%	4.97%
年均经济实际增长率	13.20%	10.18%	17.12%	11.18%	12.96%	13.52%

从表 5.2 可以看出，劳动对江苏省经济增长的贡献率在不同时期呈现了较大的差异性，但是总体上劳动对经济增长的贡献率仍处于较低水平。其中，1981 年到 1985 年的“六五”期间，劳动引致经济增长率的年均值为 0.62%，劳动对经济增长的贡献率为 4.68%；1986 年到 1990 年的“七五”期间，劳动引致经济增长率的年均值为 1.08%，劳动对经济增长的贡献率为 8.85%；1991 年到 1995 年的“八五”期间，劳动引致经济增长率的年均值为 -0.51%，劳动对经济增长的贡献率为 -2.96%；1996 年到 2000 年的“九五”期间，劳动引致经济增长率的年均值为 -0.20%，劳动对经济增长的贡献率为 -1.80%；2001 年到 2005 年的“十五”期间，劳动引致经济增长率的年均值为 0.30%，劳动对经济增长的贡献率为 2.34%；2006 年到 2010 年的“十一五”期间，劳动引致经济增长率的年均值为 0.67%，劳动对经济增长的贡献率为 4.97%。从中我们可以看出，劳动引致经济增长率较快的时期为 1986 年到 1990 年的“七五”时期，此

阶段正处于计划经济向市场经济过渡时期，这个时期也是人口红利开始贡献经济增长的时期，此阶段不仅劳动引致经济增长率较大，而且对经济增长的贡献率也是历史上最高的一段时期。主要原因是这段时间作为计划经济向市场经济过渡时期，劳动力对经济增长的优势开始显现，这段时间民营资本开始大力介入经济发展，人口红利得到了充分释放，带动经济呈现了快速增长。劳动引致经济增长率较低的时期为1991年到2000年的“八五”时期和“九五”时期，此阶段劳动对经济增长贡献率较低，甚至为负值的主要原因在于：一方面此阶段为市场经济初期，改革处于攻坚时期，此阶段经济增长率也相对较低，只有11.18%，此阶段资本开始逐步呈现其稀缺性，所以此阶段资本对经济增长的贡献较高，大幅度地挤占了劳动力对经济增长的贡献；另一方面主要原因是在此阶段发生了较为严重的亚洲金融危机，亚洲金融危机不仅严重影响了江苏省经济增长，其主要影响还是在于失业问题，这场金融危机导致了全国有几千万产业工人“下岗”，而首当其冲的是经济较为发达以外向型经济为主的江苏省，此阶段江苏省劳动力就业数量呈现了明显的下降。我们看到改革开放的第三阶段经济保持了持续稳定的增长，江苏省劳动对经济增长的贡献也趋于稳定，保持了一定的贡献率，但是相对于资本对经济增长的贡献，劳动对江苏省经济增长的贡献还是相对较低。

为了更好地观察江苏省劳动对经济增长贡献的变动趋势，我们将江苏省1979年到2010年的劳动引致的经济增长率以及劳动对经济增长的贡献绘制于图5.9之中，具体变化趋势如下：

从图5.9可以看出，江苏省劳动要素对经济增长的贡献大致可以分为三个阶段：

第一个阶段为1979年到1992年的改革开放初期，这一阶段的典型特征是劳动要素对经济增长的贡献呈现剧烈的波动，主要原因是在改革开放初期，改革的不确定性和政策的不稳定性一方面使得经济出现了较大的波动性。另一方面使得劳动力约束得到了有效的释放。从国家层面来看，从1978年十一届三中全会召开，到1984年提出有计划的商品经济，再到1986年全民所有制企业改革启动，直到1992年国家确立了社会主义市场

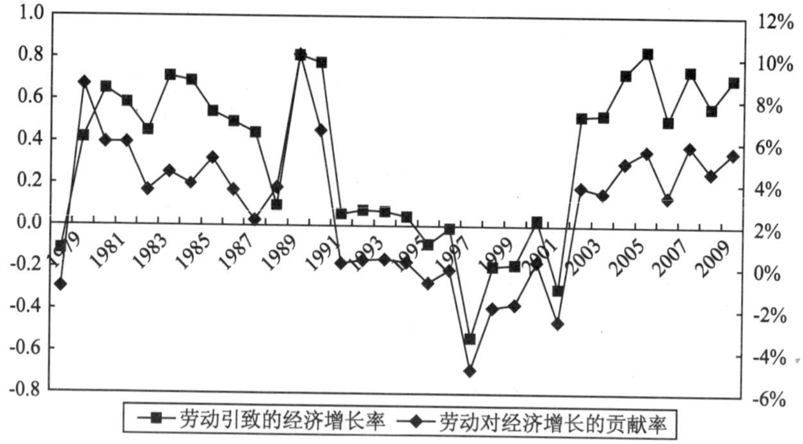

图 5.9 江苏省劳动引致的经济增长率以及劳动对经济增长的贡献趋势（1978—2010）

经济体制改革目标。所以，在这期间改革过程表现为时进时退的态势，最终也导致了劳动要素对整体经济增长的贡献的波动性。可以说江苏省作为我国经济发展的前沿阵地和示范区，经济发展和劳动力就业情况的变化和国家的政策的波动性相一致。江苏省经济跟国家经济发展一样，在这一阶段经历了 1978—1981 年、1982—1986 年和 1987—1991 年三次经济波动，采取了 1980—1981 年的调整、1986 年的“软着陆”，以及 1989—1990 年的“治理整顿”和“双紧”政策。这一时期政策的波动性也带来了经济的波动性，很多企业处于“开工、停工、再开工”的循环之中，进而形成了劳动要素对经济增长贡献也出现了较大的波动性。

第二个阶段为 1993 年到 2002 年，这一个阶段为改革开放的攻坚阶段，这一阶段的典型特征是劳动力要素对经济增长率的拉动呈现了负向变化，而劳动力要素对经济增长的贡献也呈现了负向变化。造成劳动力要素对经济增长贡献为负的主要原因在于：首先，这段时间是国有化改革的主要阶段，随着市场经济的发展，出现大规模的劳动力调整，导致了大量的行业性下岗问题。在市场竞争中，很多企业陆续被挤出市场，出现了停产、半停产，甚至被兼并、破产，导致职工下岗在此阶段表现得较为突出，所以在这个阶段劳动力就业出现了一定的下滑趋势。统计显示，这一阶段江苏省劳动力就业没有提升，反而出现了下滑，2002 年就业人员比 1993 年就业人员下降了 100 多万人。其次，这一时期资本成为制约江苏省经济发展的主要因素，资本稀缺是这一时期的重要表现，因此这一阶段资本对经济增长的贡献相对较高，这也就可能挤占了劳动力对经济增长的贡献率，例如此阶段的房地产投资从 1992 年的 30 亿元增长到了 1995 年的 240 亿元，短短三年间增长了 8 倍。但是我们发现从 1999 年国家确定了非公有制经济是社会主义市场经济的重要组成部分，江苏省的民营经济的发展带动了劳动力就业，从而劳动力对经济增长的贡献开始逐步提升。最后，我们从图 5.9 可以看出，发生在 1997 年的亚洲金融危机对劳动力就业产生了严重的影响，间接导致了劳动力对经济增长的贡献出现了断崖式下降，但随着我国逐步走出金融危机的阴影，劳动力对经济增长的贡献又开始逐步提升，但是还是为负值。

第三个阶段为 2003 年至今，这个阶段是改革开放的良好发展阶段，“胡温新政”极大促进中国社会经济的进步。这一阶段江苏省经济增长是改革开放以来最为稳定也是增长速度较快的一个阶段。尤其是在 2001 年加入 WTO 以后，江苏省外向型经济开始逐步显现其竞争优势。从劳动力要素对经济增长的贡献来看，虽然呈现了一定的波动性，但是劳动力要素对经济增长的贡献还是呈现了一定的上升趋势。这一阶段江苏省经济发展的典型特征是民营经济开始逐步显现其对经济增长的贡献。这一阶段民营经济拉动就业呈现了突飞猛进式发展。数据显示，城镇私营和个体就业人员从 2002 年的 240 万人猛增至 2011 年的 1 381 万人，增长了近 5 倍，明显高于其他所有制企业就业人员的增长。其主要原因在于这一阶段民营经济获得了政府的有力的政策支持，并成为劳动力就业的主力军。这段时期劳动力就业规模开始呈现了缓慢的增长，并对经济增长的贡献有所提升。

三、总结

按照本报告第一篇第三章所阐述的计算方法，我们整理了江苏省劳动对经济增长的贡献。计算结果显示，1979 年到 2010 年劳动所引致的江苏省年均经济增长 0.33%，劳动对经济的平均贡献率只有 2.84%。虽然可能出现统计误差和资本高估对这一结果被低估的影响，但是我们还是发现劳动对江苏省经济增长的贡献率仍较低，远远低于资本对经济增长的贡献。

从分年度数据来看，江苏省劳动引致的经济增长率较大的年份为 1981 年至 1986 年、1990 年到 1991 年以及 2003 年至今这些阶段，这些阶段劳动对经济增长率的贡献都超过了 0.5%，尤其是在 2003 年以后，劳动拉动江苏省的经济增长率平稳地保持在 0.5% ~0.7% 之间，这个时段是劳动引致经济增长表现得最为平稳的阶段。从整体变化趋势来看，江苏省劳动要素对经济增长的贡献大致可以分为三个阶段：第一个阶段为 1979 年到 1992 年的改革开放初期，这一阶段的典型特征是劳动要素对经济增长的贡献呈现剧烈的波动，主要原因是在改革开放初期，改革的不确定性和政策的不稳定性一方面使得经济出现了较大的波动性。从这一阶段就业来看，虽然改革开放后劳动力约束得到了有效的释放，但是这期间改革过程表现为时进时退的态势，最终也导致了劳动要素对整体经济增长的贡献的波动性。第二个阶段为 1993 年到 2002 年，这一个阶段为改革开放的攻坚阶段，这一阶段的典型特征是劳动要素对经济增长率的拉动呈现了负向变化，而劳动要素对经济增长的贡献也呈现了负向变化。造成劳动要素对经济增长贡献为负的主要原因有：国有化改革的下岗问题、资本过度挤占问题和亚洲金融危机的影响。第三个阶段为 2003 年至今，这一阶段从劳动要素对经济增长的贡献来看，虽然呈现了一定的波动性，但是劳动力要素对经济增长的贡献还是呈现了一定的上升趋势。这一阶段民营经济获得了政府的有力的政策支持，并成为劳动就业的主力军。从而导致这段时期劳动就业规模开始呈现了缓慢的增长，并对经济增长的贡献有所提升。

第六章　全要素生产率对江苏经济贡献分析

一、江苏省全要素生产率对经济贡献的经验描述

（一）江苏省科技要素发展水平

“十一五”时期，江苏省通过大力实施科教兴省和人才强省战略，加快推进科技进步与创新。在科技要素投入上，科技投入显著增长，2011年，全社会研发投入1 071.96亿元，占地区生产总值的比重达2.1%；在研发从业人员方面，全省2011年科技活动人员数达到了81.62万人，其中大学本科以上人员为32.72万人；在研发平台建设上，企业自主创新能力显著提升，有研发活动的企业个数已经达到了2 984个，已建国家和省级高技术研究重点实验室、重大研发机构、工程技术研究中心、科技公共服务平台等科技基础设施2 048个，经国家认定企业技术中心46个，研发平台体系日趋完善；在科技产出上，知识创新产出显著提高，2011年，全省专利申请量和授权量分别达348 381件、199 814件，均居全国首位；在科技载体建设上，科技园区蓬勃发展，全省16个国家和省级高新园区创造了全省40%的高新技术产业产值和60%的新兴产业产值；在产学研合作上，科技资源向江苏汇集的速度明显加快。创新创业环境日益优化，科技和人才优势加快释放，科技创新在培育发展战略性新兴产业、有效应对国际金融危机、推进发展方式转变中发挥了重要的引领和支撑作用，为率先建成创新型省份奠定了坚实基础。从时间变化趋势来看，江苏省科技要素发展水平呈现了较快的发展速度，具体各要素发展水平的时间变化趋势如下：

首先，从科技要素投入来看，江苏省科技机构数量由1997年的2 136个增长到了2011年的9 061个，14年增长了3.24倍；科技活动人员数量由1997年的25.24万人增长到了2011年的81.62万人，增长了2.23倍；研发经费内部支出由1997年的25.17亿元增长到了2011年的1 071.96亿

元，增长了 41.59 倍；研发经费占 GDP 的比重也由 1997 年的 0.38% 提升到了 2011 年的 2.2%，提升了 1.82 个百分点。从研发投入来看，无论是从研发人员还是从研发经费以及研发强度来看，江苏省科技投入都位于全国前列。具体江苏省科技要素投入的变化趋势如表 6.1 和图 6.1 所示：

表 6.1 江苏省科技要素投入情况（1997—2011）

指标	科技机构数（个）	科技活动人员数（万人）	研发经费内部支出（亿元）	研发经费支出占 GDP 比重（%）
1997	2 136	25.24	25.17	0.38
1998	2 166	23.35	32.52	0.53
1999	2 193	23.63	40.45	0.59
2000	2 768	19.42	50.83	0.59
2001	2 875	29.52	92.07	0.97
2002	2 907	30.73	109.09	1.03
2003	2 726	33.18	150.46	1.21
2004	3 765	33.55	213.98	1.38
2005	3 751	38.17	270.30	1.48
2006	3 620	38.11	346.05	1.60
2007	3 898	43.79	430.20	1.68
2008	4 761	53.59	584.57	1.93
2009	7 521	67.17	717.12	2.08
2010	6 798	73.69	857.95	2.1
2011	9 061	81.62	1071.96	2.2

数据来源：江苏省统计年鉴 1998—2012.

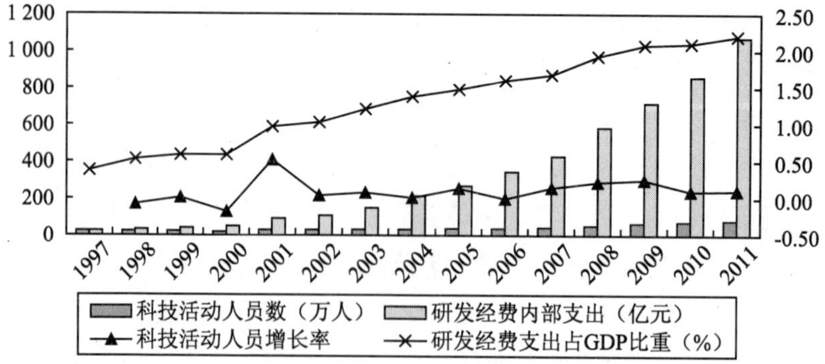

图 6.1 江苏省科技要素投入的变化趋势（1997—2011）

其次，从科技要素基础供给来看，江苏省作为科教大省，科教优势较为明显。多年来无论是在高等教育还是在引进人才等方面都走在全国的前列。这也为江苏省提升科技进步水平奠定了坚实的人才要素基础。从高等学校的招生数和毕业生数来看，江苏省作为教育大省，无论在招生数量还是在招生的层次上都呈现了明显的上升，其中招生数量由 1999 年的 14.04 万人增长到 2011 年的 48 万人，其中研究生数更是由 1999 年的 0.71 万人增长到 2011 年的 4.42 万人。具体各年的变化趋势如表 6.2 和图 6.2 所示：

表 6.2　江苏省高等教育情况（1999—2011）　（单位：万人）

	高校数量	招生人数	研究生人数	在校生数	在校研究生人数	毕业生数	毕业研究生人数
1999	72	14.04	0.71	35.93	1.79	7.19	0.4
2000	71	18.22	0.97	47.48	2.29	8.01	0.44
2001	78	21.57	1.35	58.55	3.13	7.98	0.52
2002	94	23.95	1.66	74.13	4.11	11.03	0.62
2003	105	27.86	2.2	90.53	5.36	14.61	0.9
2004	111	34.08	2.68	106.27	6.79	20.91	1.17
2005	115	39.02	2.87	123.77	7.79	24.46	1.49
2006	119	39.09	3.18	139.53	8.91	27.66	1.93
2007	121	45.47	3.36	156.88	9.65	33.36	2.4
2008	120	44.61	3.5	167.74	10.47	40.69	2.6
2009	122	47	4.02	176.73	11.39	44.23	2.96
2010	124	47.52	4.25	177.49	12.55	50.88	2.99
2011	126	48.03	4.42	179.38	13.44	51.05	3.34

数据来源：江苏省统计年鉴 1998—2012.

最后，从江苏省科技产出来看，随着江苏省科技投入的逐年增加，以专利申请量和授权量衡量的科技产出也出现了明显的提升。专利申请受理量由 1990 年的 2 706 件增长到了 2011 年的 348 381 件，增长了 127 倍，年均复合增长率为 55.41%，其中发明专利申请受理量由 1990 年的 384 件增长到 2011 年的 84 678 件，增长了 219 倍，年均复合增长率为 63.25%，实

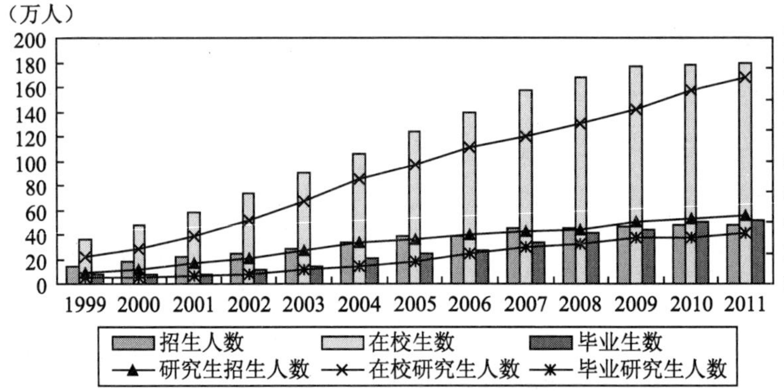

图6.2　江苏省高等教育发展情况的变化趋势（1999—2011）

用新型专利申请受理量由1990年的2 085件增长到2011年的81 097件，增长了38倍，年均复合增长率为39.16%，外观设计专利申请受理量由1990年的237件增长到2011年的182 606件，增长了769倍，年均复合增长率为82.97%；从专利申请量来看，专利申请量由1990年的2 706件增长到了2011年的348 381件，增长了127倍，年均复合增长率为56.33%，其中发明专利申请量由1990年的384件增长到2011年的84 678件，增长了136倍，年均复合增长率为58.4%，实用新型专利申请量由1990年的2 085件增长到2011年的81 097件，增长了42倍，年均复合增长率为40.53%，外观设计专利申请量由1990年的237件增长到2011年的182 606件，增长了901倍，年均复合增长率为85.62%。从中我们可以看出，江苏省无论是从专利申请量还是专利申请授权量来看，科技产出都呈现了明显的增长，明显快于科技投入与经济的增长速度，这表明江苏省科技投入所取得的效果明显。从专利的内部构成来看，发明专利增长速度略高于总体专利增长水平，而外观设计专利的增长速度要明显高于总体专利增长水平。一般来讲，现有研究表明发明专利是衡量“创造性破坏”的主要指标，而外观设计专利则普遍用来衡量模仿性创新，从两者的增长速度来看，江苏省在自主创新上虽然具有一定的优势，但是在模仿性创新环节则具有更大的竞争优势。具体各年的变化趋势如表6.3和图6.3、图6.4所示：

表 6.3　江苏省专利申请量和授权量的基本情况（1990—2011）　（件）

项目 年份	申请量	发明	实用新型	外观设计	授权量	发明	实用新型	外观设计
1990	2 706	384	2 085	237	1 455	69	1 236	150
1995	4 078	538	2 708	832	2 413	72	1 884	457
1997	5 339	587	3 275	1 477	2 960	106	1 814	1 040
1998	5 828	767	3 499	1 562	3 787	85	2 289	1 413
1999	7 119	815	4 181	2 123	6 141	167	4 053	1 921
2000	8 210	1 159	4 590	2 461	6 432	341	4 095	1996
2001	10 346	1 382	5 676	3 280	6 158	244	3 738	2 176
2002	13 071	1 937	7 002	4 132	7 594	334	4 303	2 957
2003	18 393	3 289	8 247	6 857	9 829	623	5 365	3 841
2004	23 532	4 423	9 405	9 704	11 330	1 026	5 474	4 830
2005	34 811	6 582	11 071	17 158	13 580	1 241	6 483	5 856
2006	53 267	10 214	13 386	29 667	19 352	1 631	8 849	8 872
2007	88 950	16 578	16 586	55 786	31 770	2 220	12 944	16 606
2008	128 002	22 601	23 379	82 022	44 595	3 508	16 029	25 058
2009	174 329	31 801	36 150	106 378	87 286	5 322	21 940	60 024
2010	235 873	50 298	51 436	134 139	138 382	7 210	41 161	90 011
2011	348 381	84 678	81 097	182 606	199 814	11 043	53 414	135 357
增长率	55.41%	63.25%	39.16%	82.97%	56.33%	58.4%	40.53%	85.62%

数据来源：江苏省统计年鉴 1998—2012.

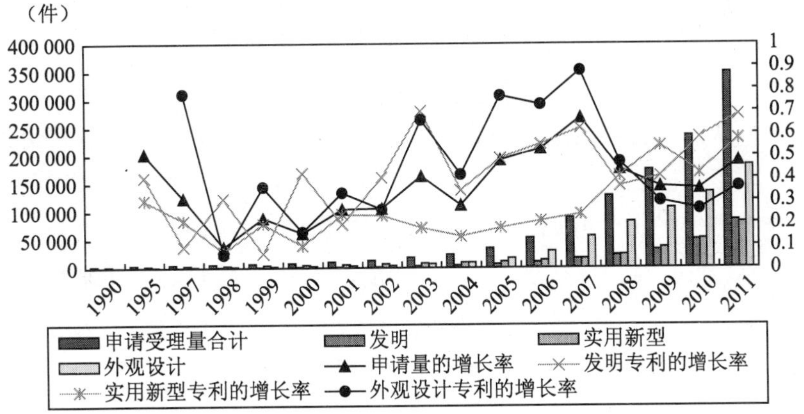

图 6.3　江苏省专利申请受理量的变化趋势（1990—2011）

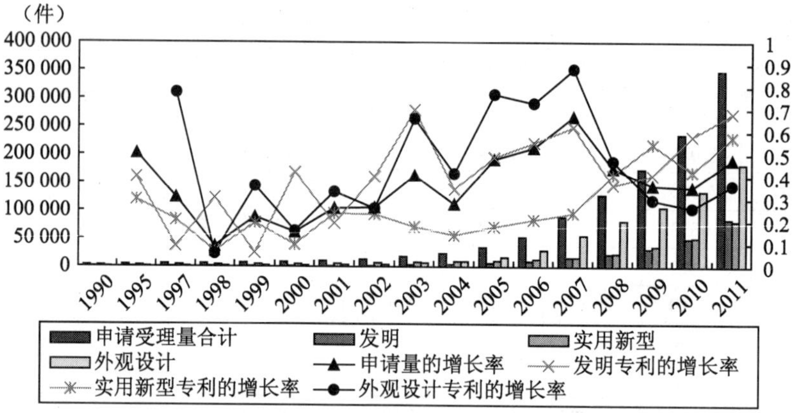

图 6.4 江苏省专利申请量的变化趋势（1990—2011）

（二）江苏省全要素生产率的变化趋势

按照本报告第一篇第三章所阐述的计算方法，我们整理了江苏省全要素生产率的变化，从计算结果来看，江苏省全要素生产率的变化在全国排名前列，年均 TFP 增长率为 2.692%，远高于全国的加权平均增长率的均值 2.202%。从 TFP 内部构成来看，规模效率和技术进步对全要素生产率的贡献较大，其中规模效率年均提升 1.693%，技术进步年均增长 1.172%，但是技术效率年均增长 -0.173%，这说明江苏省 TFP 贡献主要来自规模效率和技术进步，而来自于管理和减少 X 非效率的技术效率贡献较低。从 TFP 分年的变化来看，TFP 增长率较快的一年为 1992 年，这一年 TFP 提升了 6.053 个百分点，而 1990 年最低，这一年 TFP 降低了 0.07 个百分点。从内部构成的变化趋势来看，在改革开放初期，江苏省 TFP 的主要来源在于规模效率的改进，但是随着自主创新水平的提升，技术进步开始逐步对 TFP 的贡献开始显现，但是技术效率的贡献一直处于波动状态，且贡献率较低。从总体贡献率来看，江苏省 TFP 的贡献还主要来自于规模效率的改进，这一贡献达到了 62.9%，但是近些年有所降低，其次是技术进步，其贡献率为 43.5%，近些年有所提升。具体江苏省各年 TFP 及其内部构成的变化趋势如表 6.4 所示：

表 6.4 江苏省各年 TFP 及其内部构成的变化（1979—2010）

年份	SE	TP	TE	TFP	SE 贡献	TP 贡献	TE 贡献
1979	1.434%	0.349%	0.276%	2.059%	69.654%	16.952%	13.394%
1980	1.511%	0.397%	-0.594%	1.314%	114.997%	30.191%	-45.189%
1981	1.328%	0.450%	0.186%	1.964%	67.612%	22.909%	9.479%
1982	2.430%	0.523%	-0.901%	2.052%	118.424%	25.511%	-43.936%
1983	2.115%	0.586%	-0.441%	2.260%	93.599%	25.916%	-19.514%
1984	2.061%	0.658%	0.035%	2.754%	74.847%	23.883%	1.270%
1985	2.290%	0.735%	-0.047%	2.978%	76.887%	24.688%	-1.575%
1986	2.371%	0.811%	-1.413%	1.769%	134.047%	45.825%	-79.872%
1987	2.080%	0.878%	-0.701%	2.257%	92.169%	38.917%	-31.086%
1988	1.920%	0.941%	0.749%	3.610%	53.179%	26.066%	20.756%
1991①	1.284%	1.082%	0.006%	2.372%	54.142%	45.606%	0.252%
1992	2.058%	1.128%	2.867%	6.053%	33.992%	18.640%	47.367%
1993	2.113%	1.177%	0.802%	4.092%	51.638%	28.765%	19.597%
1994	1.706%	1.217%	0.660%	3.583%	47.604%	33.972%	18.424%
1995	1.640%	1.255%	0.467%	3.362%	48.773%	37.333%	13.895%
1996	1.583%	1.285%	-0.089%	2.779%	56.941%	46.244%	-3.185%
1997	1.511%	1.318%	-0.054%	2.775%	54.451%	47.480%	-1.931%
1998	1.555%	1.325%	-0.219%	2.661%	58.437%	49.782%	-8.219%
1999	1.433%	1.346%	-0.327%	2.452%	58.450%	54.905%	-13.355%
2000	1.329%	1.366%	-0.058%	2.636%	50.402%	51.813%	-2.215%
2001	1.253%	1.395%	-0.097%	2.551%	49.111%	54.673%	-3.784%
2002	1.303%	1.408%	0.255%	2.967%	43.935%	47.463%	8.602%
2003	1.627%	1.470%	-0.167%	2.930%	55.527%	50.183%	-5.709%
2004	1.624%	1.533%	0.079%	3.236%	50.185%	47.360%	2.455%
2005	1.774%	1.609%	-0.345%	3.038%	58.392%	52.972%	-11.364%
2006	1.650%	1.690%	-0.111%	3.228%	51.104%	52.341%	-3.444%
2007	1.537%	1.750%	0.218%	3.506%	43.856%	49.927%	6.217%
2008	1.453%	1.823%	-0.281%	2.996%	48.513%	60.857%	-9.370%
2009	1.621%	1.889%	-0.603%	2.908%	55.752%	64.983%	-20.735%
2010	1.762%	1.966%	-0.968%	2.760%	63.838%	71.244%	-35.082%
均值	1.693%	1.172%	-0.173%	2.692%	62.898%	43.538%	-6.436%

资料来源：作者计算整理。

① 表中的 1989 年和 1990 年数据由于 TE 的负值较大，造成了 SE 和 TP 对 TFP 的贡献呈现了较大的异动，为了不影响整体数据的特性观察，我们将这两年的数据予以剔除。

从江苏省 TFP 的时间变化趋势来看，整体 TFP 的变化可以分为三个阶段：

第一个阶段为 1979 年到 1992 年，这一阶段的典型特征为江苏省 TFP 呈现了较为明显的波动趋势。这种波动性主要来源于规模效率和技术效率，而技术进步则表现得较为平稳，且有上升的趋势。由于这一阶段处于改革开放初期，改革的时进时退特征与政策的不连续性使得全国包括江苏省全要素生产率呈现了剧烈的波动，但是总体上来看，这种波动性还都在增长的空间内。

第二个阶段为 1993 年到 2001 年，这一个阶段为改革开放的攻坚阶段，这一阶段的典型特征是江苏省 TFP 呈现了一定的下降趋势。这种下降趋势形成的主要原因在于规模效率和技术效率的下降，而技术进步则表现得较为平稳。这说明技术进步还是能够持续地为江苏省 TFP 作出贡献，这主要源自对科技的持续投入。规模效率和技术效率的下降主要是因为这段时间是国有企业改革的关键时期，国有企业的改革必然会在初期由于体制和人员变动引起规模效率和管理效率上的下降，虽然由于科技的持续投入技术进步一直得以延续，但是总体上 TFP 还是呈现了一定的下降趋势。

第三个阶段为 2002 年至今，这个阶段是改革开放的良好发展阶段，“胡温新政”极大地促进中国社会经济的进步。这一阶段江苏省 TFP 呈现了平稳的上涨，虽然在 2007 年开始有所降低，但是总体上还相对平稳。形成这一阶段 TFP 平稳上涨的主要原因在于技术进步和规模效率的改进，这说明随国有企业改革的逐步完善和民营经济的逐步壮大，规模效率在此阶段有所提升。同时，我们看到技术进步还是持续稳定的增长，这说明我国持续的加大科技研发投入对技术进步起到了一定积极作用。但是，我们看到技术效率出现了一定的下降，主要原因还是管理和 X 效率低下造成的，这也说明我国 TFP 的提升不仅需要我们持续稳定地增加科技要素投入，而且需要我们从管理和 X 效率入手，提升企业的管理效率和 X 效率。

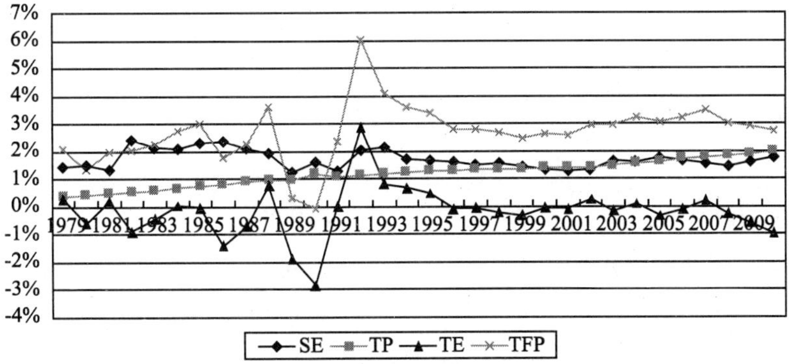

图 6.5 江苏省 TFP 及其构成的变化趋势（1979—2010）

二、实证结果分析

（一）实证结果描述

按照本报告第一篇第三章所阐述的计算方法，我们整理了江苏省 TFP 对经济增长的贡献，按照此计算方法，我们分别计算了 TFP 引致的经济增长量和经济增长率，并以此计算了 TFP 对经济增长的贡献率。从表 6.5 的计算结果来看，1979 年到 2010 年 TFP 所引致的江苏省年均经济增长为 1.80%，TFP 对经济的平均贡献率达到了 9.72%。这里需要说明的是以上测算数据有可能被低估，可能的原因是资本存量被高估，挤占了 TFP 对经济增长的贡献①。

从分年度数据来看，江苏省 TFP 引致的经济增长率较大的年份为 1981 年、1984 年、1985 年、1992 年到 1997 年以及 2000 年至 2008 年，这些阶段 TFP 对经济增长率的贡献都基本超过了 15%，有些年份甚至接近 30%，一个原因是这个阶段经济增长速度也较快，这个阶段江苏省的实际增长率

---

① 这里需要指出的是，TFP 对经济增长的贡献率与科技对经济增长的贡献率存在一定的差异，科技对经济增长的贡献率很多是无法用数据度量的隐形贡献，而 TFP 对经济增长的贡献完全使用生产函数估算出来的，只显示了显性贡献，而无法得出科技对于提升劳动者素质和生产设备技术水平对于经济增长的贡献。

都超过了 15%，另一个重要原因在于 TFP 在这些年份也相对较高。这里我们需要指出的是在 2000 年一直到 2008 年全球金融危机前，TFP 拉动江苏省的经济增长率平稳地保持在 1.5% ~3%之间，这个时段是 TFP 引致经济增长表现得最为平稳的阶段。而在 1990 年前，TFP 引致经济增长率具有明显的波动性，一方面是由于经济的波动性，另一方面是由于 TFP 本身也具有较大的波动性。从计算结果来看，为应对 2009 年全球金融危机，江苏省加大了投资力度，也造成了 2009 年和 2010 年江苏省 TFP 对经济增长的贡献率迅速降低并且在 2010 年呈现了负贡献。总体来看，TFP 对经济增长的贡献率波动性较大，在 2000 年以后趋于平稳。

具体各年份 TFP 对江苏省经济增长的贡献如表 6.5 所示：

表 6.5　江苏省 TFP 对经济增长的贡献情况（1978—2010）①

年份	TFP	TFP 引致的产出增长量（亿元）	TFP 引致的经济增长率（%）	TFP 贡献率
1979	2.06%	32.68	4.97	41.45%
1980	1.31%	-19.96	-2.71	-56.52%
1981	1.96%	29.44	3.82	35.03%
1982	2.05%	-29.16	-3.41	-34.79%
1983	2.26%	-0.82	-0.09	-0.71%
1984	2.75%	31.78	3.01	19.19%
1985	2.98%	34.90	2.86	16.53%
1986	1.77%	-69.16	-4.83	-46.47%
1987	2.26%	-15.99	-1.01	-7.55%
1988	3.61%	101.76	5.68	28.98%
1989	0.30%	-26.07	-0.88	-11.77%
1990	-0.07%	-58.51	-1.22	-11.06%
1991	2.37%	25.63	1.11	13.39%
1992	6.05%	263.13	10.53	41.15%
1993	4.09%	160.77	5.12	25.88%

① 从数据中我们会发现资本对经济增长的贡献在有些年份超过了 100%，产生此类现象的主要原因为资本的贡献要远远大于劳动和技术进步的贡献，此时劳动力和技术进步对经济增长的贡献呈现了负效用，或者说劳动力和技术进步出现了负增长，但是综合看来，资本对经济增长的贡献还是居于主导地位。

续表

年份	TFP	TFP 引致的产出增长量（亿元）	TFP 引致的经济增长率（%）	TFP 贡献率
1994	3.58%	185.51	4.94	29.91%
1995	3.36%	196.43	4.49	29.13%
1996	2.78%	98.01	1.94	15.90%
1997	2.78%	117.93	2.08	17.33%
1998	2.66%	81.68	1.29	11.69%
1999	2.45%	53.01	0.75	7.45%
2000	2.64%	142.88	1.84	17.37%
2001	2.55%	143.49	1.67	16.39%
2002	2.97%	302.25	3.20	27.31%
2003	2.93%	182.65	1.73	12.71%
2004	3.24%	341.81	2.85	19.24%
2005	3.04%	163.02	1.18	8.16%
2006	3.23%	337.34	2.14	14.35%
2007	3.51%	631.48	3.48	23.38%
2008	3.00%	311.56	1.50	11.78%
2009	2.91%	76.16	0.32	2.62%
2010	2.76%	-215.25	-0.82	-6.42%
几何平均	2.69%	/	1.80	9.72%

数据来源：作者整理计算。

（二）实证结果的深入分析

为了平抑由于个别年份随机变化带来的结果的跳跃性，我们将江苏省从“六五”时期到“十一五”时期 TFP 对经济增长的总贡献率和平均贡献率进行计算。从中我们可以观察在不同阶段江苏省 TFP 对经济增长的贡献的变化趋势。具体计算数据如表 6.6 所示：

表 6.6　江苏省“六五”时期到“十一五”时期 TFP 对经济增长贡献

时期	1981—1985“六五”	1986—1990“七五”	1991—1995“八五”	1996—2000“九五”	2001—2005“十五”	2006—2010“十一五”
TFP 引致经济增长率	6.19%	-3.26%	26.19%	7.90%	10.63%	6.63%

续表

时期	1981—1985 “六五”	1986—1990 “七五”	1991—1995 “八五”	1996—2000 “九五”	2001—2005 “十五”	2006—2010 “十一五”
TFP引致经济增长率年均值	1.24%	-0.65%	5.24%	1.58%	2.13%	1.33%
TFP对经济增长贡献率	9.39%	-5.36%	30.60%	14.13%	16.40%	9.80%
人均经济实际增长率	13.20%	10.18%	17.12%	11.18%	12.96%	13.52%

从表6.6可以看出，TFP对江苏省经济增长的贡献率在不同时期略有不同，但是总体上TFP对经济增长的贡献率仍较低。其中，1981年到1985年的“六五”期间，TFP引致经济增长率的年均值为1.24%，TFP对经济增长的贡献率为9.39%；1986年到1990年的“七五”期间，TFP引致经济增长率的年均值为-0.65%，TFP对经济增长的贡献率为-5.36%；1991年到1995年的“八五”期间，TFP引致经济增长率的年均值为5.24%，TFP对经济增长的贡献率为30.60%；1996年到2000年的“九五”期间，TFP引致经济增长率的年均值为1.58%，TFP对经济增长的贡献率为14.13%；2001年到2005年的“十五”期间，TFP引致经济增长率的年均值为2.13%，TFP对经济增长的贡献率为16.40%；2006年到2010年的“十一五”期间，TFP引致经济增长率的年均值为1.33%，TFP对经济增长的贡献率为9.80%。从中我们可以看出，TFP引致经济增长率较快的时期为1991年到1995年的“八五”时期，此阶段正处于计划经济向市场经济过渡时期，这个阶段也是江苏省经济增长速度最快的一个阶段，年均经济增长率达到了17.12%。TFP对经济增长的贡献率也是几个时期最高的，达到了30.60%。主要原因是这段时间民营资本开始大力介入经济发展，民营经济为了在市场上显示明显的竞争力，能够与国有经济进行竞争就势必加大科技研发投入力度，在一定程度上形成了此阶段TFP对经济增长贡献较高。TFP引致经济增长率较低的时期为1986年到1990年的“七五”时期，此阶段是改革开放最为困难的时期，此阶段经济增长率也最低，只有10.18%，经济的增长没有显示更多的活力，只能靠投资和劳

动力释放拉动经济增长，TFP 的贡献较低。我们看到改革开放的第三阶段，经济保持了持续稳定的增长，江苏省 TFP 对经济增长的贡献也趋于稳定，“十五”时期 TFP 对经济增长的贡献率达到了 16.40%，但是我们看到“十一五”时期 TFP 对经济增长的贡献率又降低到了 9.80%，一个重要原因在于 2009 年的金融危机使得投资再次成为拉动经济复苏的重要引擎，2009 年和 2010 年 TFP 对经济增长的贡献率明显降低。但是我们也看到了技术进步还没有成为驱动经济增长的主导力量，远远落后于投资对经济增长的贡献。

为了更好地观察江苏省 TFP 对经济增长贡献的变动趋势，我们将江苏省 1979 年到 2010 年的 TFP 引致的经济增长率以及 TFP 对经济增长的贡献绘制于图 6.6 之中，具体变化趋势如下：

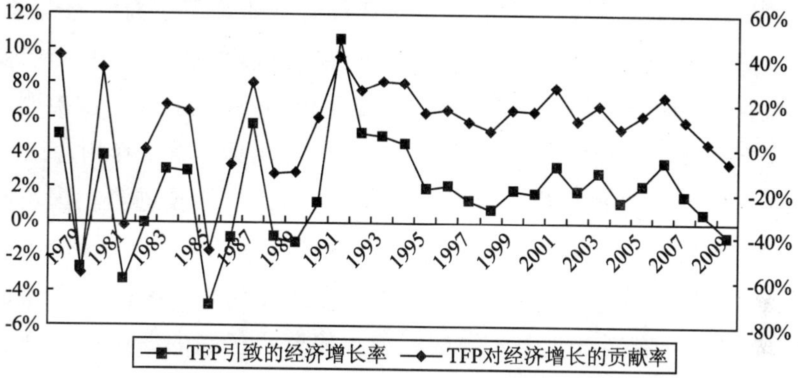

图 6.6　江苏省 TFP 引致的经济增长率以及 TFP 对经济增长的贡献趋势（1978—2010）

从图 6.6 可以看出，江苏省 TFP 对经济增长的贡献大致可以分为三个阶段：

第一个阶段为 1979 年到 1992 年的改革开放初期，这一阶段的典型特征是 TFP 对经济增长的贡献呈现剧烈的波动，造成这种波动性的主要原因在于：（1）从国家层面来看，1978 年十一届三中全会召开，到 1984 年提出有计划的商品经济，再到 1986 年全民所有制企业改革启动，最终到 1992 年国家确立了社会主义市场经济体制改革目标，国民经济经历了

1978—1981 年、1982—1986 年和 1987—1991 年三次经济波动，采取了 1980—1981 年的调整、1986 年的“软着陆”，以及 1989—1990 年的“治理整顿”和“双紧”政策。由于这段时间国家一直处于改革的摸索阶段，伴随着高通胀和高紧缩交替影响经济运行，最终使得国民经济呈现了较为明显的波动性。改革开放初期（1979—1984 年），家庭联产承包责任制与国营企业放权让利等制度变迁，使生产力得到极大解放从而促进全要素生产率快速增长。而随着改革开放步伐加快，一些制度上的深层次矛盾逐渐显现，从而制约了全要素生产率增长。（2）从江苏省内部环境来看，江苏省作为我国经济发展的一个缩影，其发展过程与国民经济发展具有一定的相关性。对于江苏省在此一段时间的主要影响经济运行和科技发展的重要事件有：1980 年国务院批准江苏省的南通港、张家港和南京港为长江沿岸对外贸易运输港口，江苏省开始确定了对外贸易通道；1981 年颁发《关于发展城镇集体与个体经济的若干规定》，明晰了支持城镇集体与个体经济的发展；1982 年长三角经济圈概念第一次被明确提出，确定了长三角经济圈，为江苏省经济发展起到了重要作用；1984 年颁布了《关于促进科技进步的暂行规定》，明确了科技进步在国民经济发展中的重要性；1986 年颁布了《关于鼓励外商投资的若干规定》，鼓励外商来江苏投资，进而带动了大量外商投资企业发展；1987 年颁布《关于在全民所有制工业企业中试行承包经营责任制的办法》和《江苏省乡村集体工业管理暂行条例》，进一步明确了所有制经济改革的方向；1988 年颁布《关于加快发展外向型经济若干问题的意见》，进一步确定了外向型经济在江苏省国民经济发展中的重要性；1989 年颁布《关于依靠科技进步振兴江苏经济的决定》，正式确定了“科技兴省”的发展战略；1990 年《关于进一步扶持、引导乡镇企业健康发展的通知》；1992 年提出了“三个为主、四个加快”（以市场调节为主、以外向型经济为主、以高新技术为主；加快改革步伐，形成以市场调节为主的新机制；加快对外开放，形成以开放型经济为主的新格局；加快科技进步，形成以高新技术为主导的新优势；加快调整结构，推进经济上新台阶）的发展战略。以上各项政策对于江苏省明确改革方向目标，确定科技在经济发展过程中的重要性具有重要意义。但是这段时间的政策还处于摸索阶段，所以造成了江苏省 TFP 对经济增长贡献也呈现了较为明显的波动性。

第二个阶段为 1993 年到 2001 年，这一阶段为改革开放的攻坚阶段，造成这一阶段江苏省 TFP 呈现一定下降趋势。其主要原因在于：（1）从国家层面来看，国家在 1993 年提出了建立现代企业制度和进行分税制改革和金融体制改革，紧接着的 1994 年国家提出了外贸体制改革，1995 年国家提出了“两个根本性转变”的目标，确定了经济体制从传统的计划经济体制向社会主义市场经济体制转变和经济增长方式从粗放型向集约型转变，再到 1999 年国家确定了非公有制经济是社会主义市场经济的重要组成部分，国家的经济体制改革逐步开始明晰，经济体制改革的大方向已经巩固确立，但是整个过程还是处于经济体制改革不断深化阶段，此外 1997 年的亚洲金融危机在一定程度上也冲击了国民经济的发展，这些都在一定程度上造成了江苏省 TFP 对经济增长贡献的下降。（2）从江苏省内部环境来看，1994 年江苏省提出“八五”期间“科技兴省”要突出抓好三大任务：一是积极应用先进适用技术改造传统产业；二是大力推进高新技术产业化；三是优先发展科技教育事业，为实施“科技兴省”战略提供源源不断的科技成果和合格人才，增强经济建设和社会事业发展后劲。同年，省政府确定 100 家国有大中型企业进行建立现代企业制度的试点，要求试点的企业经过两年的努力，基本上建成适应社会化大生产和社会主义市场经济要求的“产权清晰、权责明确、政企分开、管理科学”的企业制度；1997 年提出加快发展第三产业，要求按照“突出重点、优化结构、加快发展、提高比重”的方针，紧紧围绕“两个根本性转变”和实施“科教兴省、经济国际化、区域共同发展”三大战略，着力使三产成为全省经济增长的重要力量和新的增长点，这也为江苏省大力发展第三产业指明了方向；1998 年明确了流通业改革；1999 年颁布了《江苏省发展民营科技企业条例》、《关于加强人才资源开发工作的若干意见》、《江苏省引进海外高层次留学人员的若干规定》和《江苏省有突出贡献的中青年专家选拔和管理办法》，这些条例有力地促进了江苏省人才引进与开发，也为江苏省创新驱动经济增长奠定了人才基础；2000 年省政府印发《江苏省经济结构调整三年纲要

(2000—2002年)》、《江苏省高新技术产业化工作实施意见（2000—2002年)》和《关于进一步深化我省国有企业改革若干问题的实施意见》，这些举措进一步加深了江苏省经济结构调整和经济体制改革；2001年提出《关于加快发展私营个体经济的意见》，要求放宽私营个体经济范围和经营条件，支持私营个体经济参与国际竞争，鼓励私营个体经济参与经济结构的战略性调整，进一步明确了私营经济在江苏省经济发展中的重要性。由于这个时期正是国家包括江苏省改革开放的攻坚期，这段时期基本上逐步明确了经济体制改革的主要方向，但是这段攻坚期也造成了江苏省TFP对经济增长的贡献呈现了一定的下降趋势。

第三个阶段为2002年至今，这个阶段是改革开放的良好发展阶段，“胡温新政”极大地促进中国社会经济的进步。这一阶段江苏省经济呈现了稳步增长的态势，实际GDP增长13.58%，是改革开放以来发展速度较快的阶段。此阶段江苏省TFP对经济增长的贡献也呈现了一定的上升趋势，形成以上变化趋势的主要原因在于：(1）从国家层面来看，2001年加入WTO以后，国家开始大力发展外向型经济。无论是经济增长速度还是TFP都呈现了一定的上升趋势。在此期间，国家强调了由粗放式经济增长模式向集约型经济增长模式转变。2006年党中央国务院召开全国科学大会，胡锦涛总书记在会议上提出，实施自主创新的战略，用15年的时间把我国建设成为创新型国家。国家开始越来越重视自主创新对经济增长的贡献。在这个阶段，无论是科技投入还是科技产出，各地区都呈现了较快的增长速度，这也在一定程度上促进了TFP的上升。(2）从地区层面来看，江苏省在此阶段经济增长速度是历史上最为平稳，增长速度也较快的一个时期。在此阶段，江苏省一直强调经济增长方式的转变，力争实现“两个率先”。其中重要的经济发展事件包括：2002年江苏省私营企业总数已达27.6万户，跃居全国第一；2003年国务院正式批准设立南京、连云港、镇江、苏州新区等4个出口加工区。至此，加上已封区运作的昆山、苏州工业园区及无锡、南通出口加工区，全省已经设有8个出口加工区，出口加工区数量居全国之首，江苏省外向型经济在全国具有明显优势，也带动了江苏省经济的进一步上涨。同时，在2003年江苏省政府还出台了《关于进一步支持开放型经济发展若干政策的意见》，支持外向型经济发展；2004 年省委、省政府发出《关于落实科学发展观促进可持续发展的意见》。《意见》提出，到 2010 年，全省经济增长方式明显转变，经济结构进一步优化。到 2020 年，全省经济增长方式总体上实现根本性转变，人口、资源、环境状况适应基本现代化的需要，可持续发展能力显著增强，走上生产发展、生活富裕、生态良好的文明发展道路。这为江苏省转变经济增长方式指明了道路。2006 年提出把建设创新型省份作为江苏“两个率先”的重要目标，力争经过 10 年左右的努力，在全国率先建成创新型省份。在此期间出台了《关于鼓励和促进科技创新创业若干政策的通知》，要求在财税、金融、产业政策、科技创业方面加强对科技人员的支持力度，助推其创新成果早日形成产品、走向市场。以上的经济发展思路的调整对于江苏省实现技术创新驱动经济增长，转变经济增长方式具有重要作用，也在一定程度上形成了江苏省 TFP 对经济增长的贡献的平稳上升。但是 2009 年的金融危机还是为江苏省经济增长方式的转变敲响了警钟。

三、总结

按照本报告第一篇第三章所阐述的计算方法，我们整理了江苏省 TFP 对经济增长的贡献，按照此计算方法，我们分别计算了 TFP 引致的经济增长量和经济增长率，并以此计算了 TFP 对经济增长的贡献率。从表 6.5 的计算结果来看，1979 年到 2010 年 TFP 所引致的江苏省年均经济增长 1.80%，TFP 对经济的平均贡献率达到了 9.72%。从分年度数据来看，江苏省 TFP 引致的经济增长率较大的年份为 1981 年、1984 年、1985 年、1992 年到 1997 年以及 2000 年至 2008 年，这些阶段 TFP 对经济增长率的贡献都基本超过了 15%，有些年份甚至接近 30%。这里我们需要指出的是在 2000 年一直到 2008 年全球金融危机前，TFP 拉动江苏省的经济增长率平稳地保持在 1.5% ~3% 之间，这个时段是 TFP 引致经济增长表现得最为平稳的阶段。从计算结果来看，为应对 2009 年全球金融危机，江苏省加大了投资力度，也造成了 2009 年和 2010 年江苏省 TFP 对经济增长的贡献率迅速降低并且在 2010 年呈现了负贡献。总体来看，TFP 对经济增长的贡献率波动性较大，在 2000 年以后趋于平稳。

TFP 对江苏省经济增长的贡献率在不同时期略有不同，但是总体上 TFP 对经济增长的贡献率仍较低。其中，1981 年到 1985 年的“六五”期间，TFP 引致经济增长率的年均值为 1.24%，TFP 对经济增长的贡献率为 9.39%；1986 年到 1990 年的“七五”期间，TFP 引致经济增长率的年均值为 -0.65%，TFP 对经济增长的贡献率为 -5.36%；1991 年到 1995 年的“八五”期间，TFP 引致经济增长率的年均值为 5.24%，TFP 对经济增长的贡献率为 30.60%；1996 年到 2000 年的“九五”期间，TFP 引致经济增长率的年均值为 1.58%，TFP 对经济增长的贡献率为 14.13%；2001 年到 2005 年的“十五”期间，TFP 引致经济增长率的年均值为 2.13%，TFP 对经济增长的贡献率为 16.40%；2006 年到 2010 年的“十一五”期间，TFP 引致经济增长率的年均值为 1.33%，TFP 对经济增长的贡献率为 9.80%。从中我们可以看出，TFP 引致经济增长率较快的时期为 1991 年到 1995 年的“八五”时期，TFP 对经济增长的贡献率也是几个时期最高的，达到了 30.60%。TFP 引致经济增长率较低的时期为 1986 年到 1990 年的“七五”时期。我们看到“十五”时期 TFP 对经济增长的贡献率达到了 16.40%，但是我们看到“十一五”时期 TFP 对经济增长的贡献率又降低到了 9.80%，一个重要原因在于 2009 年的金融危机使得投资再次成为拉动经济复苏的重要引擎。技术进步还没有成为驱动经济增长的主导力量，远远落后于投资对经济增长的贡献。

江苏省 TFP 对经济增长的贡献大致可以分为三个阶段：第一个阶段为 1979 年到 1992 年的改革开放初期，这一阶段的典型特征是 TFP 对经济增长的贡献呈现剧烈的波动，造成这种波动性的主要原因在于这段时间的政策还处于摸索阶段，造成了江苏省 TFP 对经济增长贡献也呈现了较为明显的波动性。第二个阶段为 1993 年到 2001 年，这一阶段为改革开放的攻坚阶段，这段时期基本上逐步明确了经济体制改革的主要方向，造成这一阶段江苏省 TFP 呈现一定下降趋势。第三个阶段为 2002 年至今，这个阶段是改革开放的良好发展阶段，“胡温新政”极大地促进中国社会经济的进步，此阶段江苏省 TFP 对经济增长的贡献也呈现了一定的上升趋势。主要原因在于经济发展思路的调整对于江苏省实现技术创新驱动经济增长，转变经济增长方式具有重要作用，也在一定程度上形成了江苏省 TFP 对经济增长的贡献的平稳上升。但是 2009 年的金融危机还是为江苏省经济增长方式的转变敲响了警钟。

第三篇 全国其他主要省市区各要素贡献率测度与分析

第七章　上海、浙江、广东和福建四省市要素贡献率测度与分析

一、上海、浙江、广东和福建要素投入与产出的经验描述

（一）历年产出的经验描述

改革开放初期，上海、浙江、广东、福建四个省市的 GDP 水平在 1980 年分别位于全国的第 7、12、6 和 16 名。历经改革开放 30 多年的发展，四个省市的排名在 2010 年变更为全国第 9、4、1 和 11 名。除上海的 GDP 排名下降 2 名外，其余三省份的排名均有大幅度提升，特别广东的 GDP 更是攀至全国首位。单从 GDP 总量水平的变化来看，上海、浙江、广东、福建充分享受了改革开放的成果。

1. 上海历年产出的经验描述

改革开放以来，上海经济获得迅猛发展，由 1980 年的 709.3 亿①上升至 2010 年的 13 592.4 亿，整体增长了 18.16 倍，并维持了年均② 10.39% 的增长率。进一步考察 GDP 的逐年增长率，发现 1989 年的增长速度最慢，仅为 3.00%，2007 年的增长速度最快，高达 15.20%。总的来说，上海的经济发展可以分成三个阶段。第一阶段是从 1980 年至 1989 年的改革探索阶段，在这期间，上海围绕增强国有大中型企业活力，努力扩大企业经营自主权，促进企业转换经营机制，受改革时进时退的影响，该阶段的增速波动较大。第二阶段为 1990 年至 1998 年，上海紧紧抓住浦东开发开放的战略机遇，成为全国改革开放的“前锋”。这一时期，上海成立了新中国

① 如不特别表示，本篇中涉及价格有关指标均是根据相关价格指数平减至 2000 年水平的实际指标。

② 本篇中，提供的平均值为算术平均值，之所以未提供几何平均值的原因是部分省份在个别年份里的增长率为负值。

第一个证券交易所上海证券交易所；现代企业制度取得成效，推动了劳动力流动和劳动力市场的形成。总的来看，该阶段具备一个完整的倒“U”型经济波动周期，始于 1989 年 3.00% 的低谷，迅速上升至 1993 年的 14.90%，自 1994 年在适度从紧和灵活微调政策的作用下开始逐渐降温，并成功于 1998 年“软着陆”。第三阶段为 1999 年至 2010 年，该阶段迎来了重启改革后的第二轮经济增长热潮，也是上海率先完善社会主义市场经济体制的阶段。上海以浦东综合配套改革试点为契机，着力转变政府职能，转变经济发展方式。此次增长周期在 2008 年国际金融危机之前相对平稳，之后则呈现了一个幅度达 7 个百分点的深“V”轨迹，并在政府“铁公基”等经济刺激政策的作用下于 2010 年呈现经济复苏趋势。如图 7.1。

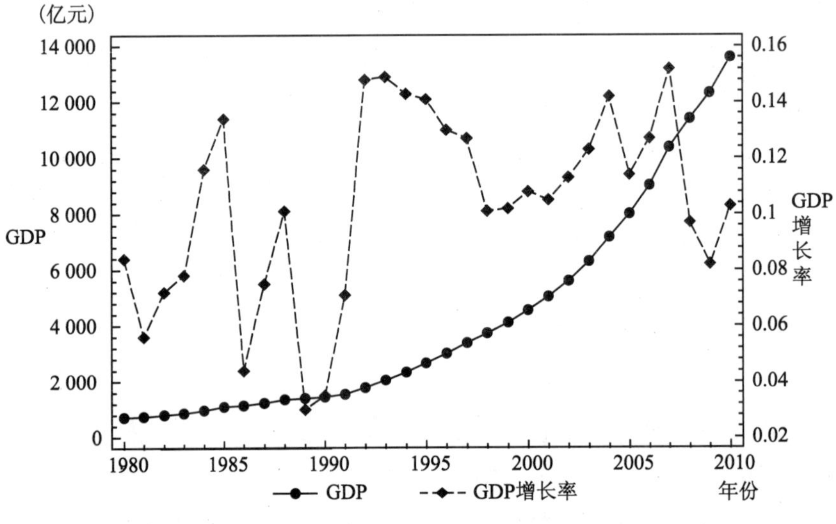

图 7.1 上海历年 GDP 水平和增长率（1980—2010 年）

2. 浙江历年产出的经验描述

浙江的实际 GDP 水平由 1980 年的 523.6 亿增长至 2010 年的 19 519.9 亿，整体增长了 36.28 倍，且年均 GDP 增长率为 12.9% 的。通过考察逐年的增长率，发现 1989 年的增长率为 -0.60%，1993 年的增长率最高，为 22.00%。类似于上海的经济发展轨迹，浙江也经历了如下三个阶段：第一阶段为 1980 年至 1989 年的骤起骤落式改革探索阶段，在“对内搞活经济，对外实行开放”政策导向的作用下，在1984年实现了经济的大幅度增长，但也正是因为1984年底以后的信用膨胀和货币发行失控，导致1985年的高通货膨胀，为此，国家实现了货币、信贷“双紧”政策来抑制通货膨胀问题，但也导致了经济增长速度的持续下滑现象。第二阶段为1990年至1989年的第一次改革增长周期，该阶段始于1989年-0.60%的低谷，在财政和货币实施“松动”措施后，及在邓小平南方讲话后的房地产热和开发区热的作用下，GDP增速迅速上升至1993年的22.00%，自1994年适度从紧等降温政策作用下，于1999年成功“软着陆”。第三阶段为2000年至2010年的第二次改革增长热潮，受政府调控手段改进的影响，该阶段整体增长较上一阶段更为平稳，但受2008年国际金融危机影响，增长率呈现了4.6个百分点的“V”型轨迹。见图7.2.

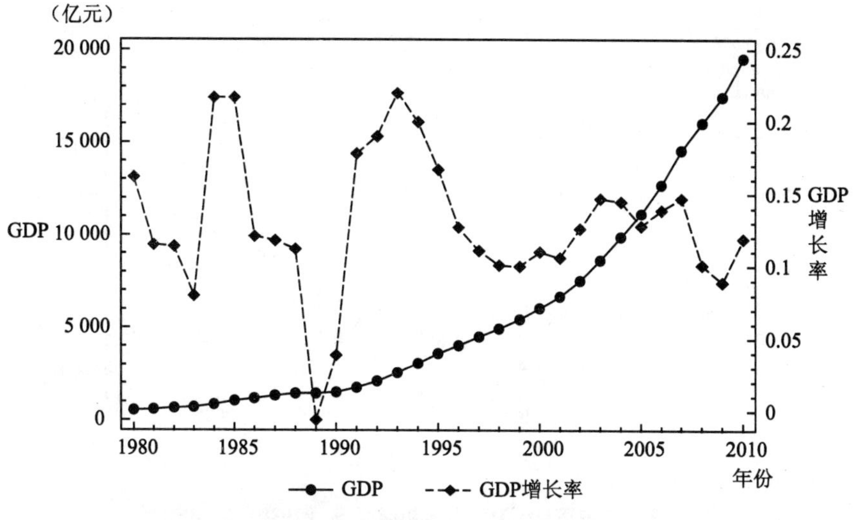

图7.2 浙江历年GDP水平和增长率（1980—2010年）

3. 广东历年产出的经验描述

广东是改革开放以来经济增长幅度最大的省份，实际GDP水平由1980年的735.5亿元增长至2010年的32 402.6亿元，整体增长了43.06倍，且年均GDP增长率为13.52%，居全国首位。进一步考察逐年的增长率，发现1989年的增长率最低，但依然高达7.20%，1993年的增长率则高达 22.30%。在 1980—1989 年的第一个经济发展阶段，毗邻中国香港特区的广东在“特殊政策、灵活措施、先走一步”的中央指示下，以放开塘鱼价格为突破口，进行物价、流通体制初步改革，逐步过渡到计划、基建体制改革，但受到改革经验的制约，越是大幅度的改革越是导致了其升降波动频率和其他省份相比相对较高。在 1990—1999 年的第二个发展阶段上，广东在财政和货币实施“松动”措施后，全省大面积进行了建立现代化企业的试点和改组，并加大了外贸的力度，使增长率自谷底的 7.20% 攀升至谷峰的 22.30%，之后在适度从紧政策的作用下历经 6 年调整于 1999 年成功“软着陆”。第三阶段则为 2000—2010 年，该阶段的增长率波动幅度相对较小，但受国际金融危机的影响，亦于 2008 年和 2009 年呈现了明显的减速轨迹，并于 2010 年回暖至 12.40% 的增长率。见图 7.3。

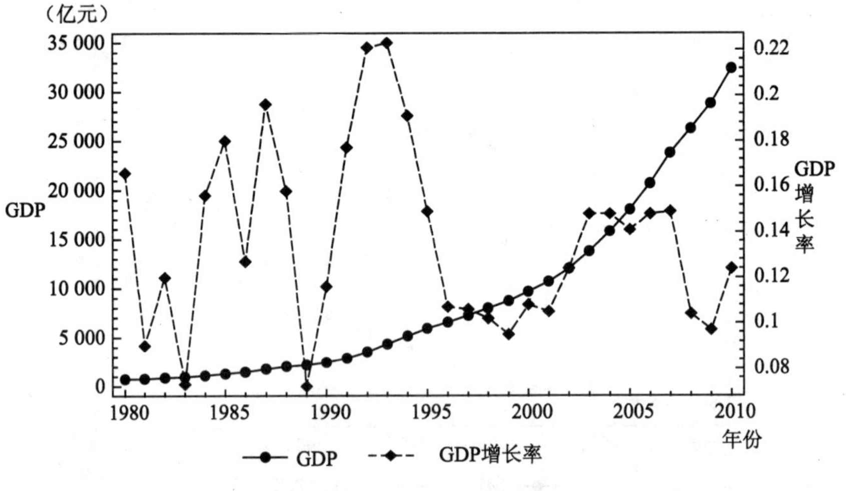

图 7.3　广东历年 GDP 水平和增长率（1980—2010 年）

4. 福建历年产出的经验描述

福建在 1980 年的 GDP 为 314.4 亿，2010 年该值上升至 12 722.1 亿，整体增长了 39.46 倍，整体增长倍数仅次于广东，居于全国第 2。三十多年来，福建维持了年均 13.21% 的增长率，其中增长速度最快的是 1993 年的 24.10%，最慢的为 1986 年的 5.70%。改革开放 30 多年来，福建省的发展思路先后经历了“大念山海经”、加快闽东南开放开发、建设海峡西岸繁荣带、构建“三条战略通道”、建设海峡西岸经济区等多次拓展和深化。从发展轨迹上来看，1980—1990 年为福建省骤起骤落式的经济发展的第一阶段；1991—2001 为改革后的第一经济增长周期，增长的谷峰期与上海、浙江等省市一样出现在 1993 年，但增长的降温期相对较长，持续了 8 年之久；2002—2010 年为经济发展的第三阶段，该阶段由 6 年的平稳高位增长和 3 年的浅“V”型轨迹构成。见图 7.4。

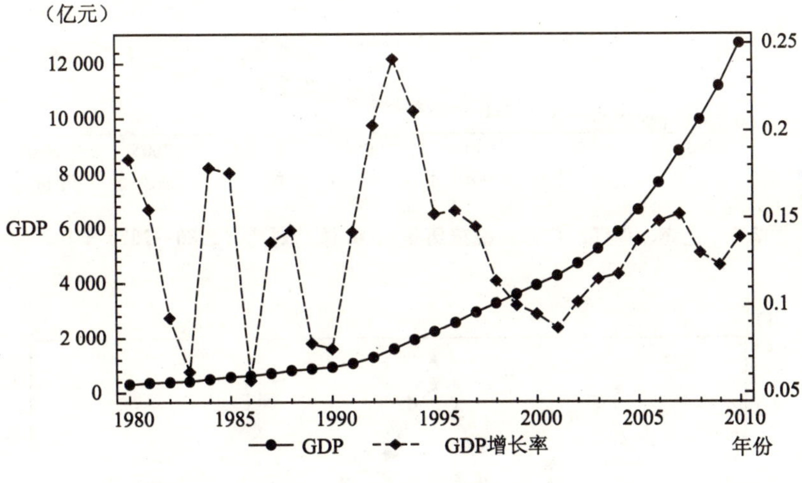

图 7.4　福建历年 GDP 水平和增长率（1980—2010 年）

5. 上海、浙江、广东和福建产出的比较

从图 7.5、图 7.6 中可以看出，上海、浙江、广东和福建四省市在 1980 年的实际 GDP 水平分别为 709.3 亿、523.6 亿、314.4 亿和 735.5 亿，四者之间在 GDP 值上的绝对值差额并不十分显著，但随着时间推进，四省市之间的差距逐渐扩大，最终形成广东、浙江、上海和福建的递减格局。进一步对比四省市 GDP 的增长率，发现它们总体上呈现一致的升降变化趋势，且在 1995—2007 年间呈现了明显的收敛趋同趋势，这说明四省市的经济增长轨迹主要受到国家宏观政策的影响，在国家政策的主导下，各省市结合自身特点积极响应，虽然具体措施并不相同，但最终呈现了类似的增速演变轨迹。总的来说，广东的年均 GDP 增长率最高（13.52%），上海的年均增长率最慢（10.39%），浙江（12.93%）和福建（13.21%）的年均

GDP 增长率居中。

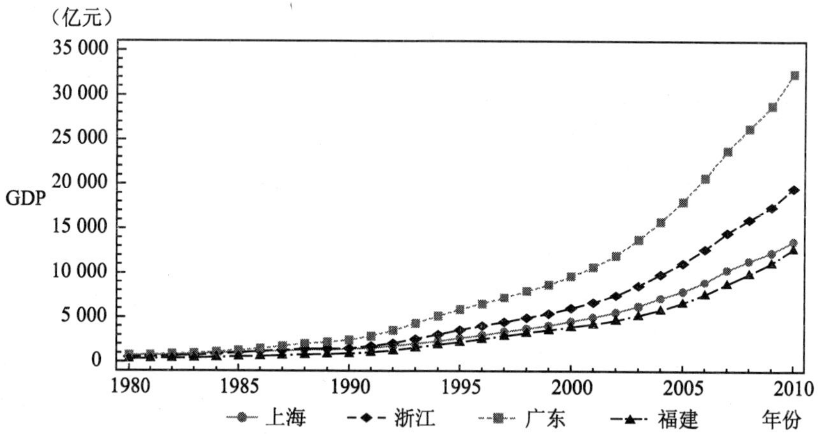

图 7.5　上海、浙江、广东和福建历年 GDP 值的对比（1980—2010 年）

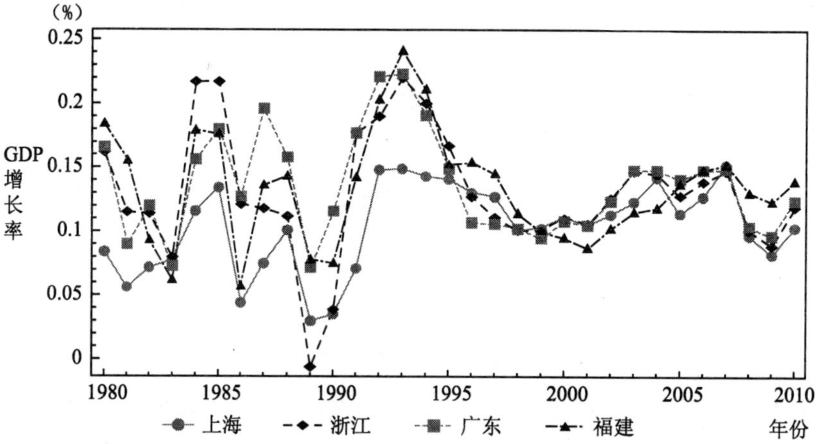

图 7.6　上海、浙江、广东和福建历年 GDP 增长率的对比（1980—2010 年）

（二）历年资本存量的经验描述

从资本存量的总量水平上来看，1980 年，上海、浙江、广东和福建的排名分别位于全国第 11、15、9 和 17 位。截至 2010 年末，上海的排名升至全国第 9 位，浙江排名上升最快，升至全国第 4 位，广东依然保持该组排名第 1 的地位，并位居全国第 3 位，而福建则上升至全国第 10 位。由此可见，样本期间，上海、浙江、广东和福建的资本存量上升速度远高于全国平均速度。

1. 上海历年资本存量的经验描述

基于张军（2004）的算法，上海在1980年的资本存量为755.8亿，2010年这一数值攀升至30 359.0亿，整体增长了39.17倍，并维持了年均13.15%的增长率。细致地考察资本存量的逐年增长率，发现1991年的增长速度最慢，为7.72%，1995年的增长速度最快，高达21.11%。与经济增长的三阶段类似，资本存量的发展轨迹主要受宏观经济政策的影响，呈现明显的三阶段趋势。第一个阶段为1980—1991年，改革初期，固定资产投资力度一直高位徘徊，但后期经济受到经济疲软和经济下滑的制约，固定资产投资力度大幅度下降，资本存量先呈现了平均16.00%的高位增长轨迹，后趋于降低至7.72%的谷底速度。第二个阶段为1992—2001年，该阶段的轨迹类似于倒“U”型，在改革背景下的房地产热和开发区热的推动下，上海历经了4年的加速增长期，之后在适度从紧政策的作用下，资本存量呈现了为期6年的减速增长。第三个阶段为2002—2010年，该阶段在2008年之间为平稳的适度加速增长，但之后则呈现了幅度达2个百分点的倒“N”型轨迹。见图7.7。

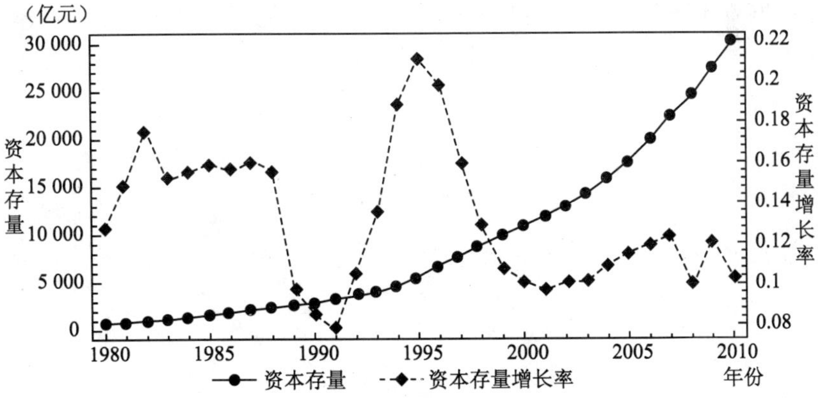

图7.7　上海历年资本存量水平和增长率（1980—2010年）

2. 浙江历年资本存量的经验描述

浙江的实际资本存量水平由1980年的580.3亿增长至2010年的47 506.2亿，整体增长了80.87倍，且年均资本存量增长率为15.89%的。通过考察逐年的增长率，发现1981年的增长率最慢，为8.33%，1994年的增长率最高，为23.52%。整个"六五"期间（1981—1985年），浙江资本存量增幅整体趋于上升，但"七五"时期（1986—1990年），总体趋势是下降的，这主要是受中央"治理经济环境、整顿经济秩序、全面深化改革"指导方针的影响。"八五"时期（1991—1995年），受邓小平南方讲话和投资体制改革深化的影响，固定资产投资出现新的高潮。鉴于当时全国出现的房地产热、开发区热以及乱集资、乱拆借现象，1993年中共政府提出了16条以整顿金融秩序为主的调控措施来抑制经济过热和通货膨胀。由于投资的惯性作用和"软着陆"的要求，1994年和1995年全省投资增幅仍处于相对的高位。"九五"时期（1996—2000年），受前期宏观调控及亚洲金融危机的影响，资本存量增速逐步下滑。"十五"期间（2001—2005年），浙江经济进入新一轮增长周期，投资增幅的总体趋势是在高位先上升后降。至于"十一五"时期则呈现了先降后升的趋势，特别是近几年的反弹主要受惠于自2008年开始的"三个千亿"工程（即"千亿基础网络工程"、"千亿惠民安康工程"、"千亿产业提升工程"）建设。见图7.8。

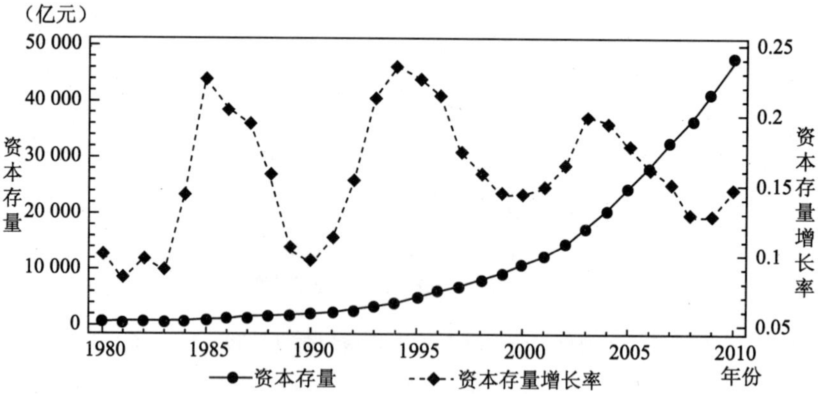

图7.8 浙江历年资本存量水平和增长率（1980—2010年）

3. 广东历年资本存量的经验描述

过去的30多年里，广东的资本存量迅速增长，由1980年的930.3亿增加至2010年的62 648.3亿，整体上升了66.34倍，居于全国第5位，并在样本年间维持了年均15.11%的增长率。进一步考察逐年增长率，发现该指标在1980年时最低，为10.31%，在1993年时最高，为24.49%。在波动幅度上，1991—1997年里波动较大，呈现了快速上升又下降的过程，总体在13.2%～24.49%区间内波动，之所以出现大幅度的上升下降趋势，主要受国家相关政策的影响，20世纪90年代初期，广东在财政和货币实施“松动”措施后，逐步加大了固定资产投资的规模，但在中后期，在适度从紧政策的作用下逐步减少了固定资产投资的增幅。广东在其余年份里的波动幅度相对较小，波动区间为10.31%～17.74%。同时，2008年国际金融危机导致资本存量增长率明显下降，但这种下降仅维持了一年，便迎来了之后两年的加速增长。见图7.9。

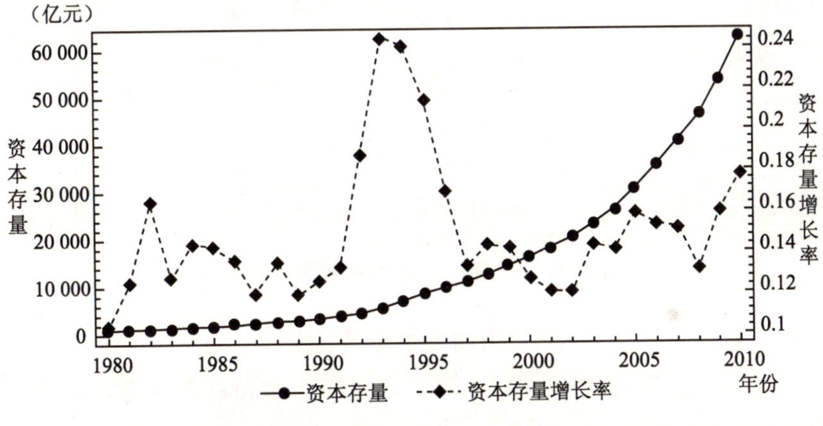

图7.9 广东历年资本存量水平和增长率（1980—2010年）

4. 福建历年资本存量的经验描述

福建在1980年的资本存量为523.5亿，2010年该值上升至27 085.3亿，整体增长了50.73倍。过去的三十多年来，福建维持了年均14.14%的增长率，其中增长速度最快的是1994年的21.16%，最慢的为1990年的5.16%。在1980年至1990年的第一阶段，增速先在14.00%的高位增长后降低至1990年的谷底，并在1991—2002年第二个阶段的前4年攀升至历史谷峰后不断降温至2002年11.17%。2003—2010年为整体高位增长阶段，其中，2008年及以前为稳步加速阶段，2009年和2010年有所减速。整体来看，福建资本存量增速历经了两次高速加速过程，第一次为20世纪90年代初，此次主要受福建在此阶段实施了加快闽东南三角地区、闽江三角洲和湄洲湾等沿海沿江地区发展来带动内地建设的新思路的影响；第二次是2005年前后，这主要受惠于通过构建“三条战略通道”来加快海峡西岸繁荣带建设、促进全省经济社会全面进步这一战略方针的全面实施。见图7.10。

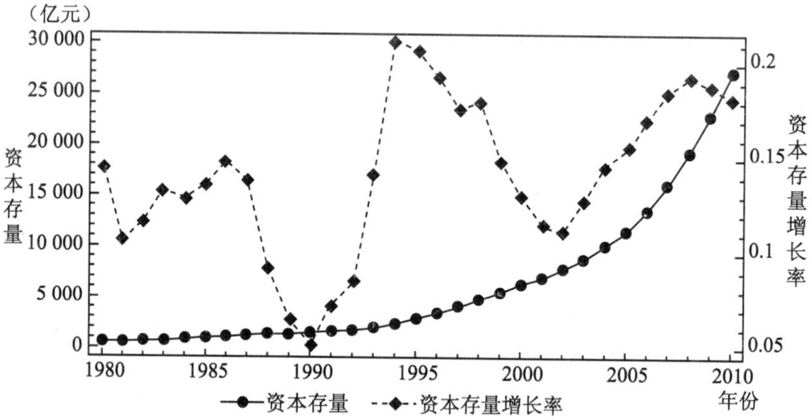

图7.10 福建历年资本存量水平和增长率（1980—2010年）

5. 上海、浙江、广东和福建资本存量的比较

图7.11、图7.12中给出了上海、浙江、广东和福建在资本存量水平值及增长率的比较图，可以看出，广东和浙江两省在样本年间的资本存量值基本呈现了并驾齐驱式增长，上海和福建则呈现了先发散后收敛的变化趋势。在增长率上，四个省市在1990—2010年的增长率趋势较为接近，部分年间呈现收敛趋势，特别是1988—1999年期间，基本呈现了一致的变化趋势，说明21世纪之前，四省市的资本存量变化轨迹主要受国家宏观“松紧”政策的影响。但在进入21世纪以后，国家的政策调控手段不再像过去那样强硬式的抓紧和放松，而是赋予了地方一定的主动权，从而导致

四省市的资本存量变化轨迹趋于差异化。并且，关注到可能由于福建对外贸易依附度相对于较低，导致其受金融危机的影响相对滞后且平缓。总的来说，样本年间年均增长速度由快至慢依次为浙江（15.89%）、广东（15.11%）、福建（14.14%）、上海（13.15%）。

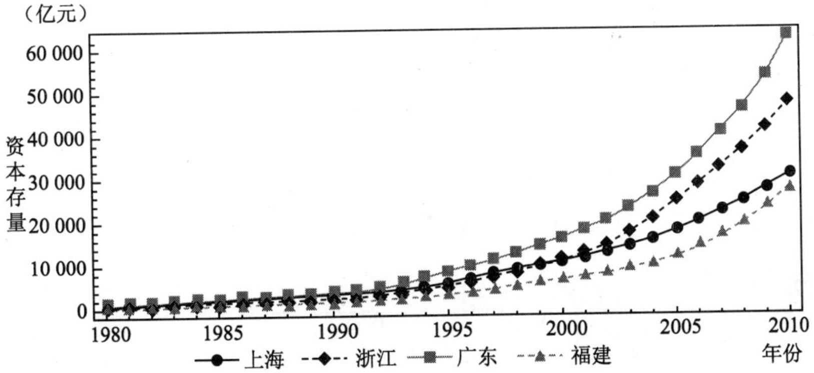

图 7.11　上海、浙江、广东和福建历年资本存量的对比（1980—2010 年）

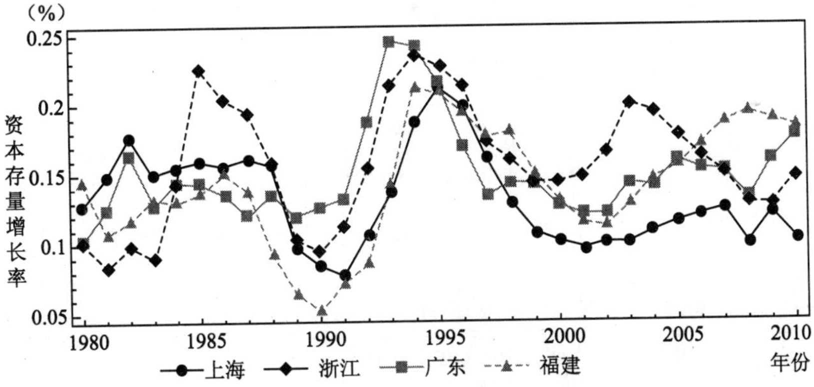

图 7.12　上海、浙江、广东和福建历年资本存量增长率的对比（1980—2010 年）

（三）历年从业人员的经验描述

改革开放初期，上海、浙江、广东和福建的从业人员数在全国的排名分别位于第 21、10、6 和 19 名。历经改革三十多年的洗礼，上海从业人员数的排名降低 3 名至第 24 位，浙江、广东和福建恰好均上升了 3 名，分别攀升至全国第 7、3 和 16 名。

1. 上海历年从业人员的经验描述

上海在 1980 年时从业人员数为 730.8 万，2010 年增至 924.7 万，整体增长了 0.27 倍。样本年间，上海的从业人员数波动较大，虽然整体呈现增长趋势，但 20 世纪 90 年代整体呈现了下降趋势，特别是受国有企业改革的影响，1998 年的从业人员数骤降了 100 万人，并在未来的两年持续低位徘徊。自 2001 年始，在经济增长热潮的拉动下及下岗人员再就业工程的推进，上海从业人员数近 10 年呈现不断上升趋势，由 2001 年的 692.0 万迅速增长至 2010 年的 924.7 万，不过 2006 年和 2010 年的从业人员数较上一年分别有 0.56% 和 0.49% 的下滑，其余年份则维持了年均 4.2% 的增长率。见图 7.13。

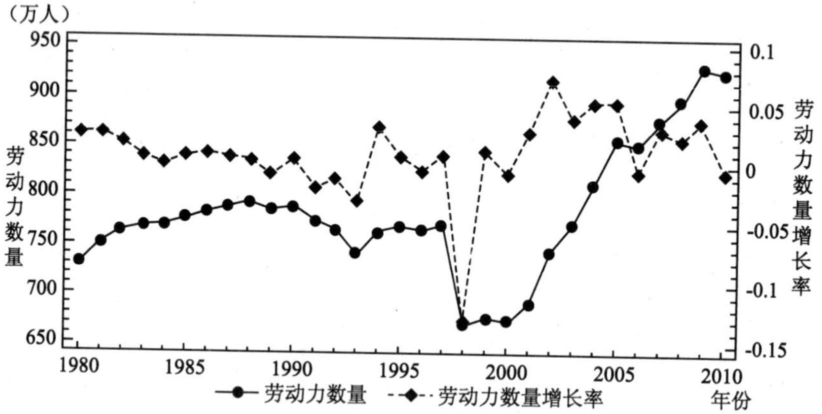

图 7.13 上海历年劳动力数量水平和增长率（1980—2010 年）

2. 浙江历年从业人员的经验描述

浙江在 1980 年的从业人员数为 1 856.4 万，2010 年增长至 3 989.2 万，整体增长了 1.15 倍，并维持了年均 2.60% 的增长率。样本期内，浙江从业人员增长率整体呈现"U"型发展轨迹，1998 年之前整体呈现下降趋势，而 1998 年之后则整体趋于上升。具体到增长率的取值上，1980—1998 年的前 4 年，增长率在波动中于 1983 年达到局部历史峰值 5.91%，之后则一直降低至 1998 年的整体历史谷底 -1.83%；1999 年开始，随着下岗职工再就业工程的推进及经济增长对就业人员吸纳能力的上升，从业人员增长率开始波浪式上升，一度达到2008年的历史峰值6.28%，虽然受2008年金融危机影响，就业率有所降低，但仍然保持了2.12%的增长率，并在之后两年有所反弹。见图7.14。

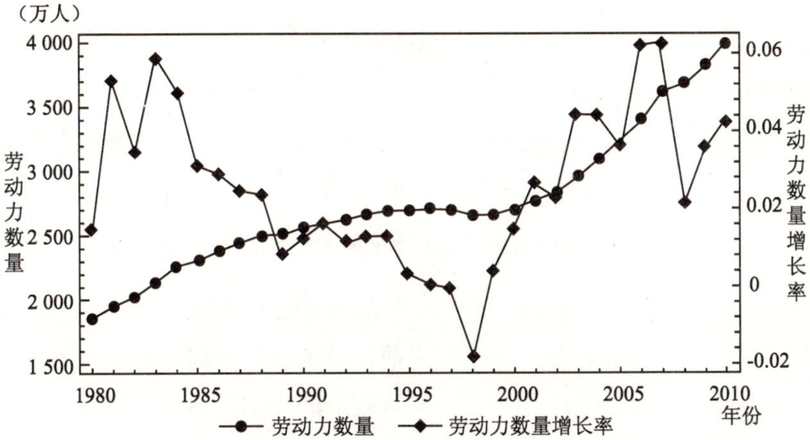

图7.14 浙江历年劳动力数量水平和增长率（1980—2010年）

3. 广东历年从业人员的经验描述

广东在1980年时从业人员数为2 367.8万，位于全国第6位，2010年上升至5 776.9万，居于全国第2位，整体上升了1.44倍，增长倍数仅次于北京，但从业人员数的绝对增长额（3 409.2万）则居于全国首位。在1980—1990年，广东的从业人员增长率较为平稳，维持在3.00%上下波动，1991—1992年的增长率呈现了先升后降的剧烈变化趋势，之后则为5年的平稳期，1998年的国企大幅度改革，使当年的增长率呈现了－1.25%的负增长，从业人员数下降了50万。1998年之后，增长率波浪式地进入快速增长期，一度达到2005年8.94%的历史峰值，受金融危机影响，2008年之后的增长率出现持续下滑趋势，但仍然保持了正增长。见图7.15。

4. 福建历年从业人员的经验描述

福建在1980年的从业人员数为963.7万，2010年该值上升至2 181.3万，整体增长了1.26倍，整体增长倍数仅次于北京和广东，居于全国第3。三十多年来，福建维持了年均2.77%的增长率，其中增长速度最快的

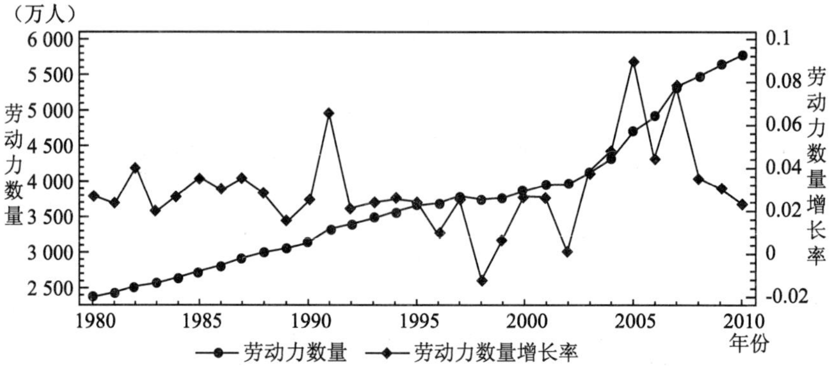

图7.15　广东历年劳动力数量水平和增长率（1980—2010年）

是1991年的6.54%，最慢的为1998年的0.53%。福建从业人员的增长率呈现了明显的政策跟随性，1990年之前，改革政策的时进时退导致了从业人员数的上下波动，1991年之后，经济政策的先加温后降温政策也在从业人员增长率上得到体现，2000年之后重启改革的加温政策也让从业人员增长率呈现上升趋势，关注到2010年的增长率较上一年下降了3.7个百分点，但从业人员数仍然保持了正增长。见图7.16。

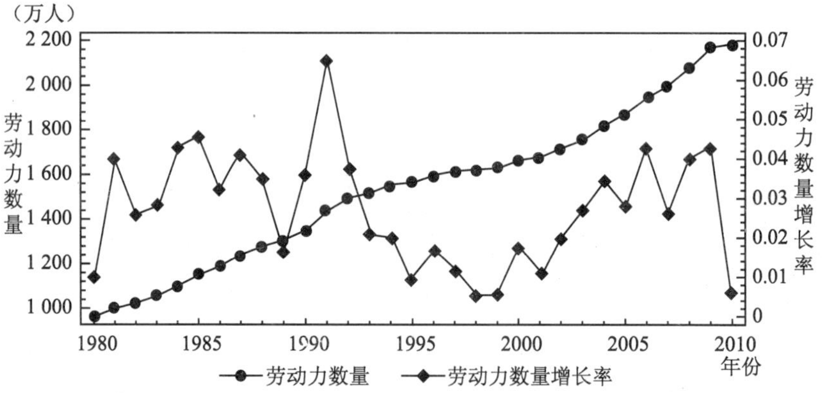

图7.16　福建历年劳动力数量水平和增长率（1980—2010年）

5. 上海、浙江、广东和福建从业人员数的比较

从图7.17和图7.18中可以看出，上海、浙江、广东和福建四省市在1980年的从业人员数分别为730.8万、1 856.4万、2 367.8万和963.7万，

2010 年分别增至 924.7 万、3 989.2 万、5 776.9 万和 2 181.3 万，分别增长了 0.27、1.15、1.44 和 1.26 倍。由此可见，广东对劳动力的吸纳能力最强，不论是增长倍数还是增长额度（3 409.2 万）均领先于其他三个省市，而上海对劳动力的吸纳能力相对较弱，不论是增长倍数还是增长额度均处于末位。之所以出现地区间的较大差异，主要是因为上海在改革初期的经济水平就已经处于全国高位，劳动力吸纳能力基本饱和，而同期的广东和浙江省在初期的经济水平差距较大，省内许多地区的经济增长空间和劳动力吸纳潜力均较强，从而导致后期的从业人员数快速上涨趋势。虽然在增长率的绝对水平上有差异，但从增长率的趋势来看，四省市在国家宏观调控作用下保持一致，1998 年均为它们的历史低谷，其中上海、浙江和广东在该年实现了负增长，而福建则呈现 0.53% 的正增长。

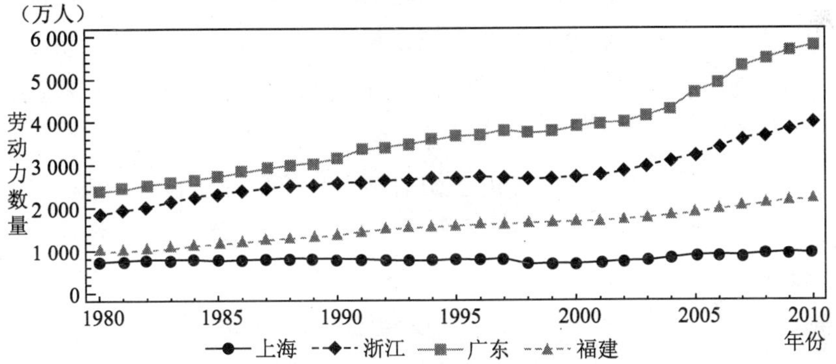

图 7.17　上海、浙江、广东和福建历年劳动力数量的对比（1980—2010 年）

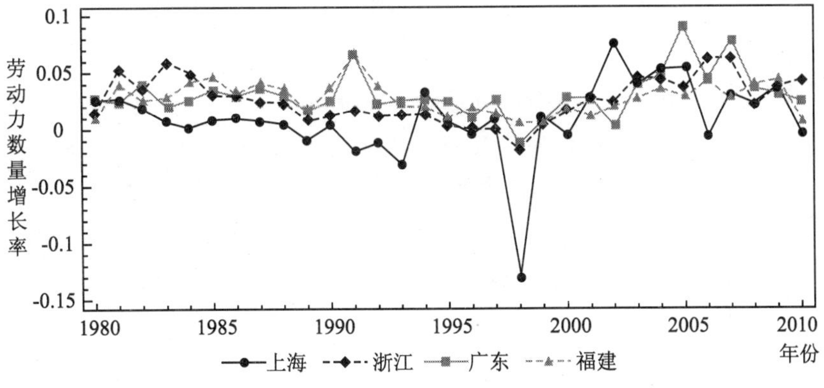

图 7.18　上海、浙江、广东和福建历年劳动力数量增长率的对比（1980—2010 年）

二、上海、浙江、广东和福建要素贡献率测度及结果分析

（一）资本与劳动边际产出测度结果及分析

上文主要介绍了上海、浙江、广东和福建四省市1980—2010年在GDP、资本存量和从业人员数三个指标上的变化轨迹，依据第二章介绍的算法，可以计算出四省市资本要素、劳动要素和TFP要素对经济增长的贡献程度。为了更为全面地进行分析，在下文中，本书将先对资本与劳动的边际产出情况进行分析，然后分析各省市的TFP具体结果，最后将分析三要素对经济增长的贡献水平。

表7.1及图7.19、图7.20报告了上海、浙江、广东和福建四省市历年的资本边际产出和劳动边际产出，通过对比分析可以得到如下结论：

1. 资本的边际产出整体趋于下降，但样本期内的表现形态各异

1981年时，上海、浙江、广东和福建的资本边际产出分别为0.550、0.652、0.568和0.540，2010年下降至0.336、0.331、0.345和0.369。其中，浙江的下降幅度最大，由起初的领先地位下降至排名第3。广东和上海的下降幅度较为接近，但广东整体下降速度较为平均，上海则呈现了先快后慢的趋势。福建在1988—1992年期间呈现了为期5年的提升趋势，这是其他省市不曾出现的。递减的资本边际产出说明随着资本存量的不断上升，资本的边际报酬趋于下降，虽然技术进步和劳动量的上升能提升当年的资本边际产出水平，但尚不能弥补资本快速增长而引致的边际报酬递减程度。

2. 劳动的边际产出整体趋于上升，但上升幅度有较大差异

上海、浙江、广东和福建的劳动边际产出在1981年时分别为0.179、0.072、0.073和0.102，2010年时增长至2.776、0.962、0.842和1.298，分别增加了14.49、12.43、10.59和11.69倍。由此可见，上海的增长幅度最大，不论在增长倍数还是增长额度上均遥遥领先。虽然劳动量的不断增长具备不断降低其边际产出的内在动力，但在3个因素的作用下反而呈现了递增趋势：一是技术的不断进步增强了所有要素的边际产出能力；二是资本存量的快速上升不断在提升单位劳动的产出能力；三是劳动力本身

素质的快速提高增强了单位劳动力的工作效率。

3. 资本的边际产出趋于收敛，而劳动的边际产出趋于发散

本书通过变异系数来考察资本和劳动边际产出的绝对收敛情况。结果显示，资本边际产出的变异系数在1981年时为0.089，2010年时缩小至0.050，整体呈现了显著的收敛趋势。而劳动边际产出的变异系数在1981年时为0.475，2010年时增至0.607，整体趋于发散趋势。而且，整个样本期，上海、浙江、广东和福建在劳动边际产出间的差距要明显大于资本边际产出间的差距。

表7.1 上海、浙江、广东和福建资本与劳动边际产出变化情况（1981—2010年）

	资本的边际产出				劳动的边际产出			
	上海	浙江	广东	福建	上海	浙江	广东	福建
1981	0.550	0.652	0.568	0.540	0.179	0.072	0.073	0.102
1982	0.530	0.648	0.550	0.529	0.196	0.076	0.078	0.109
1983	0.513	0.642	0.532	0.503	0.215	0.079	0.083	0.114
1984	0.499	0.640	0.527	0.514	0.238	0.085	0.091	0.126
1985	0.486	0.618	0.525	0.519	0.264	0.095	0.100	0.138
1986	0.468	0.593	0.517	0.490	0.287	0.104	0.108	0.145
1987	0.451	0.570	0.516	0.486	0.315	0.115	0.118	0.156
1988	0.437	0.554	0.514	0.495	0.348	0.125	0.128	0.170
1989	0.425	0.534	0.503	0.496	0.376	0.132	0.138	0.181
1990	0.414	0.522	0.495	0.500	0.400	0.141	0.149	0.188
1991	0.410	0.525	0.493	0.511	0.439	0.155	0.158	0.197
1992	0.410	0.520	0.483	0.522	0.492	0.174	0.176	0.213
1993	0.405	0.506	0.465	0.522	0.565	0.197	0.198	0.237
1994	0.394	0.487	0.447	0.508	0.622	0.224	0.221	0.268
1995	0.381	0.469	0.430	0.492	0.703	0.256	0.245	0.303
1996	0.368	0.450	0.418	0.479	0.797	0.289	0.271	0.340
1997	0.360	0.436	0.412	0.467	0.886	0.323	0.294	0.380
1998	0.351	0.423	0.403	0.454	1.103	0.365	0.329	0.426
1999	0.348	0.414	0.395	0.444	1.202	0.403	0.363	0.471
2000	0.346	0.406	0.390	0.436	1.329	0.442	0.393	0.514
2001	0.344	0.398	0.386	0.431	1.426	0.481	0.425	0.559
2002	0.345	0.389	0.383	0.427	1.479	0.528	0.471	0.606
2003	0.345	0.378	0.380	0.423	1.582	0.575	0.511	0.658
2004	0.346	0.367	0.377	0.417	1.682	0.626	0.549	0.715
2005	0.345	0.357	0.372	0.411	1.782	0.680	0.573	0.786

续表

	资本的边际产出				劳动的边际产出			
	上海	浙江	广东	福建	上海	浙江	广东	福建
2006	0.342	0.351	0.368	0.405	1.989	0.724	0.619	0.861
2007	0.342	0.348	0.364	0.398	2.168	0.773	0.652	0.959
2008	0.340	0.343	0.361	0.388	2.340	0.840	0.704	1.054
2009	0.337	0.337	0.353	0.378	2.510	0.896	0.765	1.151
2010	0.336	0.331	0.345	0.369	2.776	0.962	0.842	1.298

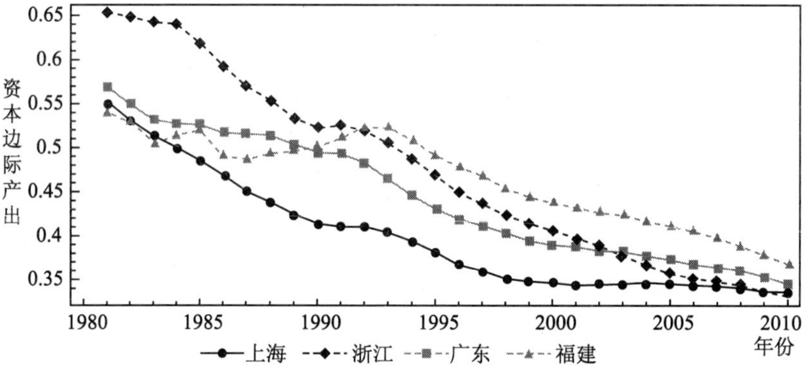

图 7.19　上海、浙江、广东和福建历年资本边际产出的对比（1981—2010 年）

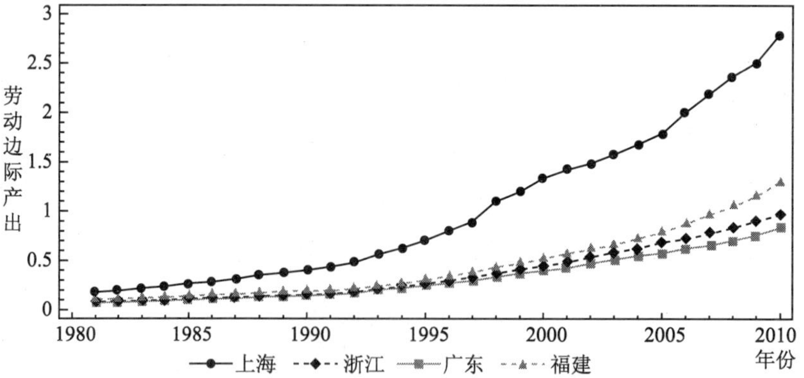

图 7.20　上海、浙江、广东和福建历年劳动边际产出的对比（1981—2010 年）

（二）上海、浙江、广东和福建TFP估计结果及分析

根据第三章的方法我们计算出上海、浙江、广东和福建四省市1981—2010年TFP变动率的结果，如表7.2与图7.21所示。在TFP变动率的总体趋势上呈现了明显的三阶段特征，在1981—1989年，受改革时进时退影响，TFP的变动率呈现骤高骤低的特征，在1990—2000年左右，TFP变动率呈现先上升后下降的趋势，2001年之后，TFP变动率整体趋于稳定的增长，受2008年金融危机影响，变动率呈现了为期两年的下降趋势，但2010年有所反弹。具体到各省市的变动率上，上海TFP年均变动率为0.0104，在四个省市中排名最后，并在1986年、1989年和1990年实现了负增长，即国家在实行货币、信贷“双紧”政策来抑制通货膨胀问题时，也带来一些负面影响，资金的缺乏让技术水平受人才流失、配置效率等因素的影响有所退后。浙江TFP在样本年间的平均变动率为0.230，排名居于第3位，并在1989年实现了负增长。广东TFP的年均变动率最高，达0.0334，且在样本年间不存在负增长现象。福建TFP年均变动率则为0.0236，次于广东，并在1983年和1986年呈现了负增长。本报告发现当经济增速呈现大幅度降低时，往往是TFP呈现负值的时候，说明当经济不景气时，企业往往支付更多的精力用于维持生存和促进短期增长上，往往忽视对TFP水平的改进，从而使TFP呈现负值。值得注意的是，本书中的TFP变动率是TFP在t年相对t-1年的相对变动水平，而不是绝对水平，虽然上海在四个省市中的技术水平绝对值处于领先地位，但在收敛理论的作用下，其增长率反而最慢。

表7.2　上海、浙江、广东和福建历年TFP的估计结果（1981—2010年）

	上海	浙江	广东	福建		上海	浙江	广东	福建
1981	0.0041	0.0216	0.0142	0.0483	1996	0.0093	0.0235	0.0258	0.0222
1982	0.0051	0.0200	0.0181	0.0082	1997	0.0122	0.0215	0.0255	0.0214
1983	0.0046	0.0127	0.0070	-0.0166	1998	0.0168	0.0204	0.0260	0.0178
1984	0.0096	0.0360	0.0360	0.0511	1999	0.0112	0.0199	0.0244	0.0160
1985	0.0121	0.0324	0.0412	0.0412	2000	0.0142	0.0216	0.0264	0.0153
1986	-0.0023	0.0193	0.0251	-0.0193	2001	0.0120	0.0197	0.0264	0.0147

续表

	上海	浙江	广东	福建		上海	浙江	广东	福建
1987	0.0005	0.0184	0.0418	0.0228	2002	0.0116	0.0235	0.0307	0.0173
1988	0.0054	0.0183	0.0299	0.0388	2003	0.0156	0.0241	0.0328	0.0189
1989	-0.0071	-0.0055	0.0148	0.0164	2004	0.0178	0.0240	0.0330	0.0188
1990	-0.0058	0.0033	0.0228	0.0158	2005	0.0128	0.0213	0.0311	0.0224
1991	0.0090	0.0404	0.0335	0.0314	2006	0.0175	0.0257	0.0346	0.0234
1992	0.0255	0.0360	0.0386	0.0397	2007	0.0195	0.0312	0.0342	0.0247
1993	0.0204	0.0372	0.0387	0.0349	2008	0.0128	0.0221	0.0303	0.0193
1994	0.0126	0.0336	0.0356	0.0283	2009	0.0096	0.0151	0.0291	0.0169
1995	0.0110	0.0295	0.0310	0.0219	2010	0.0156	0.0227	0.0334	0.0236

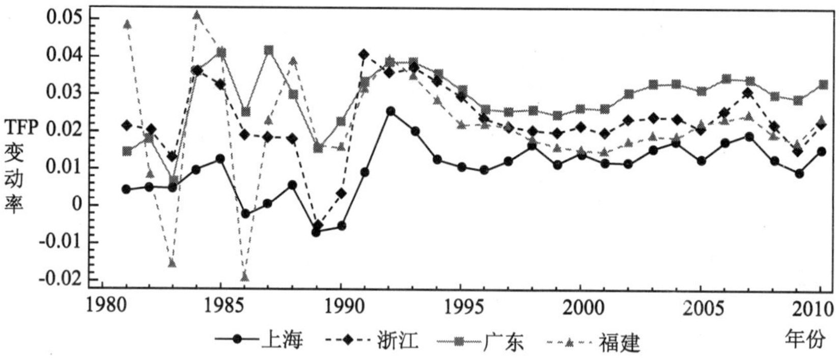

图 7.21 上海、浙江、广东和福建历年 TFP 的对比（1981—2010 年）

（三）上海、浙江、广东和福建各要素对经济增长的贡献率分析

根据第三章的方法我们计算了改革开放以来六个五年计划阶段物质资本、劳动力和 TFP 对上海、浙江、广东和福建四省市经济增长的贡献情况，具体结果列于表 7.3 之中。同时，我们做出各要素对经济增长贡献率的相关折线图，一方面为了更为直观地考察各要素贡献率的变动轨迹，另一方面也是为了更好地展现我国经济增长的动力转换过程。

表 7.3　上海、浙江、广东和福建各要素对经济增长的贡献率（1981—2010 年）

		1981—1985	1986—1990	1991—1995	1996—2000	2001—2005	2006—2010
上海	资本	86.39%	104.61%	87.13%	100.05%	69.66%	75.45%
	劳动	1.88%	0.68%	-0.92%	-4.91%	8.28%	2.68%
	TFP	11.74%	-5.29%	13.79%	4.86%	22.07%	21.87%
浙江	资本	58.14%	100.34%	65.61%	102.60%	89.95%	85.60%
	劳动	7.50%	4.57%	1.38%	0.00%	4.95%	6.95%
	TFP	34.36%	-4.91%	33.01%	-2.60%	5.09%	7.44%
广东	资本	83.87%	64.55%	63.70%	85.19%	65.52%	78.05%
	劳动	5.33%	4.15%	3.10%	1.71%	4.80%	5.18%
	TFP	10.80%	31.30%	33.20%	13.10%	29.68%	16.77%
福建	资本	80.72%	84.77%	52.11%	89.28%	82.69%	86.15%
	劳动	8.09%	9.27%	4.34%	2.15%	4.93%	5.23%
	TFP	11.20%	5.96%	43.55%	8.57%	12.38%	8.62%

由表 7.3 及图 7.22—图 7.25 的内容可以得出以下四点认识：

第一，资本投入是上海、浙江、广东、福建四省市经济增长的最主要动力来源，但具体变化轨迹有所差异。容易看出，样本年间，上海、浙江、广东、福建四省市的资本积累对经济增长的贡献率大幅高于劳动和 TFP。其中，虽然上海市资本要素对经济增长的贡献率在中间阶段有上升趋势，但整体呈现波浪式下降趋势，均值为 87.21%，关注到 1986—1990 年和 1996—2000 年的贡献率高达 100% 以上，表明该阶段单纯依靠资本存量的快速增长便足以推动经济的高速增长。浙江省资本要素对经济增长的贡献率局部有升降整体趋于上升，均值为 83.71%，特别是 1986—1990 年和 1996—2000 年的贡献率和上海一样高达 100% 以上。广东省资本要素对经济增长的贡献率呈现波浪式平稳变化趋势，围绕在均值 73.48% 水平上下波动。福建省资本要素对经济增长的贡献率除 1986—1990 年和 1991—1995 年有较大波动外，其他阶段的波动较为平稳，均值为 81.15%。目前来看，资本高投入的趋势尚有一段时期的持续能力，但是随着能源、矿产等要素价格的提高及资本边际产出能力的持续性降低，投资拉动的持续性正面临着极大的挑战。

第二，劳动投入对上海、浙江、广东、福建四省市经济增长的贡献率最低，且变化相对平稳。上海市劳动要素对经济增长的贡献率整体在低位徘徊，均值为1.28%，且前四个阶段整体趋于不断下降趋势，第三和第四阶段更是降为负值，虽然劳动力的边际产出能力不断上升，但国有企业改革导致的大量失业问题使劳动要素对经济增长的贡献率降为负值，从而部分体现了人口红利的消亡过程。虽然第五阶段的贡献率有较大程度反弹，但并不持续，第六阶段便趋于降低。浙江省劳动要素对经济增长的贡献率变化轨迹和上海有些类似，前四个阶段亦呈现不断降低趋势，不过未出现负值情况，只是在第四阶段出现逼近零值的情况，表明边际递增的劳动产出能力恰好弥补了劳动量降低对经济增长带来的负向效应，自第五阶段开始，劳动要素的贡献率呈现拉升趋势，整个样本期的均值高于上海，达4.95%，居于本组第二。广东省和福建省劳动要素对经济增长的贡献率整体也呈现前四阶段不断降低后两阶段持续拉升的变化轨迹，均值分别为4.05%和5.68%，受国有企业改革影响，该两省劳动要素贡献率均在第四阶段取自样本期内最低，分别为1.71%和2.15%。

第三，TFP对上海、浙江、广东、福建四省市经济增长的贡献率居中，变化趋势差异和相似并存。在1981—1985年的第一阶段，四省市TFP对经济增长的贡献率分别为11.74%、34.36%、10.80%和11.20%，浙江TFP贡献率远高于其他省市，和该阶段其相对较高的TFP水平呈对应关系。第二阶段时，上海、浙江和福建的TFP贡献率有不同幅度的下降，特别是上海和浙江降为负值，而广东的TFP贡献率则有所上升。第三阶段至第五阶段，四省市的变化轨迹较为一致，均在此三个阶段上先后呈现了上升、下降和上升的趋势。第六阶段时，上海、广东和福建的劳动要素贡献率较上一阶段有所下降，浙江则恰恰相反，有小幅上升。整个样本期，上海、浙江、广东、福建四省市TFP对经济增长的贡献率均值分别为11.51%、12.07%、22.48%和15.05%，虽然均值水平高于劳动要素贡献率的均值水平，但相对于资本要素的贡献率而言，仍然相对较低，说明四省市的经济增长主要由资本要素拉动，离集约型经济增长模式相去甚远。

第四，在经济增长的动力来源上，上海、浙江、广东、福建四省市存在不同程度的动力转换现象。考察四省市经济增长的三个动力来源，发现具备如下几个特征：(1) 虽然整个样本期资本要素是最重要的推动力，贡献率分别达 87.21%、83.71%、73.48% 和 81.15%，但在不同阶段有较大波动。(2) 资本要素和 TFP 对经济增长的动力大小呈现角力的格局，即此消彼长的态势。(3) 1991—1995 年和 2001—2005 年的经济高速发展期，资本要素的贡献率往往趋于下降，TFP 的贡献率趋于上升；1986—1990 年和 1996—2000 年的经济降温期，资本要素的贡献率往往趋于上升①，TFP 的贡献率则趋于下降。(4) 劳动要素对经济增长的动力作用较为平稳，似乎呈现了中性特征。

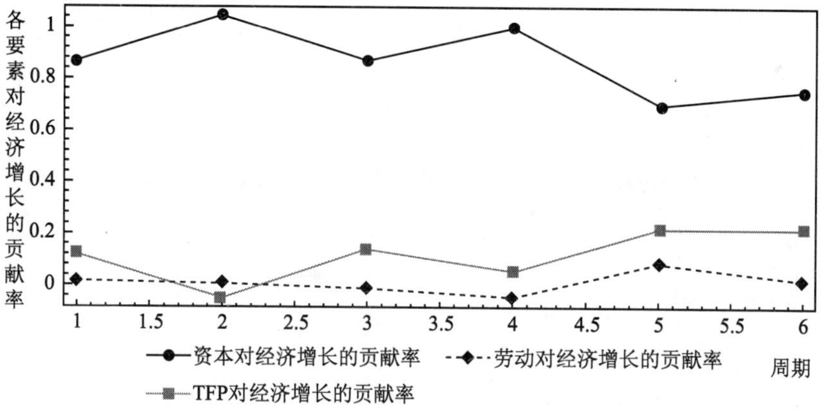

图 7.22 上海历年资本、劳动和 TFP 对经济增长的贡献率（1981—2010 年）

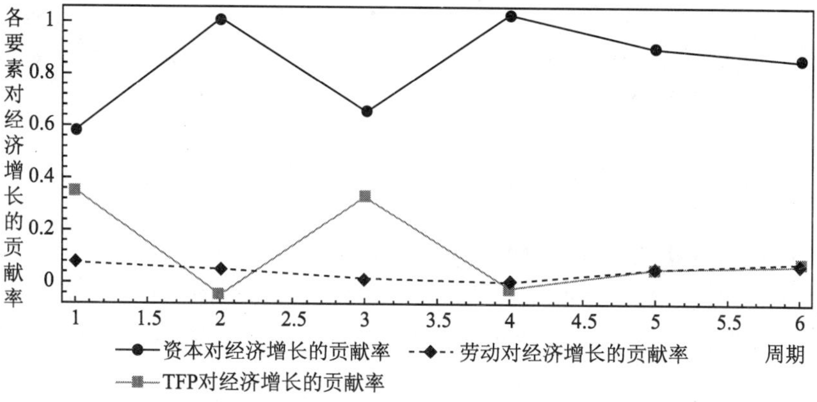

图 7.23 浙江历年资本、劳动和 TFP 对经济增长的贡献率（1981—2010 年）

① 广东在 1986—1990 年的降温期恰恰相反。

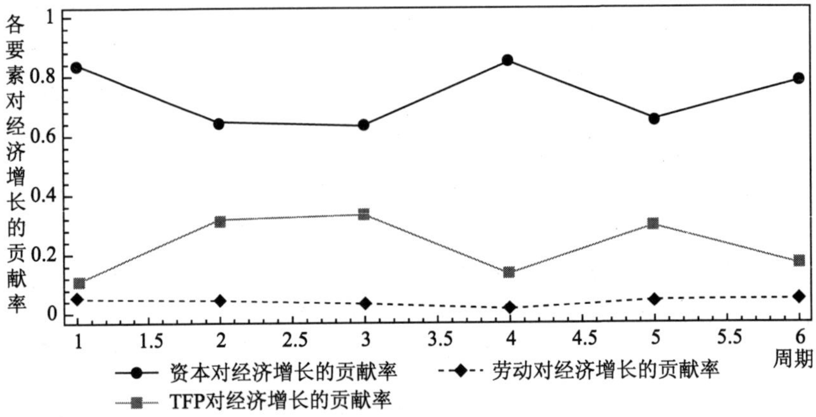

图 7.24 广东历年资本、劳动和 TFP 对经济增长的贡献率（1981—2010 年）

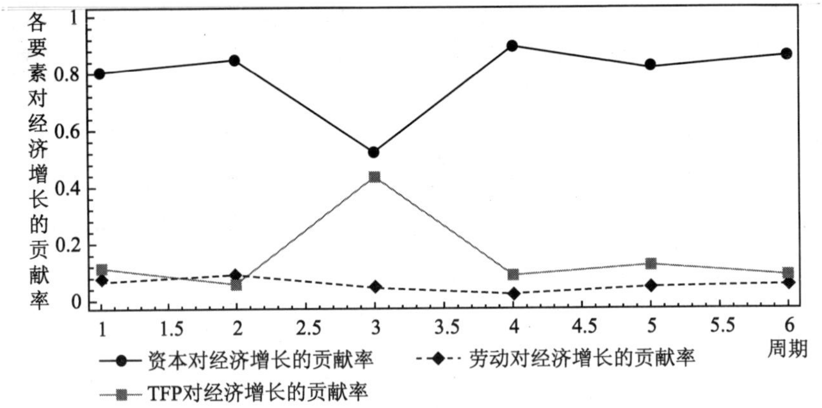

图 7.25 福建历年资本、劳动和 TFP 对经济增长的贡献率（1981—2010 年）

通过上文分析，我们知道自改革开放以来，上海、浙江、广东、福建四省市在经济增长、资本存量和从业人员数上均有不同程度的增长，且变化轨迹主要受国家宏观经济政策的影响。通过考察经济增长的驱动因素，发现资本仍是推动经济增长的首要因素，且往往和 TFP 对经济增长的动力大小呈现角力的格局。随着资源要素价格的提高及资本边际产出能力的持续性降低，如何进一步提高人力资本水平和资源配置效率，让 TFP 成为推动经济增长的首要动力应当是四省市未来经济调整的方向和重点。

第八章　环渤海四省市要素贡献率测度与分析

一、天津、北京、河北和山东要素投入与产出的经验描述

（一）历年产出的经验描述

从GDP总量上来看，1980年时，天津的排名居于全国第20位，2010年时，攀升至第17位。而北京恰恰相反，由1980年的第13位降至2010年的第15位。河北则由1980年的第10位上升至2010年的第8位。至于山东在1980年时排第2位（低于四川），2010年时降为第3位，低于后来居上的广东和江苏。四省市在样本年间的具体变化趋势如下陈述。

1. 天津历年产出的经验描述

作为中国第三大城市的天津，自改革开放以来，实际GDP由1980年的273.5亿上升至2010年的6 671.9亿，整体增长了23.40倍，并维持了年均11.33%的增长率。进一步考察GDP的逐年增长率，发现1984年的增长速度最快，为19.30%，1989年的增长速度最慢，仅为1.60%。总的来说，天津经济发展可以分成三个阶段。第一阶段是从1980—1989年，该阶段的经济增速呈现出骤起骤落的特征，特别是1984年前后历经谷峰和谷底的变动，剧烈的变动主要受国家宏观经济先宽松后收紧政策的影响。第二阶段是1990—1998年，增速呈现“倒U型”特征，总体波动区间为5.40%～14.90%，由1989年1.60%的谷底，迅速上升至14.80%，历经3年降温，平稳着陆至1999年10.00%。第三阶段是1999至2010年，经济增长速度总体呈现不断加速的过程，由1999年的10.00%上升至2010年的17.40%，虽然自1994年建立滨海新区以来，受国家适度从紧等降温政策作用，新区未能全面发挥服务辐射功能，但一个以先进制造业和现代服务业为基础、以外向型经济为主导的现代化经济新区在不断迅速崛起，特别是21世纪以来，滨海新区在促进天津经济增长方面的龙头带动作用日益

显著。见图 8.1。

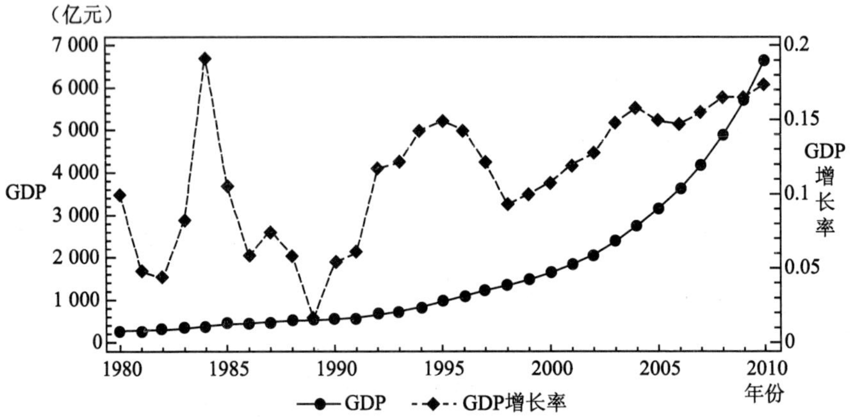

图 8.1　天津历年 GDP 水平和增长率（1980—2010 年）

2. 北京历年产出的经验描述

首都北京的实际 GDP 水平由 1980 年的 381.0 亿增长至 2010 年的 7 520.4亿，整体增长了 18.74 倍，且年均 GDP 增长率为 10.51%。通过考察逐年的增长率，发现 1981 年实现了 -1.50% 负增长，1984 年的增长率最高，为 17.50%。1980—1989 年，北京经历了改革初期各种政策时放时收的影响，经济增速呈现骤起骤落趋势。1990—1996 年，北京完成改革后的第一个经济增长周期，由 1989 年 4.40% 的低速增长，先上升至 1994 年的 13.50%，后降低至 1996 年的 9.20%，提前实现了“软着陆”。自此北京的产业结构开始明显优化，从 20 世纪 90 年代中期发展“适合首都特点的经济”到 1998 年首都经济概念的正式提出，北京从之前的全国性工业基地逐步发展成一个以服务业为主的服务型经济城市，历史证明这一转变为北京实现平稳加速式的高速增长提供了动力，充分享受了改革后第二次增长周期的成果，但受到金融危机的影响，2008 年增速降低了 5.4 个百分点，2009 年和 2010 年经济形势略有回暖，回升了 1 个百分点。见图 8.2。

3. 河北历年产出的经验描述

作为京畿要地的河北在 1980 年的实际 GDP 仅为 629.7 亿，2010 年攀升至 15 056.9 亿，整体增长了 22.91 倍，并保持了年均 11.21% 的增长率。

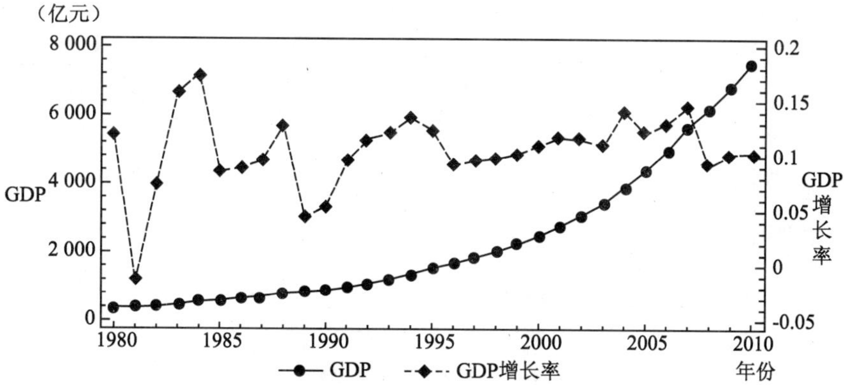

图 8.2 北京历年 GDP 水平和增长率（1980—2010 年）

样本期内，1981 年的增长率最慢，为 1.00%，1993 年增长率最快，为 17.70%。三十年来，河北的改革开放经历了由接受改革、理解改革、参与改革到把改革向深度推进、向广度拓展、向高度提升的发展过程；经历了加快发展现代服务业、产业结构不断升级优化的实践过程；经历了以调整经济结构、转变发展方式、推动科学发展的改革过程。具体来看，河北的经济发展亦具备如下三个阶段，其中，第一阶段为 1980—1990 年的骤起骤落式改革探索阶段。第二阶段为 1991—2001 年的第一次改革增长周期。该阶段承接 1990 年 5.80% 的低谷，迅速上升至 1993 年的 17.70%，自 1994 年开始降温，并于 2001 年成功“软着陆”。第三阶段为 2002—2010 年的第二次改革增长热潮。该周期的加速增长期仅持续了 5 年，便受自身结构特征和金融危机的影响，增长率连续降低了 3 年，2010 年时，整体经济有所提升，增长率较 2009 年反弹了 2.2 个百分点。见图 8.3。

4. 山东历年产出的经验描述

综合经济实力高居全国第三的山东省，实际 GDP 由 1980 年的 895.8 亿上升至 2010 年的 29 198.8 亿，整体增长了 31.60 倍，整体增长倍速位居全国第六。三十多年来，山东维持了年均 12.38% 的增长率，其中增长速度最快的是 1993 年的 21.90%，最慢的为 1989 年的 4.00%。山东的经济发展具备如下三阶段特征：第一阶段为 1980—1989 年的骤起骤落式改革探索阶段。第二阶段为 1990—2001 年，该阶段始于 1989 年 4.00% 的谷底，

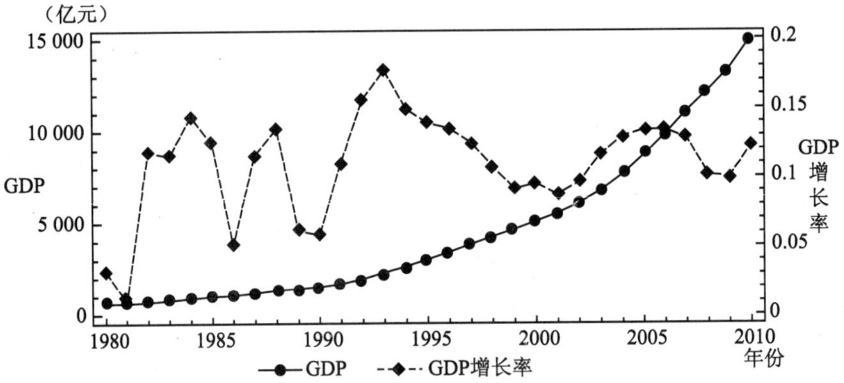

图 8.3　河北历年 GDP 水平和增长率（1980—2010 年）

攀升至 1993 年 21.90% 的谷峰增长，提升了近 18 个百分点，这一加速提升过程，主要是山东省借小平同志南方重要讲话精神和学习借鉴南方经验的东风，坚持发展外向型经济要抓住薄弱环节，实行战略性突破，做到“全面开放，重点突破，梯次推进，东西结合，加快发展”，以青岛为龙头，以半岛开放区为依托，沿青烟威环海公路和胶济线自东向西，梯次推进，形成全省整体开放格局。后来山东经济受国家收紧政策的影响，于 1994 年开始降温，最终于 2001 年“软着陆”。第三阶段为 2002—2010 年，此阶段的前 3 年为加速增长阶段，该阶段山东将外经外贸、高新技术、民营经济确定为经济的“三个亮点”重点培育，后面 6 年呈现类似于“L”型的轨迹，虽然 2009 年和 2010 年略有增速，但仅仅分别增加了 0.2 和 0.1 个百分点。见图 8.4。

5. 天津、北京、河北和山东产出的比较

从图 8.5、图 8.6 中可以看出，天津、北京、河北和山东四省市在 1980 年的实际 GDP 水平分别为 273.5 亿、381.0 亿、629.7 亿和 895.8 亿，截至 2010 年，四省市分别增长了 23.40、18.74、22.91 和 31.60 倍。在增长率总体变化趋势上，四省市保持了一致性，说明四省市的经济增长轨迹主要受到国家宏观政策的影响。不过，各省市的具体措施和战略重点并不相同。自山东在 21 世纪提出将外经外贸、高新技术、民营经济确定为经济的“三个亮点”重点培育以来，经济增长趋势极为强劲，该省和其余省市在绝对差距和

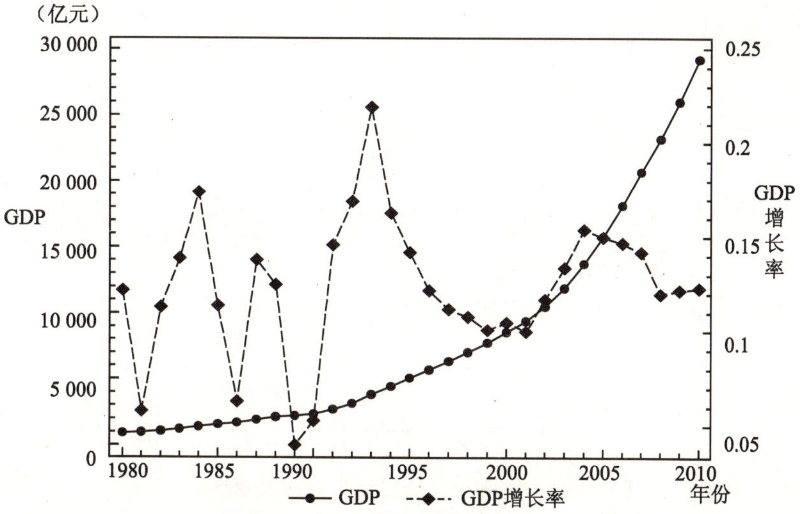

图 8.4　山东历年 GDP 水平和增长率（1980—2010 年）

相对差距上均趋于不断拉大态势，而北京和天津则由于接近的初始发展水平和发展速度而趋于收敛。在四省市的增长速度上，总体趋势上呈现了一致的升降态势，特别是 1994—2008 年，增长率变化轨迹较为接近，不过受产业结构的影响四省市对国际金融危机的抗风险和恢复能力并不一致。

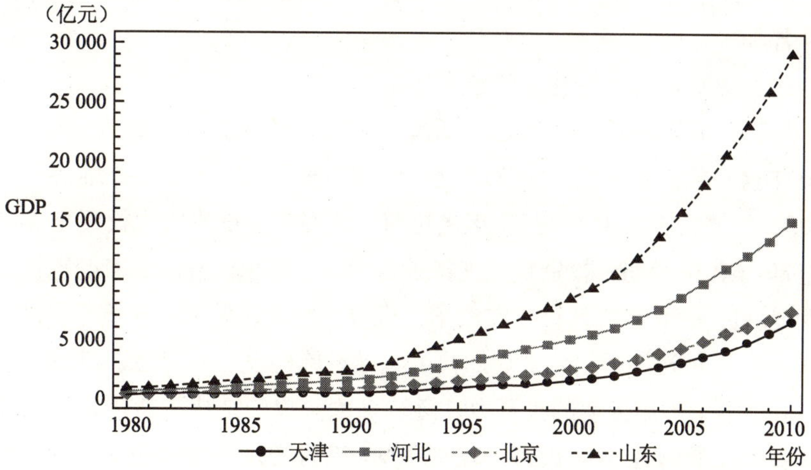

图 8.5　天津、北京、河北和山东历年 GDP 值的对比（1980—2010 年）

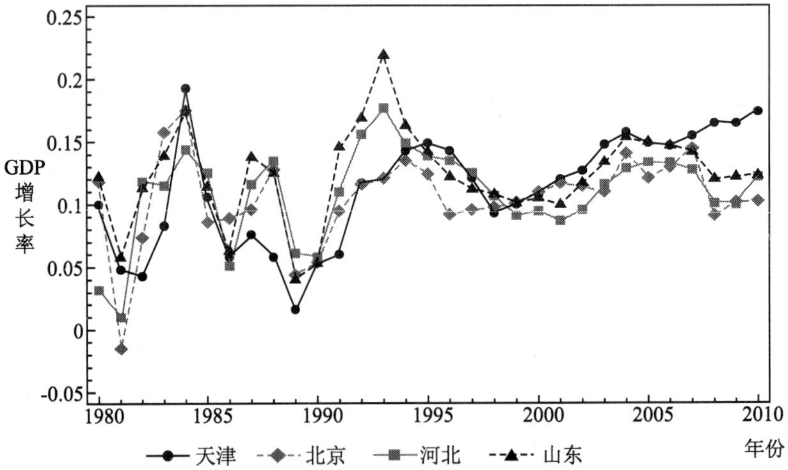

图 8.6 天津、北京、河北和山东历年 GDP 增长率的对比（1980—2010 年）

（二）历年资本存量的经验描述

改革开放初期，天津、北京、河北和山东的资本存量全国排名较为分散，1980 年时，四省市的排名分别位于全国第 19、25、7 和 4 名。历经 30 多年的发展，四省市的全国排名有升有降，其中，北京升高至全国第 14 名，山东升至全国首位，而天津和河北则均降低 1 名，分别位于全国第 20 和 8 名。

1. 天津历年资本存量的经验描述

基于张军（2004）的算法，天津在 1980 年的资本存量为 493.9 亿，2010 年这一数值攀升至 19 078.1 亿，整体增长了 37.63 倍，并维持了年均 13.05% 的增长率。20 世纪 80 年代初期，地震灾后重建成为投资重点。20 世纪 80 年代中后期，投资重点支持了自行车、纺织、食品、家电等轻工行业发展。进入 90 年代，投资向汽车、机械、冶金、化工、电子等重化工业倾斜。从"九五"开始，重点加快了基础设施建设，对交通、市政公用事业、邮电通信等服务业的投资力度逐步加大。投资结构不断优化。细致地考察资本存量的逐年增长率，发现 1990 年的增长速度最慢，为 4.70%，2010 年的增长速度最快，高达 26.51%。与经济增长的三阶段类似，资本存量的发展轨迹也呈现明显的三阶段趋势。第一阶段为 1980—1990 年，资本存量呈现倒“U”型轨迹，拐点为1985年的16.23%；第二阶段为1991—2000年，该阶段的轨迹也呈现倒“U”型，不过拐点水平不是很高，仅为13.13%；第三阶段为2001—2010年，该阶段整体呈现不断加速的增长趋势，特别是2010年的增速创历史最高。见图8.7。

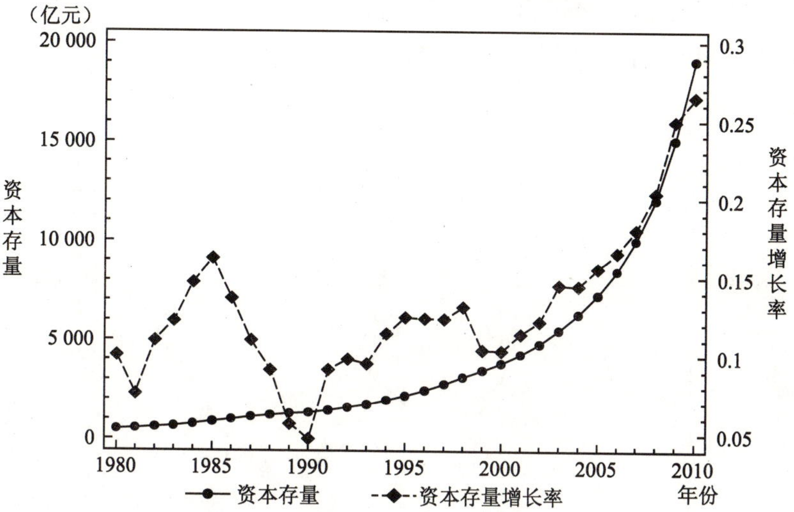

图8.7 天津历年资本存量水平和增长率（1980—2010年）

2. 北京历年资本存量的经验描述

北京的实际资本存量水平由1980年的290.3亿增长至2010年的23 763.3亿，整体增长了80.85倍，且年均资本存量增长率为15.97%。其中，发现2008年的增长率最慢，为7.96%，1987年的增长率最高，为29.58%。进一步考察北京资本存量的发展历程，发现第一阶段（1980—1992年）和第二阶段（1993—2000年）的轨迹总体类似，呈现倒“U”型轨迹，拐点分别为1987年的29.58%和1995年的25.26%，在第一阶段倒“U”型轨迹的左边阶段，北京在改革固定资产投资的主要政策措施有实行分灶吃饭的财政分配体制、积极引入外商直接投资进入建设领域、改进投资计划管理体制等，调动了投资的积极性，但后来受货币、信贷“双紧”政策的影响，投资增速持续降低。在第二阶段，北京市重点推动投资管理由直接调控向间接调控的转变，为各市场主体的投资行为注入新的活力，但后期在宏观收紧政策作用下，投资增速亦有所降低。第三阶段为2001—2010年，北京市努力建立起市场引导投资、企业自主决策、银行独立审贷、融资方式多样、中介服务规范、宏观调控有效的新型投资体制。该阶段的前7年维持在14%左右的高位增长，受国际金融危机影响，2008年的增长率降低了4.9个百分点，受"铁公基"政策刺激，2009年和2010年呈现明显反弹趋势，分别上升了2.2和2.5个百分点。见图8.8。

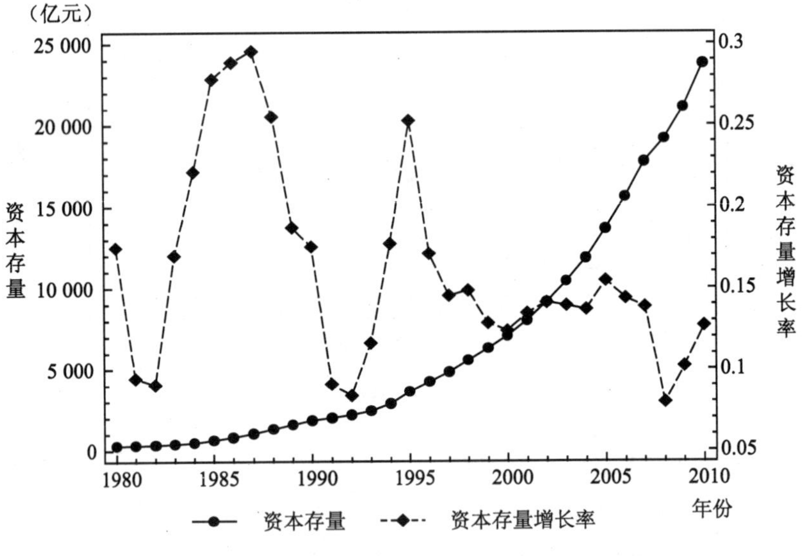

图8.8 北京历年资本存量水平和增长率（1980—2010年）

3. 河北历年资本存量的经验描述

河北的资本存量在1980年时为955.8亿元，一路增长至2010年的38 803.5亿元，整体增长了39.60倍，并维持了年均13.22%的增长率。进一步考察逐年增长率，发现该指标在1981年时最低，为3.13%，在1996年时最高，为19.34%。总体来说，河北资本存量的速度整体呈现波浪式上升趋势，并可进一步划分为三个阶段：第一阶段时间跨度为1980—1990年，受改革时进时退影响，年份间波动较大；第二阶段为1991—2002年，整体呈现倒"U"型，始于1990年的7.60%，加速至1996年19.34%的谷峰后，逐步降低至2002年的11.33%；第三阶段为2003—2010年，该阶段呈现较为平稳上升趋势，年加速幅度为0.5至2个百分点。虽然改革开放以来，河北的资本存量增速整体趋于上升，但近几年的数据表明投资重点维系在制造业、电力燃气及水的生产和供应业、交通运输仓储和邮政业、房地产业等“热门”领域；而投资弱点则在文化体育和娱乐业、居民服务和其他服务业、金融业等领域集中呈现。从而反映出“软性公共产品”及资本市场建设投入不足，而资本蜂拥逐利行为酣畅淋漓，投资结构有待进一步优化。见图8.9。

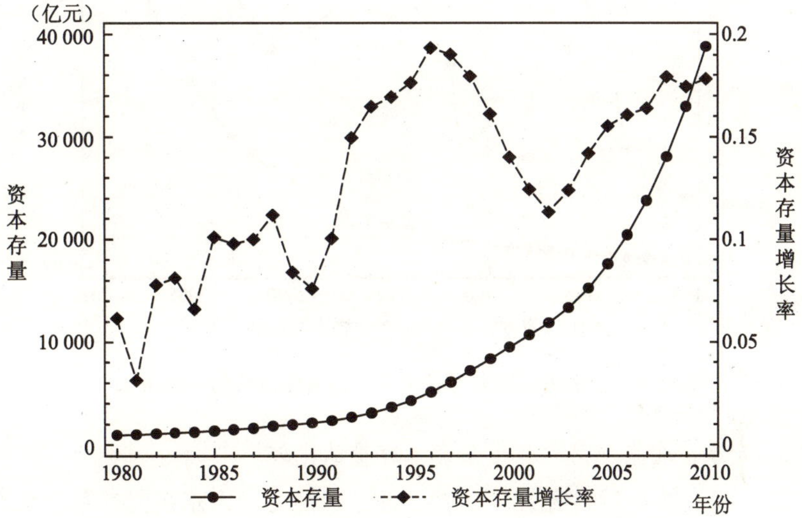

图8.9　河北历年资本存量水平和增长率（1980—2010年）

4. 山东历年资本存量的经验描述

山东在1980年的资本存量为1 155.4亿，2010年该值上升至69 765.8亿，整体增长了59.38倍。过去的三十多年来，山东维持了年均14.68%的资本存量增长率，其中增长速度最快的是2005年的18.85%，最慢的为1990年的8.08%。在1980—1990年的第一阶段，增速先一路上升至15.74%的峰值后降低至8.08%的谷底；在1991—2001年的第二阶段里，增长率先维持了3年的加速增长至峰值的17.99%，然后降低至2001年的14.37%；在2002—2010年的第三阶段，增长率整体呈现“N”型变化轨迹，特别是2010年的增长率逼近历史峰值。展望未来，山东将进一步加大固定资产投资力度，重点投向现代服务业、社会民生和文化建设、农林水利项目建设、高新技术产业、工业结构调整和技术改造、能源工业、交通运输体系建设和城建环保建设八个领域。见图8.10。

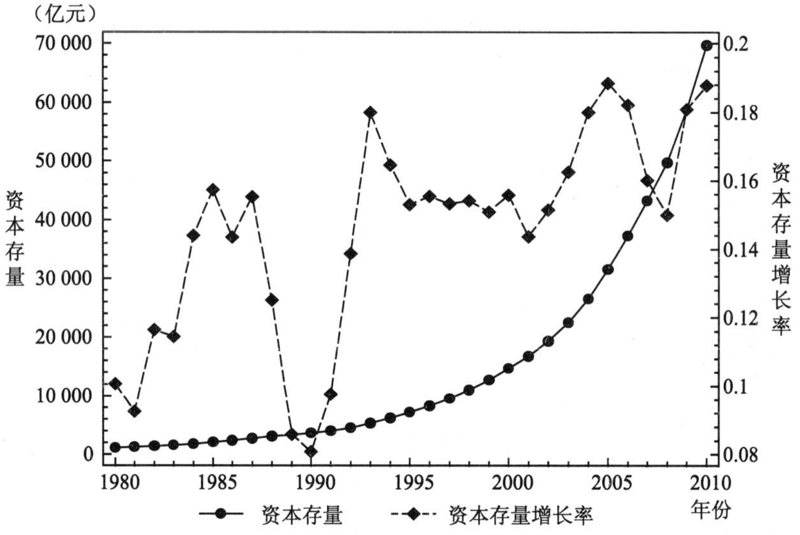

图8.10　山东历年资本存量水平和增长率（1980—2010年）

5. 天津、北京、河北和山东资本存量的比较

图8.11、图8.12中给出了天津、北京、河北和山东在资本存量水平值及增长率的比较图，可以看出，1980年，山东、河北、天津和北京的资本存量比为3.98∶3.29∶1.70∶1，1995年时这一比例关系为1.99∶1.19∶0.61∶1，2010年变更为2.94∶1.63∶0.80∶1。说明北京自1988年首次超越天津以来，先是不断扩大对天津的领先比值，后又呈现不断缩小相对差距的趋势。同时，北京先是在不断缩小与河北、山东的相对差距，但后来又呈现不断扩大的趋势。这都充分说明北京的资本存量在改革初期受区位优势影响吸纳了大量的固定资产投资，促使了初期的更为迅猛的增长率，但后来受经济增长模式调整的影响，逐步由工业经济转向发展现代服务业，在一定程度上降低了资本存量的增长速度，导致其在近十年处于相对低位。不过，总的来说，样本年间年均增长速度由快至慢依次为北京（15.97%）、山东

（14.68%）、河北（13.22%）、天津（13.05%）。

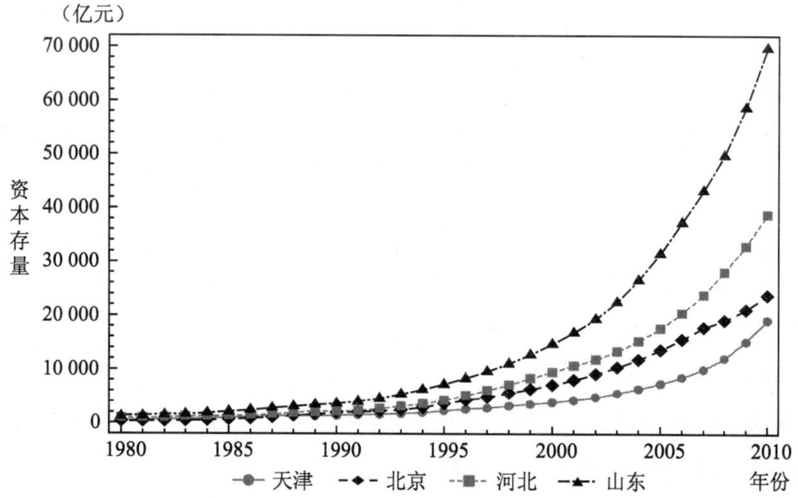

图 8.11　天津、北京、河北和山东历年资本存量的对比（1980—2010 年）

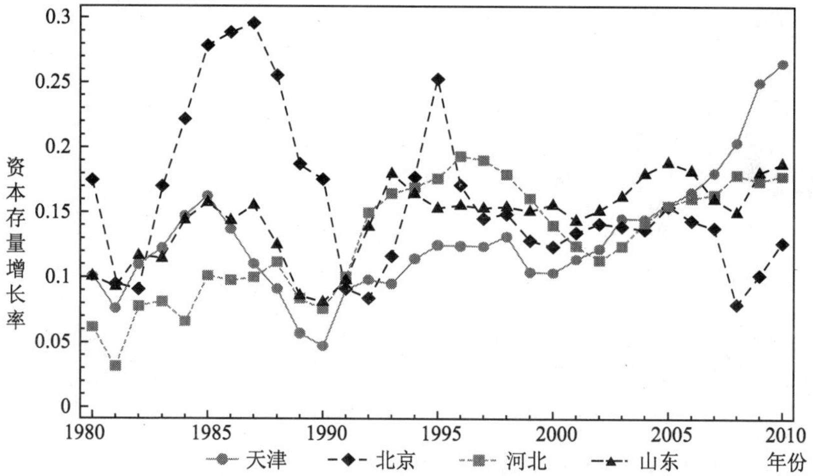

图 8.12　天津、北京、河北和山东历年资本存量增长率的对比（1980—2010 年）

（三）历年从业人员数的经验描述

改革开放初期，天津、北京、河北和山东的从业人员数在全国的排名分别位于第 26、25、7 和 2 名。历经改革三十多年的发展，天津在 2010 年的排名仍均26位，河北和山东的排名同时下降2名，分别降至第9和第4名，北京的排名则上升至21名，增长率更是居于全国首位。

1. 天津历年从业人员数的经验描述

天津在1980年时从业人员数为394.8万，2010年增至520.8万，整体增长了0.32倍。在1980—1997年，从业人员增长率整体趋于波浪式下降，由1980年的3.75%降低至1997年的1.38%，除1988年、1995年和1996年的增长率为负值外，该时间段的其他年份里均为正值，且1997年为该时间段从业人员数的最大值（491.6万）。1998—2002年为从业人员数不断下降的阶段，特别是1998年降低了64.6万，降低幅度为13.14%。自2003年开始，从业人员数迅速上升，由谷底时的427.0万上升至2010年的520.8万。有趣的是，2007年的增长率为-4.78%，2008年金融危机的增长率反而为16.27%。见图8.13。

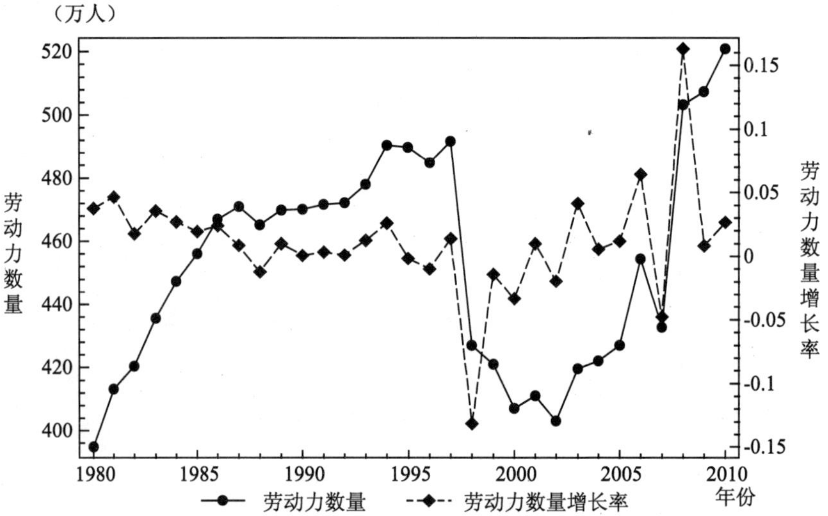

图8.13 天津历年劳动力数量水平和增长率（1980—2010年）

2. 北京历年从业人员的经验描述

北京在1980年的从业人员数为484.2万，2010年增长至1 317.7万，整体增长了1.72倍，并维持了年均3.53%的增长率，增速居于全国首位。样本期内，北京从业人员增长率整体呈现“U”型发展轨迹，1998年之前整体呈现下降趋势，而 1998 年之后则整体趋于上升。1994 年之前的增长率虽然整体趋于下降，但基本为正，因此从业人员数整体不断上升。1995—1999 年的增长率为负，导致从业人员数不断下降，特别是 1998 年的增长率为 -5.57%，使人数降低了 36 万。2000—2010 年是从业人员数快速上升期，由 2000 年的622.0 万上涨至 2010 年的 1 317.7 万，年均增长率高达 8.00%，特别是 2002 年的增长率为谷峰的 26.83%。见图 8.14。

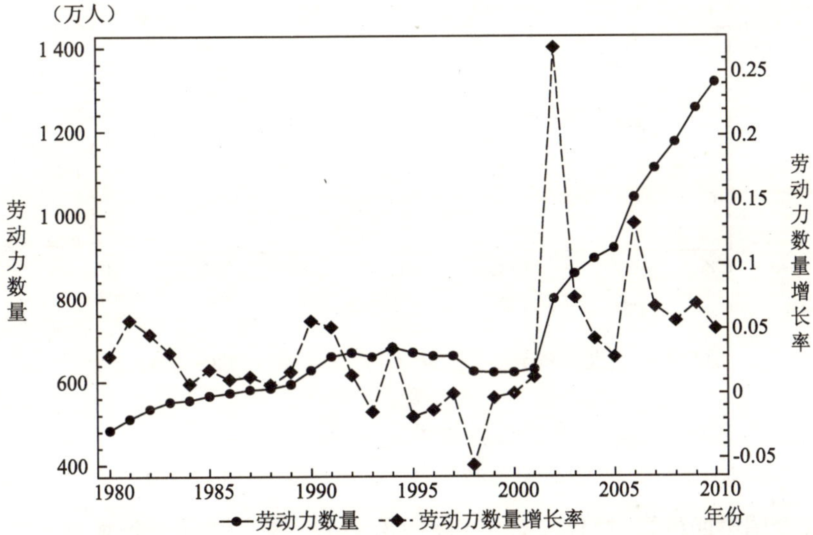

图 8.14　北京历年劳动力数量水平和增长率（1980—2010 年）

3. 河北历年从业人员的经验描述

1980 年，河北的从业人员数为 2 282.8 万，2010 年时上升至 3 790.2 万，整体上升了 0.74 倍，并维持年均 1.88% 的增长率。样本年间，增长率的谷峰为 2009 年的 6.79%，谷底则为 2010 年的 -2.81%。1997 年之前，虽然增长率总体趋于下降，但仍为正值，使得从业人员数量不断上升。1998 年和 1999 年的增长率持续为负，导致从业人员数一共下降了 75 万，之后则进入波浪式增长期，和天津类似，河北在 2007 年呈现了 -0.11% 的增速，2008 年反而呈现了 2.37% 的增速。2010 年，河北从业人员数呈现了改革开放以来的最大的一次负增长，从业人员减少了 109.5

万，降幅高达2.81%。见图8.15。

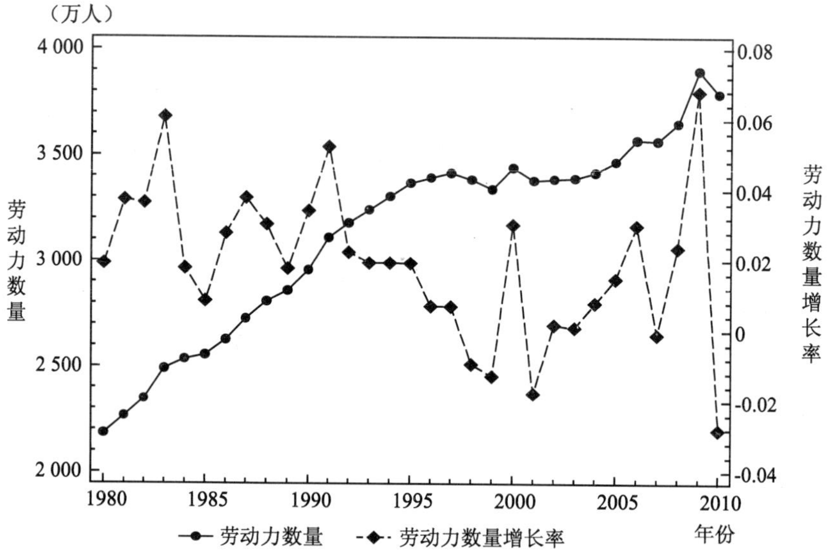

图8.15　河北历年劳动力数量水平和增长率（1980—2010年）

4. 山东历年从业人员的经验描述

山东在1980年的从业人员数为3 118.0万，上升至2010年的5 654.7万（全国第四位），整体增长了0.81倍，虽然增速仅位于全国13位，但增长额度高居全国第三。1980—1992年是增长率变化相对较大的阶段，特别是1983年的16.06%高至谷峰，1984年的-6.10%低至谷底。1985年之后，山东进入了相对平稳的发展期，不过1988年和2000年仍呈现了负增长趋势，分别为-1.06%和-0.79%。2008年金融危机没有给山东的从业人员数带来显著负向影响，增长率仅比上一年下降了0.04个百分点，但仍然增长了90.3万人，而且不像天津、北京和河北在2009年或2010年有一个增速的下滑，山东则在之后两年呈现加速增长的趋势。见图8.16。

5. 天津、北京、河北和山东从业人员数的比较

从图8.17、图8.18中可以看出，天津、北京、河北、山东在1980年的从业人员数分别为394.8万、484.2万、2 282.8万和3 118.0万，2010年分别增至520.8万、1 317.7万、3 790.2万和5 654.7万，分别增长了

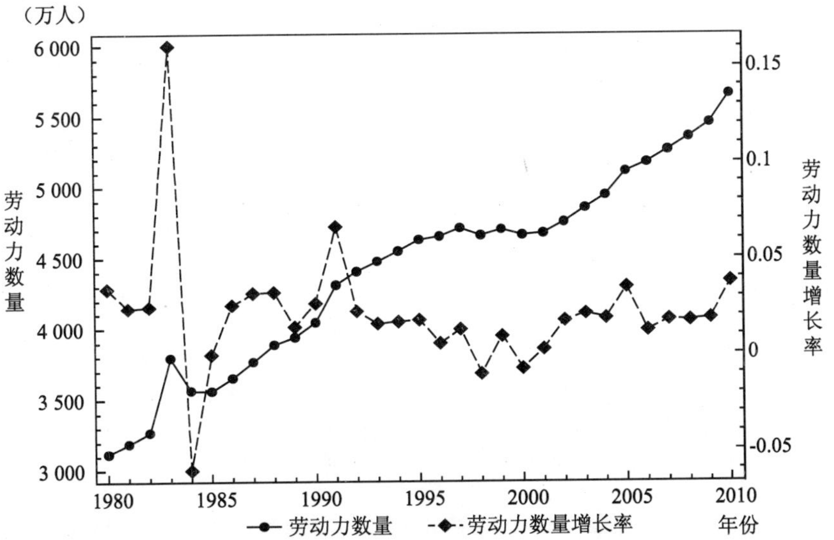

图 8.16　山东历年劳动力数量水平和增长率（1980—2010 年）

0.32、1.72、0.74 和 0.81 倍，从业人员增长分别总计 126.0 万、833.5 万、1 607.4 万和 2 536.7 万。由此可见，北京在样本年间的从业人员数增长倍数最大，且主要发生在 21 世纪以来，这主要受惠于北京的经济结构转型，体现了第三产业在吸纳劳动者就业上的巨大弹性；天津和山东的增长倍数接近，但受经济规模的影响，增长额度相差 900 多万；相对而言，河北的从业人员数增长极为有限，这主要是受其经济水平和产业结构的影响。2000 年之前，北京和天津的增速较慢，而河北和山东相对较快，2001 年之后，山东和北京维持了相对高速增长，天津和河北的增速则相对较慢。

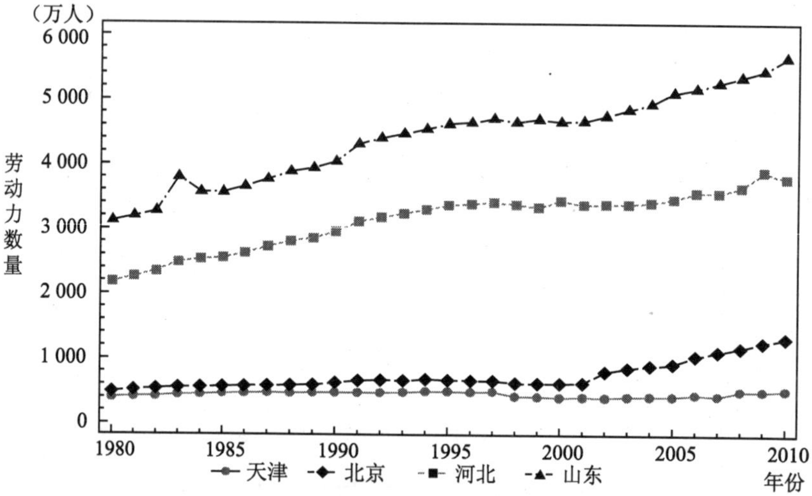

图 8.17　天津、北京、河北和山东历年劳动力数量的对比（1980—2010 年）

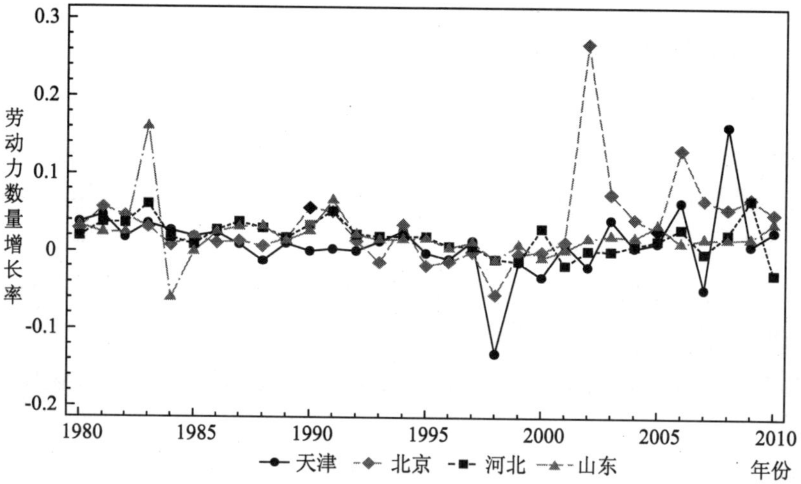

图 8.18　天津、北京、河北和山东历年劳动力数量增长率的对比（1980—2010 年）

二、天津、北京、河北和山东要素贡献率测度及结果分析

（一）资本与劳动边际产出测度结果及分析

上文主要介绍了天津、北京、河北和山东四省市1980—2010年在GDP、资本存量和从业人员数三个指标上的变化轨迹，依据第二章介绍的算法，可以计算出四省市资本要素、劳动要素和TFP要素对经济增长的贡献程度。为了更为全面地进行分析，在下文中，本报告将先对资本与劳动的边际产出情况进行分析，然后分析各省市的TFP具体结果，最后将分析三要素对经济增长的贡献水平。

表8.1、图8.19、图8.20报告了天津、北京、河北和山东四省市历年的资本边际产出和劳动边际产出，通过对比分析可以得到如下结论：

1. 资本的边际产出整体趋于下降，但样本期内的表现形态各异

天津、北京、河北和山东在1981年时的资本边际产出分别为0.488、0.616、0.521和0.549，2010年下降至0.311、0.298、0.326和0.317。由此可见，北京的资本边际产出水平下降最快，由1981年的排名首位逐步降至末位，下降幅度呈现先快后慢的轨迹。河北的资本边际产出在1981—1983年呈现了上涨趋势，之后则呈现了逐步下降趋势。天津在1984年、1990年、1992—1994年和2008年呈现了小幅度上升趋势，其他年份则呈现下降趋势。山东在1991年呈现了小幅度上涨，其他年份全部趋于下降。资本边际产出的变化趋势取决于两类相反力量的对比：正向力量是技术进步和劳动数量增长带来的促进作用，负向力量则是资本增长内涵的边际报酬递减趋势，若前者小于后者，则资本边际产出趋于下降，反之亦然。

2. 劳动的边际产出整体趋于上升，但同步和差异并存

天津、北京、河北和山东的劳动边际产出在1981年时分别为0.194、0.138、0.068和0.062，2010年时增长至3.168、1.514、0.876和0.833，分别增加了15.31、9.94、11.87和12.46倍。容易看出，河北和山东的劳动边际产出变化轨迹高度吻合，基本呈现了同步变化趋势。天津和北京在1981—2001年期间也呈现了同步变化趋势，但2002年之后，天津继续保持了高速增长态势，北京虽在2002年短期下降之后继续呈现上涨趋势，但

增长速度明显降低，和天津之间的差距越发显著。和资本边际产出变化趋势一样，劳动边际产出的变化趋势亦取决于正负两类力量的对比：正向力量是技术进步和资本存量增长带来的促进作用，负向力量则是劳动数量增长内涵的边际报酬递减趋势，很明显，绝大多数年份里，正向力量特别是资本存量快速增长引致的正向促进作用远远大于负向力量，从而导致劳动边际产出趋于上升。

3. 资本的边际产出趋于收敛，而劳动的边际产出趋于发散

本书通过变异系数来考察资本和劳动边际产出的绝对收敛情况。结果显示，资本边际产出的变异系数在1981年时为0.089，2010年时缩小至0.037，整体呈现了显著的收敛趋势，不过在局部阶段呈现了收敛和发散交替出现的态势。而劳动边际产出的变异系数在1981年时为0.543，2010年时增至0.683，整体趋于发散趋势。整个样本期内，天津、北京、河北和山东在劳动边际产出间的差距要明显大于资本边际产出间的差距。

表8.1 天津、北京、河北和山东资本与劳动边际产出变化情况（1981—2010年）

	资本的边际产出				劳动的边际产出			
	天津	北京	河北	山东	天津	北京	河北	山东
1981	0.488	0.616	0.521	0.549	0.194	0.138	0.068	0.062
1982	0.468	0.608	0.532	0.543	0.204	0.144	0.073	0.067
1983	0.454	0.594	0.539	0.543	0.215	0.157	0.077	0.065
1984	0.459	0.572	0.557	0.538	0.241	0.180	0.085	0.077
1985	0.443	0.546	0.557	0.521	0.262	0.208	0.093	0.086
1986	0.421	0.518	0.543	0.501	0.276	0.243	0.098	0.091
1987	0.411	0.489	0.543	0.490	0.296	0.281	0.104	0.099
1988	0.401	0.465	0.542	0.485	0.321	0.323	0.113	0.107
1989	0.389	0.442	0.535	0.475	0.331	0.352	0.120	0.113
1990	0.390	0.419	0.530	0.469	0.353	0.367	0.125	0.120
1991	0.381	0.418	0.529	0.475	0.378	0.384	0.132	0.126
1992	0.383	0.419	0.523	0.473	0.418	0.416	0.145	0.139
1993	0.386	0.415	0.515	0.467	0.458	0.465	0.162	0.156
1994	0.388	0.405	0.504	0.458	0.501	0.509	0.179	0.173

续表

	资本的边际产出				劳动的边际产出			
	天津	北京	河北	山东	天津	北京	河北	山东
1995	0.388	0.380	0.490	0.449	0.563	0.588	0.198	0.191
1996	0.385	0.363	0.473	0.439	0.633	0.657	0.221	0.211
1997	0.381	0.352	0.456	0.429	0.693	0.723	0.247	0.232
1998	0.367	0.341	0.439	0.418	0.854	0.839	0.277	0.260
1999	0.362	0.334	0.423	0.408	0.945	0.928	0.309	0.287
2000	0.357	0.330	0.413	0.398	1.063	1.028	0.332	0.320
2001	0.354	0.326	0.404	0.389	1.163	1.131	0.371	0.354
2002	0.349	0.320	0.399	0.381	1.308	1.012	0.407	0.389
2003	0.347	0.313	0.396	0.374	1.424	1.049	0.452	0.428
2004	0.343	0.313	0.391	0.366	1.594	1.141	0.503	0.475
2005	0.339	0.306	0.385	0.357	1.784	1.240	0.557	0.519
2006	0.337	0.301	0.378	0.348	1.929	1.238	0.609	0.578
2007	0.329	0.302	0.370	0.343	2.289	1.322	0.683	0.640
2008	0.330	0.304	0.354	0.337	2.354	1.382	0.740	0.703
2009	0.320	0.303	0.338	0.328	2.746	1.436	0.767	0.773
2010	0.311	0.298	0.326	0.317	3.168	1.514	0.876	0.833

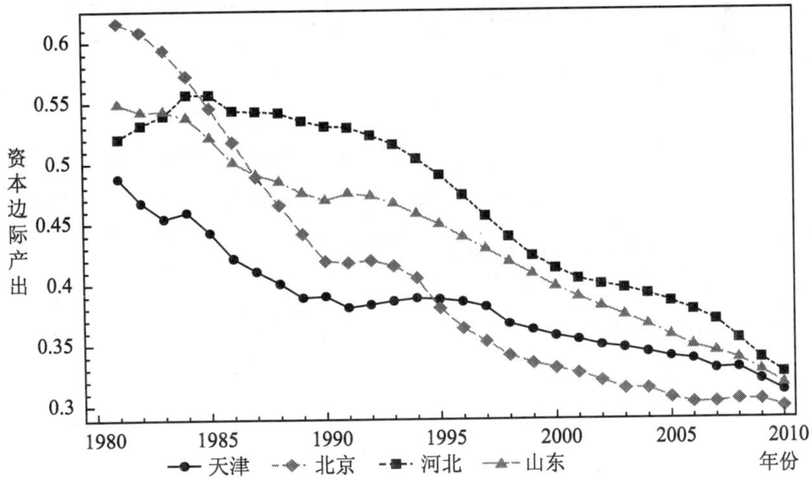

图 8.19　天津、北京、河北和山东历年资本边际产出的对比（1981—2010 年）

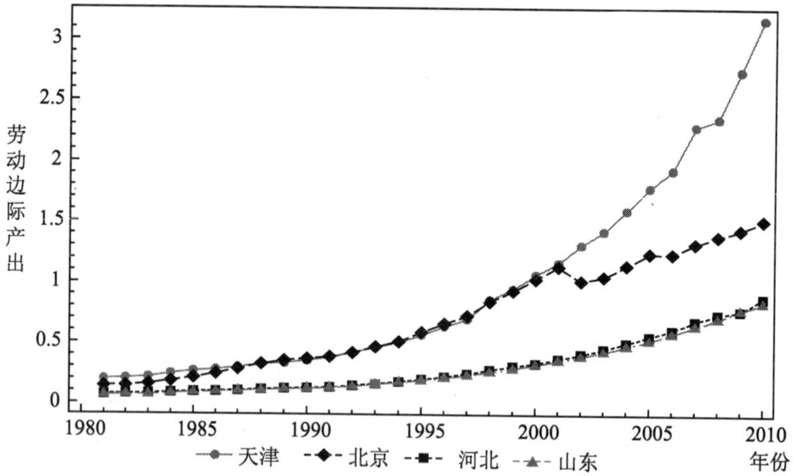

图 8.20　天津、北京、河北和山东历年劳动边际产出的对比（1981—2010 年）

（二）TFP 估计结果及分析

表8.2、图8.21 报告了天津、北京、河北和山东四省市 1981—2010 年 TFP 变动率的结果。可以看出，四个省市在样本年间的变化轨迹上相似和差异并存。其中，河北和山东在 TFP 变动率轨迹上高度相似，绝大多数呈现了一致的变化趋势，无论是 1981—1989 改革不定期的骤起骤落，还是 1990—2000 年的先高涨后降温的倒“U”型轨迹，再或是 2001—2007 年改革引致的平稳高位增长，都呈现了惊人高度吻合性。不过，两省份在面对 2008 年金融危机时的表现并不一致，山东在 2008—2010 年的增长率呈现了相对小幅度的递减趋势，而河北则在呈现两年快速下降后有一个明显的反弹，整体呈深“V”型轨迹。天津在 1981—2000 年的变动率轨迹上和河北及山东呈现了趋势一致性，但增长率要低它们 0.02 个百分点左右，2001 年之后，天津的增长率要比其他省市更平稳，大致维持在 0.01 左右。北京 TFP 变动率的轨迹不同于其他省市，在 1981—1990 年整体呈现倒“U”型趋势，在之后的年份里，整体呈现高低起伏较大的变化趋势。具体到 TFP 变化率的取值上，天津在 1991 年之前大部分年份呈现负增长，之后则全部呈现正增长，年均增速为 0.0063，居于本组省市中的第三位；北京样本年间有 9 年呈现了负增长，且分布较为平均，年均增速为 0.0046，居于本组

末位水平；河北则仅在1981年和2009年两年呈现负增长，且年均增速达0.023 2，居于本组第2，远高于天津和北京；山东的增速最高达到0.047 8，为本组最快，且样本期内全部实现了正增长。因此，虽然天津和北京在TFP绝对水平上要领先河北和山东，但河北和山东在TFP增速上要高于天津和北京，实现了快速逼近的趋势。从总体趋势上来看，各省市在政策环境宽松、经济水平高速增长时，TFP取值往往相对较高，说明技术水平的提升需要稳定的经济基础；但当政策环境收紧、经济水平减速增长期，TFP取值往往相对较低，甚至为负值，表明资金的相对缺乏会让技术水平提升速度受人才流失、配置效率等因素的影响而有所降低。

表8.2 天津、北京、河北和山东历年TFP的估计结果（1981—2010年）

	天津	北京	河北	山东		天津	北京	河北	山东
1981	-0.009 9	-0.003 3	-0.008 5	0.009 5	1996	0.019 3	-0.006 7	0.025 6	0.029 4
1982	-0.020 5	0.000 4	0.043 2	0.027 0	1997	0.010 0	-0.000 9	0.023 1	0.027 7
1983	-0.007 3	0.010 2	0.034 9	0.030 5	1998	0.010 4	0.005 1	0.019 3	0.027 7
1984	0.039 0	0.013 8	0.051 5	0.045 3	1999	0.006 9	0.006 8	0.015 5	0.025 6
1985	-0.005 2	0.012 5	0.031 3	0.022 6	2000	0.009 2	0.012 1	0.015 6	0.026 7
1986	-0.023 8	0.009 5	0.004 1	0.007 4	2001	0.008 0	0.010 3	0.019 0	0.025 6
1987	-0.004 6	0.004 7	0.026 7	0.029 1	2002	0.009 6	-0.024 3	0.023 0	0.028 5
1988	-0.005 4	0.004 4	0.030 5	0.029 0	2003	0.009 3	-0.003 7	0.029 1	0.032 0
1989	-0.020 5	-0.014 3	0.011 7	0.007 5	2004	0.012 4	0.022 4	0.030 0	0.036 1
1990	0.009 7	-0.022 1	0.011 0	0.011 5	2005	0.010 4	0.004 0	0.028 8	0.033 7
1991	-0.006 0	0.009 1	0.024 2	0.040 2	2006	0.008 3	-0.002 1	0.026 5	0.035 4
1992	0.025 2	0.020 6	0.033 5	0.041 9	2007	0.013 6	0.021 8	0.026 7	0.036 2
1993	0.023 8	0.016 5	0.036 7	0.047 8	2008	0.005 8	0.015 8	0.007 6	0.031 3
1994	0.023 6	0.008 2	0.029 4	0.035 8	2009	0.009 4	0.010 1	-0.001 6	0.028 0
1995	0.023 2	-0.006 0	0.027 0	0.032 4	2010	0.006 2	0.001 9	0.020 6	0.024 5

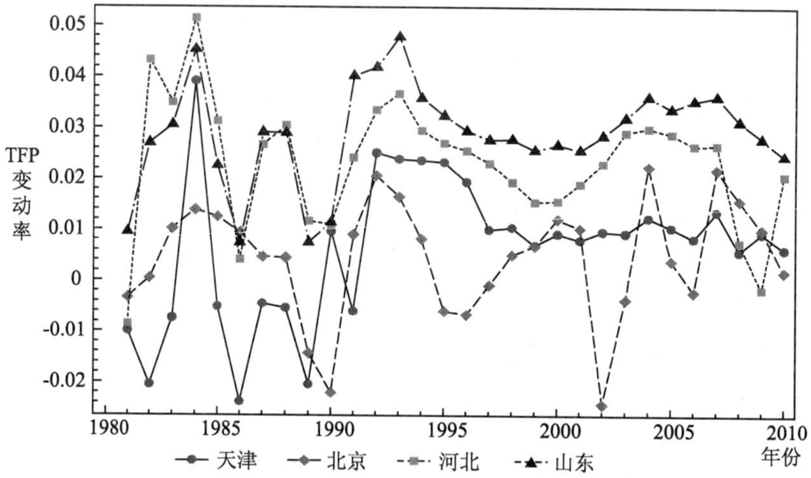

图 8.21 天津、北京、河北和山东历年 TFP 的对比（1981—2010 年）

（三）天津、北京、河北和山东各要素对经济增长的贡献率分析

根据第二章的方法我们计算了改革以来六个五年计划阶段物质资本、劳动力和 TFP 对天津、北京、河北和山东四省市经济增长的贡献情况，具体结果列于表 8.3 之中。同时，我们做出各要素对经济增长贡献率的相关折线图，一方面为了更为直观地考察各要素贡献率的变动轨迹，另一方面也是为了更好地展现我国经济增长的动力转换过程。

表 8.3 天津、北京、河北和山东各要素对经济增长的贡献率（1981—2010 年）

		1981—1985	1986—1990	1991—1995	1996—2000	2001—2005	2006—2010
天津	资本	76.74%	112.14%	83.11%	89.38%	78.30%	84.96%
	劳动	5.85%	2.45%	2.21%	-9.39%	1.84%	5.15%
	TFP	17.41%	-14.59%	14.68%	20.01%	19.86%	9.89%
北京	资本	90.50%	100.47%	92.19%	85.50%	70.80%	75.22%
	劳动	6.30%	3.13%	2.72%	-2.63%	11.58%	13.46%
	TFP	3.20%	-3.60%	5.09%	17.13%	17.62%	11.32%
河北	资本	55.04%	81.63%	73.19%	110.72%	90.63%	115.34%
	劳动	7.75%	8.55%	4.47%	0.93%	0.33%	3.55%
	TFP	37.21%	9.82%	22.34%	-11.64%	9.04%	-18.90%

续表

		1981—1985	1986—1990	1991—1995	1996—2000	2001—2005	2006—2010
山东	资本	73.89%	98.30%	58.92%	90.17%	87.29%	93.95%
	劳动	4.89%	6.27%	3.37%	0.26%	2.59%	2.68%
	TFP	21.22%	-4.57%	37.71%	9.57%	10.12%	3.37%

由表8.3和图8.22—8.25的内容可以得出以下四点认识：

第一，资本要素是天津、北京、河北和山东四省市经济增长的最主要动力来源，但具体变化轨迹有所差异。样本年间，天津、北京、河北和山东四省市的资本要素对经济增长的贡献率大幅高于劳动和TFP。其中，虽然天津市资本要素对经济增长的贡献率在第二和第三阶段有较大幅度的波动，但在之后的阶段里，趋于平稳在80%的贡献率上下小幅波动，整体均值为87.44%，注意到1986—1990年第二阶段时，资本的贡献率达112.14%，粗放式经济增长模式不言自明。北京市资本要素对经济增长的贡献率局部有升降整体趋于下降，均值为85.78%，北京和天津一样在第二阶段时资本要素贡献率高达100%以上。河北省和山东省资本要素对经济增长的贡献率呈现波浪式上升趋势，均值分别为87.76%和83.75%，相对而言，河北资本要素贡献率的上升幅度更大，由第一阶段的55.04%上升至第六阶段的115.34%，而山东则由第一阶段的73.89%上升至第六阶段的93.95%。整体来看，除北京的资本要素贡献率有所降低外，本组其他省市均有所上升或高位徘徊，虽然资本大量投入的趋势尚有一段时期的持续能力，但是随着能源、矿产等要素价格的提高及资本边际产出能力的持续性降低，投资拉动的持续性必将面临着越来越大的挑战。

第二，劳动投入对天津、北京、河北和山东四省市经济增长的贡献率最低，且变化相对平稳。天津市劳动要素对经济增长的贡献率整体在低位徘徊，均值为1.35%，且前四个阶段整体趋于不断下降趋势，第四阶段降低至负值，虽然劳动力的边际产出能力不断上升，但国有企业改革导致的大量失业问题使劳动要素对经济增长的贡献率降为负值，从而部分体现了人口红利的消亡过程。第五和第六阶段趋于上升，但贡献率水平也仅为5.15%。北京劳动要素对经济增长的贡献率变化轨迹和天津基本一致，前四个阶段亦呈现不断降低趋势，且在第四阶段呈现负值情况，并自第五阶段开始，劳动要素的贡献率呈现拉升趋势，整个样本年期的均值居于本组首位，为5.76%。河北和山东劳动要素对经济增长的贡献率变化轨迹和天津与北京不同，它们在第二阶段呈现了拉升趋势，并在之后的阶段呈现了先降低后上升的趋势，不过河北在第六阶段才呈现了拉升趋势，而山东在第五阶段便趋于上升，均值分别为4.26%和3.34%。

第三，TFP对天津、北京、河北和山东四省市经济增长的贡献率居中，变化趋势差异和相似并存。在变化轨迹上，天津、北京和山东均呈现了先下降、后上升、最后下降的趋势，均值分别为11.21%、8.46%和12.90%。不同的地方在于，天津和北京的拉升幅度较小，但持续了两个阶段，山东的拉升幅度较大，但仅持续了一个阶段。河北TFP贡献率整体呈现了波浪式下降趋势，均值为7.98%，排名居于本组末位。关注到，天津、北京和山东在第二阶段的TFP贡献率取负值，说明20世纪80年代后期的经济收缩政策影响了TFP对经济增长的贡献水平。河北TFP贡献率在第四和第六阶段取负值，说明90年代后期和近几年的经济收缩政策也限制了TFP在促进经济增长方面的作用。虽然四省市TFP贡献率均值水平高于劳动要素贡献率的均值水平，但相对于资本要素的贡献率而言，仍然相对较低，说明四省市的经济增长主要由资本大量投入引致的，未能真正实现集约型经济增长模式。

第四，在经济增长的动力来源上，天津、北京、河北和山东四省市存在不同程度的动力转换现象。考察四省市经济增长的三个动力来源，发现具备如下几个特征：（1）虽然整个样本期资本要素是最重要的推动力，且均值水平较为接近，分别达87.44%、85.78%、87.76%和83.75%，但北京、天津和山东的水平趋于上升，河北趋于下降。（2）资本要素和TFP对经济增长的动力大小呈现角力的格局，即此消彼长的态势。（3）1991—1995年和2001—2005年的经济高速发展期，资本要素的贡献率往往趋于下降，TFP的贡献率趋于上升；1986—1990年的经济降温期，资本要素的贡献率往往趋于上升，TFP的贡献率则趋于下降，但1996—2000年的降温期，四省市未呈现统一的变化轨迹。（4）劳动要素对经济增长的动力作用较为平稳，除北京总体呈小幅上升趋势外，其他省市均呈现不同程度的下降趋势。

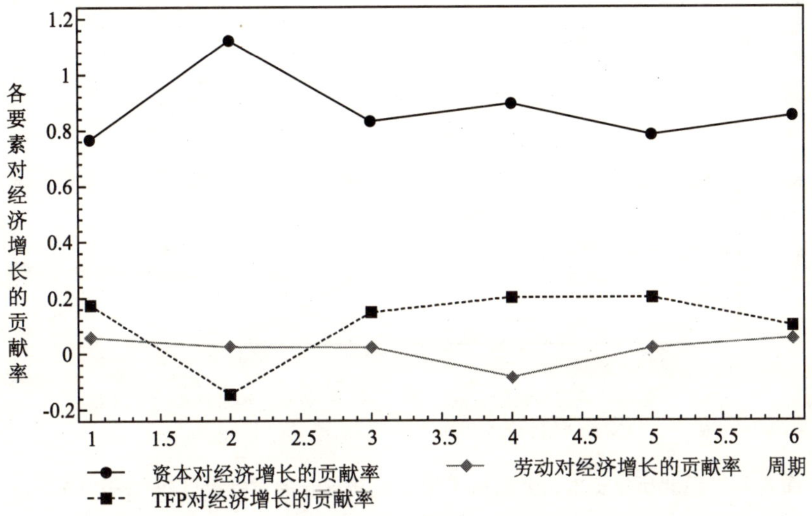

图 8.22　天津历年资本、劳动和 TFP 对经济增长的贡献率（1981—2010 年）

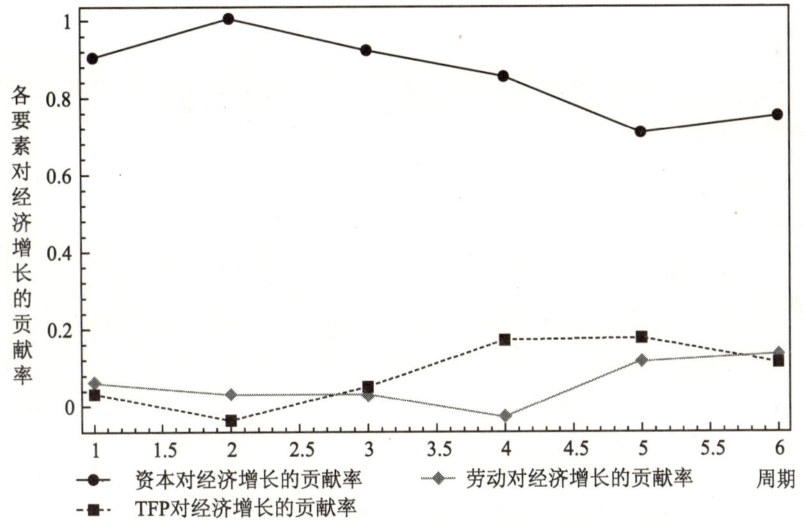

图 8.23　北京历年资本、劳动和 TFP 对经济增长的贡献率（1981—2010 年）

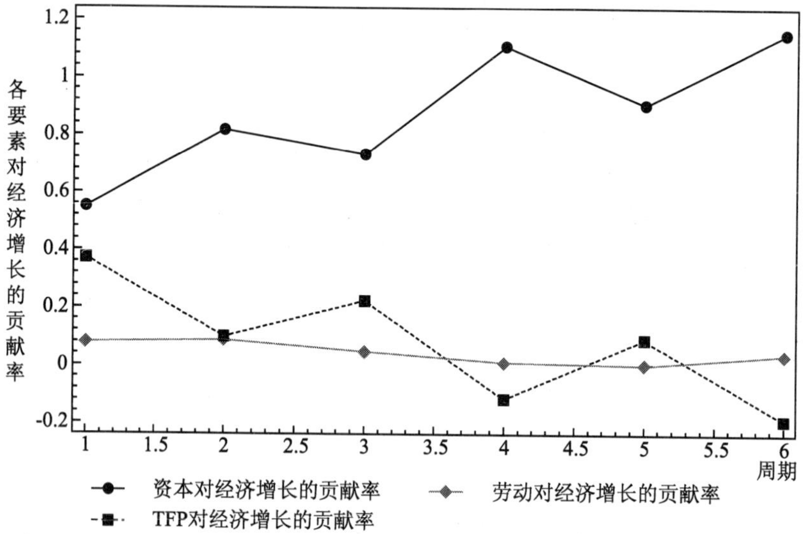

图 8.24 河北历年资本、劳动和 TFP 对经济增长的贡献率（1981—2010 年）

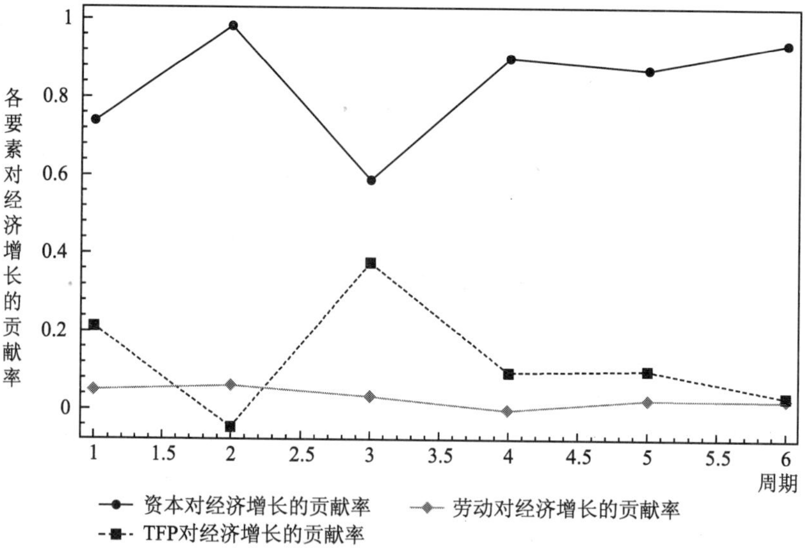

图 8.25 山东历年资本、劳动和 TFP 对经济增长的贡献率（1981—2010 年）

本章在描述天津、北京、河北和山东改革开放以来在 GDP、资本存量和从业人员数的基本情况后，先考察了资本和劳动的边际产出情况，然后分析了 TFP 的估算结果，并重点分析了各要素对经济增长的贡献率情况。我们发现，各要素对经济增长的贡献率由大至小依次为资本、TFP 和劳动，且 TFP 的贡献率均值依次为 11.21%、8.46%、7.98%和 12.90%，从而表明四省市的经济增长更多是由资本大量投入引致的。随着资源要素价格的提高及资本边际产出能力的持续性降低，资本的贡献率必将趋于降低，只有通过技术进步的不断提升、技术效率的不断改进和产业结构的不断优化，才能为经济的持续增长带来持久的动力。

第九章　中部五省要素贡献率测度与分析

一、安徽、江西、河南、湖南和湖北要素投入与产出的经验描述

（一）历年产出的经验描述

改革开放初期，安徽、江西、河南、湖南和湖北的GDP水平居于全国中等偏上水平，1980年时，五省份的排名分别位于全国第14、19、8、9和11位。历经改革开放30多年的发展，2010年时，河南和湖北的排名有所上升，分别升至第6和10位，江西和湖南的排名有所下降，分别降至第19和12位，而安徽的排名则保持不变。

1. 安徽历年产出的经验描述

改革开放以来，安徽经济获得迅猛发展，实际GDP由1980年的371.6亿上升至2010年的9 346.6亿，整体增长了24.15倍，并维持了年均11.47%的增长率。其中，1993年获得了21.00%谷峰增长率，1991年则获得了样本年间的唯一一个负增长率（-0.90%）。总的来说，安徽GDP发展历程可以分为三个阶段：第一阶段是1980—1991年，该阶段的经济增长率受改革时进时退的影响呈现骤起骤落的趋势；第二阶段是1992—1999年，增速呈现“倒U型”特征，该阶段始于1991年-0.90%的谷底，但邓小平同志南方重要讲话的发表和党的十四大的召开，给安徽省工业经济注入了新活力，企业改革不断深化，现代企业制度试点稳步推进，乡镇工业异军突起，使GDP增速狂增至1993年21.00%的谷峰。在亚洲金融危机和国内需求不足的严峻挑战下，安徽省经济发展遭遇瓶颈。为此，安徽省以“七个一批”等政策措施为抓手，确保经济平稳回落。第三阶段为2000—2010年，该阶段整体呈现波浪式上升趋势，波动幅度和前两个阶段相比有明显收缩。在该阶段，安徽以工业化为核心，加快经济结构升级，深化企业三项制度改革，推进企业并购重组，并全面实施“861”行动计划，

加快重大项目建设，着力培育了一批在国内有地位、具有国际竞争力的大公司、大集团，发展了一大批“专、精、特、新”的中小企业集群。见图 9.1。

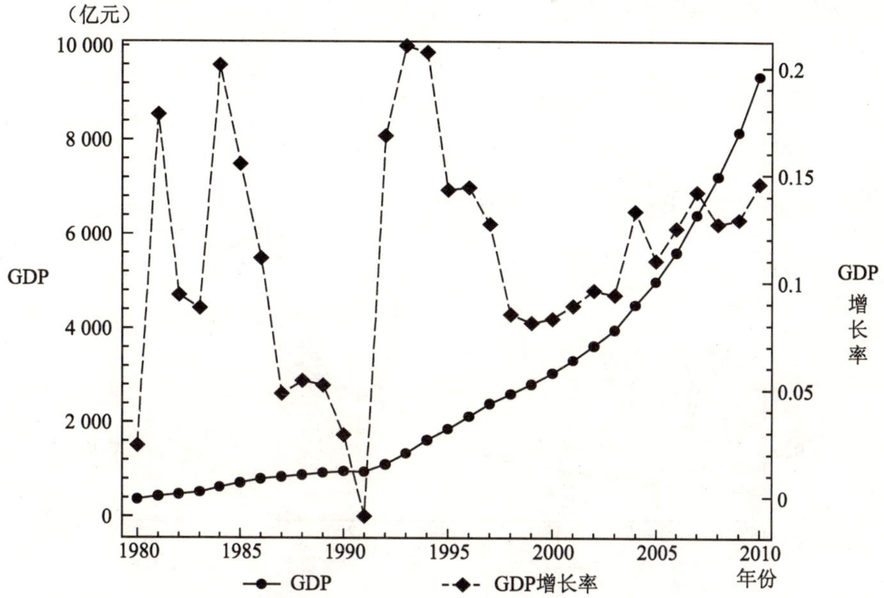

图 9.1　安徽历年 GDP 水平和增长率（1980—2010 年）

2. 江西历年产出的经验描述

1980 年，江西的实际 GDP 水平为 283.3 亿，2010 年增长至 6 447.1 亿，整体增长了 21.75 倍，年均增长率高达 11.03%。进一步考察逐年的增长率，发现 1994 实现了 17.00% 的最大增长速度，1980 年的增长速度则相对最慢，但依然有 4.20%。根据增长率的特点，样本期可以分成三个阶段：第一阶段为 1980—1990 年，该阶段的经济增速和其他省份一样受改革时进时退的影响呈现出骤起骤落的特征，波动性较大。第二阶段是 1991—1999 年，整体呈现高位拉升又不断下降的倒“U”型特征，特别是 1992 年邓小平同志发表南方重要讲话以后，江西掀起了新一轮解放思想的热潮，提出“思想更解放一点、胆子更大一点、政策放得更宽一点，使经济发展得更快点”的方针政策。第三阶段是 2001—2010 年，针对第二阶段末趋于降低的 GDP 增长率，江西在坚持“三个基地、一个后化园”战略定位的基础上，先后组织代表团赴广东、上海、江苏、浙江和福建等地虚心求教，招商引资，对接长珠闽，融入全球化，全面提高对外开放水平，为保证 GDP 平稳高速增长注入活力。见图 9.2。

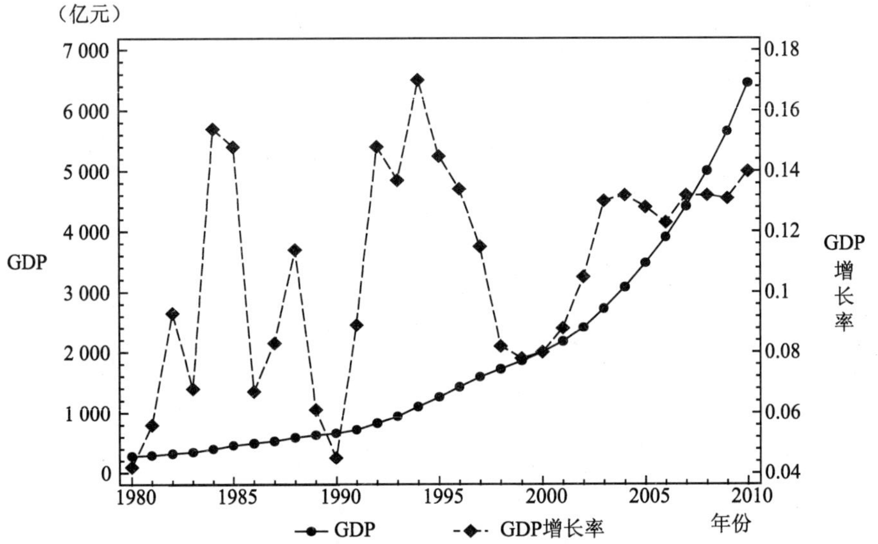

图 9.2　江西历年 GDP 水平和增长率（1980—2010 年）

3. 河南历年产出的经验描述

经济总量排名全国第 5 的河南在 1980 年时 GDP 仅为 690.3 亿，2010 年攀升至 16 161.5 亿，整体增长了 22.41 倍，并保持了年均 11.16% 的增长率。样本期内，1983 年的 23.80% 为历史峰值，1982 年的 4.30% 则为历史谷底。河南在 1980—1989 年的第一阶段与其他省份类似，呈现波动性极大的变化趋势，特别是 1983 年增长率增加了 19.5 个百分点，较为罕见。在 1990—1999 年的第二阶段，增长率呈现“M”型变化趋势，相对于上一阶段，该阶段的波动区间和年份波动幅度有明显收缩。在该阶段，自 1992 年邓小平南方重要讲话发表后，给河南发出了明确的信号，使河南的工业经济逐步从僵化的计划经济中解脱出来。如“118 工程”和股份制改革等为“八五”期间河南经济的加速增长奠定了基础，针对“九五”期间凸显的国企困境，河南政府颁布了被人们称作是促进该省非公经济发展的“一号文件”，客观上为河南经济“软着陆”保驾护航。进入 21 世纪，河南经济步入第三阶段。主要围绕产业结构调整，国有企业加快战略重组步伐，对优势产业和大企业集团的培育力度进一步加大；民营企业借力资本市场，脱颖而出，争相崛起，从而使“十五”期间的 GDP 增长率呈现快速上升的趋势，虽然受 2008 年金融危机的影响有两年的减速行为，但 2010 年已经成功回暖。见图 9.3。

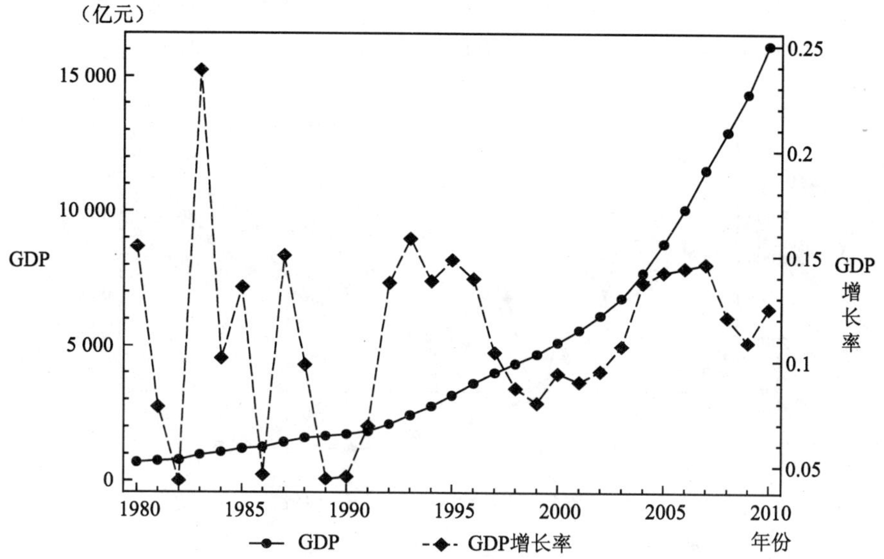

图 9.3　河南历年 GDP 水平和增长率（1980—2010 年）

4. 湖南历年产出的经验描述

湖南省的实际 GDP 由 1980 年的 642.0 亿上升至 2010 年的 11 640.8 亿，整体增长了 17.13 倍，并维持了年均 10.18% 的增长率，其中，2007 年的 15.00% 为历史谷峰，1989 年的 3.60% 则为历史谷底。30 多年来，湖南省在工业、农业和第三产业均有长足发展。党的十一届三中全会拉开我国农村改革的序幕后，湖南农业稳步发展，特别是 2004—2007 年，中央连续发布 4 个“一号文件”，湖南农业基础地位进一步加强。作为农业大省，湖南工业基础虽相对薄弱，但湖南通过工业企业制度改革、加大投入、调整结构、推进企业技术进步、扩大产品市场，特别是通过“一化三基”战略的确立，保障了工业经济的快速增长。至于第三产业的发展也相当迅猛，特别是金融保险业、交通运输仓储和邮政业、房地产业均保持了年均两位数的高位增长。在经济发展历程上，1980—1989 年为第一阶段，该阶段在达到局部峰值（12.00%）后趋于降低至历史谷底；1990—1999 年为第二阶段，该阶段呈现“M”型演化趋势，1993 年的局部峰值（13.10%）略高于第一阶段的对应值；2000—2010 年为第三阶段，该阶段在 2008 年之前一直呈现加速增长趋势，受金融危机影响有两年的减速期，但 2010 年有所调整，增速逼近历史峰值。见图 9.4。

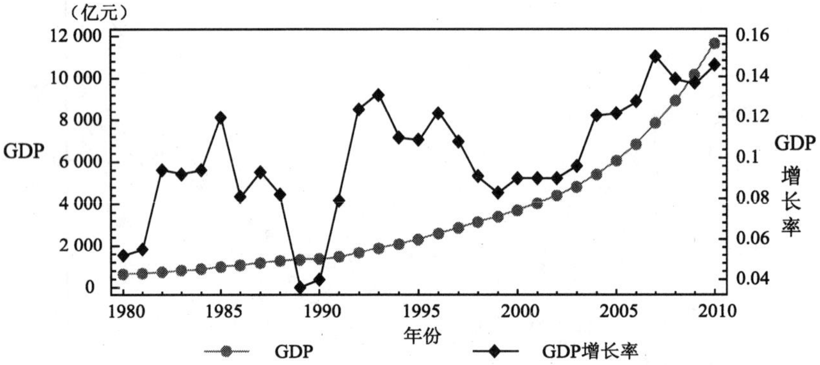

图 9.4　湖南历年 GDP 水平和增长率（1980—2010 年）

5. 湖北历年产出的经验描述

湖北在 1980 年时 GDP 仅为 581.7 亿，2010 年攀升至 13 329.7 亿，整体增长了 21.92 倍，并保持了年均 11.07% 的增长率。进一步考察逐年增长率，发现 1984 年的 20.90% 为历史峰值，1989 年的 4.50% 则为历史谷底。湖北的经济发展历程也呈现明显的三阶段特征：在 1980—1989 年的第一阶段，呈现增速骤起骤落的特征，特别是 1984 年的增速比 1983 年提升了 15 个百分点之多；在 1990—1999 年的第二阶段，呈现倒“U”型趋势，局部峰值为 1994 年的 15.20%；在 2000—2010 年的第三阶段，增速在 2001—2007 年维持了平稳上升趋势，在 2008 年金融危机影响下有个两年的减速期，但 2010 年有所回暖。值得一提的是，进入 21 世纪以来，湖北抢抓促进中部地区崛起的重大战略机遇，进一步深化改革，扩大开放，加速推进经济社会各项事业全面发展。2007 年，湖北省更是明确提出了今后五年的奋斗目标。在未来，湖北省将围绕构建促进中部崛起的重要战略支点，加快实施“一带两圈”战略，在继续推进武汉城市圈“两型社会”试验区建设的同时，加快构建鄂西生态文化旅游圈，推进湖北长江经济带新一轮开放开发，形成“一带两圈、双轮驱动”的区域发展新格局。

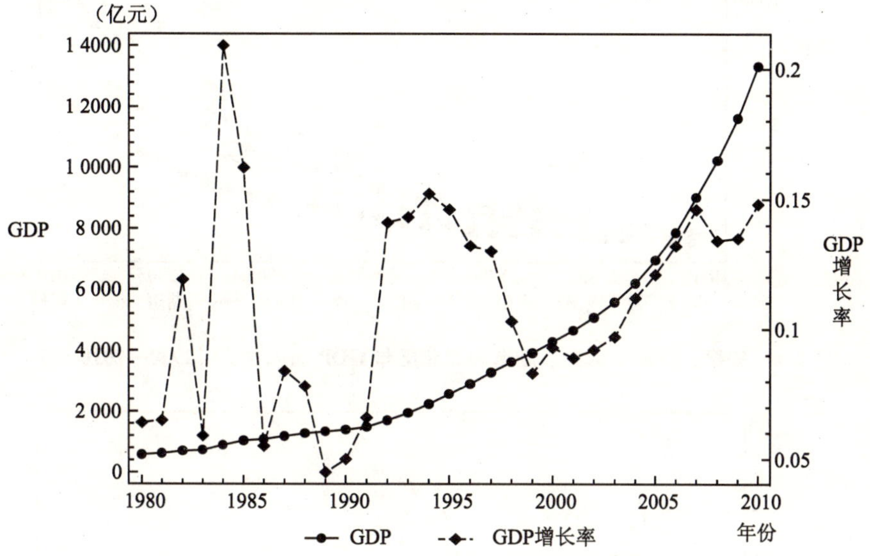

图 9.5　湖北历年 GDP 水平和增长率（1980—2010 年）

6. 安徽、江西、河南、湖南和湖北产出的比较

从图 9.6、图 9.7 中可以看出，安徽、江西、河南、湖南和湖北在 1980 年的实际 GDP 水平分别为 371.6 亿、283.3 亿、690.3 亿、642.0 亿和 581.7 亿，截至 2010 年，五省份分别增长了 24.15 倍、21.75 倍、22.41 倍、17.13 倍和 21.92 倍。从变异系数来看，未在中原 5 省 GDP 水平上发现绝对收敛的趋势，整体呈现发散状态，但 GDP 增长率在样本年间呈现明显的收敛趋同态势，这说明五省份的经济增长轨迹主要受到国家宏观政策的影响，在国家政策的主导下，各省份结合自身特点积极响应，虽然具体措施并不相同，但最终呈现了类似的增速演变轨迹。收敛的增长率说明中原五省在 GDP 之间的差距将会越来越大，相对落后的省份必须拥有更快的增长率才能在绝对水平上不断逼近领先省份。

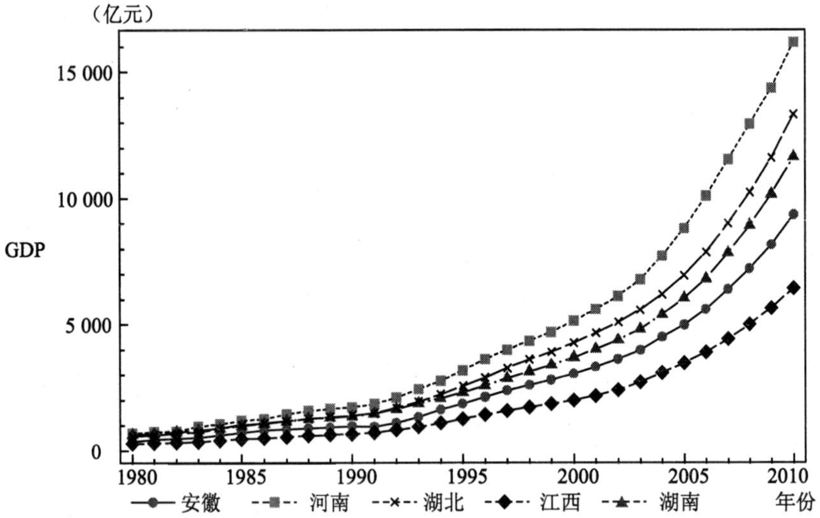

图 9.6　安徽、江西、河南、湖南和湖北历年 GDP 值的对比（1980—2010 年）

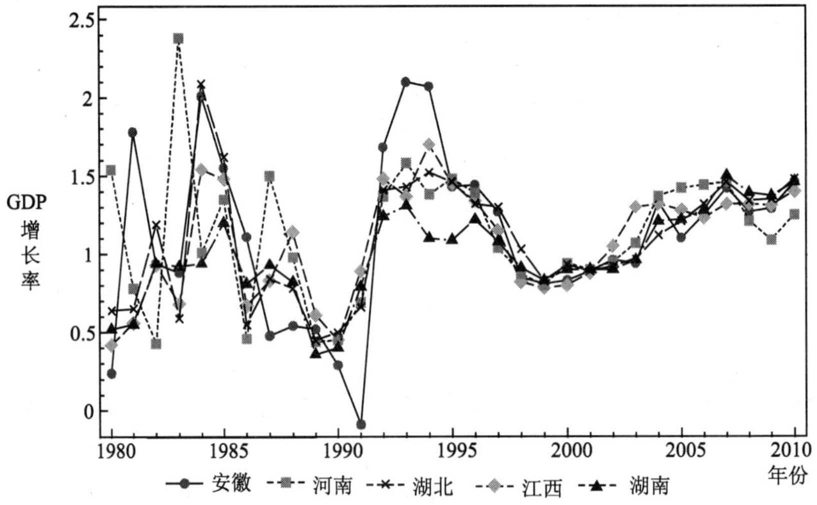

图 9.7　安徽、江西、河南、湖南和湖北历年 GDP 增长率的对比（1980—2010 年）

（二）历年资本存量的经验描述

在资本存量的总量水平上，1980 年时，湖南和河南的全国排名分别为第 5 和第 6 名，湖北和安徽的排名分别位于第 12 和第 13 名，江西排名相对较低，位于全国第20名。2010年，河南和湖北排名均上升一位分别至全国第5和11位，湖南、安徽和江西的排名均不同程度下降，分别位于全国第13、17和23名。

1. 安徽历年资本存量的经验描述

基于张军（2004）的算法，安徽资本存量由1980年的638.8亿元增长至2010年的20 446.4亿元，整体增长了31.01倍，并维持了年均12.37%的增长率。具体考察逐年增长率，发现1981年1.65%的增速为历史谷底，1985年23.09%的增速则为历史谷峰。可以将安徽资本存量的发展历程分成三个阶段：第一阶段（1980—1991年）和第二阶段（1992—2000年）的变化轨迹均呈现倒“U”型，两个阶段的峰值分别为1985年的23.09%和1995年的13.34%，第一阶段的变化幅度明显较大，该阶段时，安徽处于典型的“短缺经济”阶段，投资需求份额变化复杂，投资规模有扩有收，投资增幅变化明显；第二阶段时安徽经济逐渐摆脱了短缺经济的困扰，实现了从卖方市场向买方市场的历史性过渡，投资需求扩张明显，投资增长起落分明，特别是1992年邓小平同志南方重要讲话发表后，安徽兴起了新一轮投资建设热潮，后来在国家宏观调控作用下逐步回落；第三阶段（2001—2010年）由“软着陆”时的9.18%逐步上升至2010年的19.78%，其中，在“十五”期间，安徽作出了实施“861”行动计划的重大决策，建设八大产业基地和六大基础工程，着力提升产业层次，投资规模持续扩大，“十一五”期间，安徽坚持“在发展中调控，在调控中发展”，初步摆脱了历次宏观调控中“下落快、降幅大、恢复晚、爬坡慢”的不良循环，实现了逆势而上的历史性突破。见图9.8。

2. 江西历年资本存量的经验描述

江西的实际资本存量水平由1980年的469.9亿增长至2010年的15 918.5亿，整体增长了32.88倍，略高于安徽，且年均资本存量增长率为12.54%的。通过考察逐年的增长率，发现1988年的增长率最慢，为3.78%，而2003年的19.84%则为历史峰值。江西在资本存量发展历程的第一阶段（1980—1991年）的波动性较大，体现改革初期时进时退的时代特征；第二阶段（1992—2000年）的轨迹呈现“M”型，始于1991年的

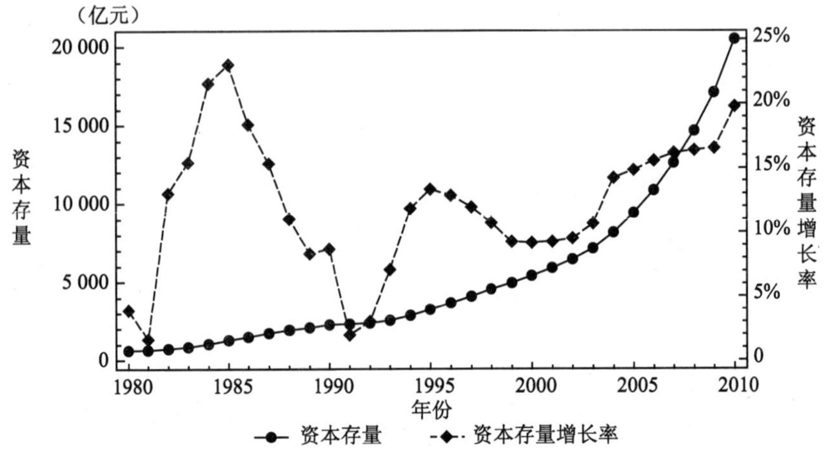

图 9.8　安徽历年资本存量水平和增长率（1980—2010 年）

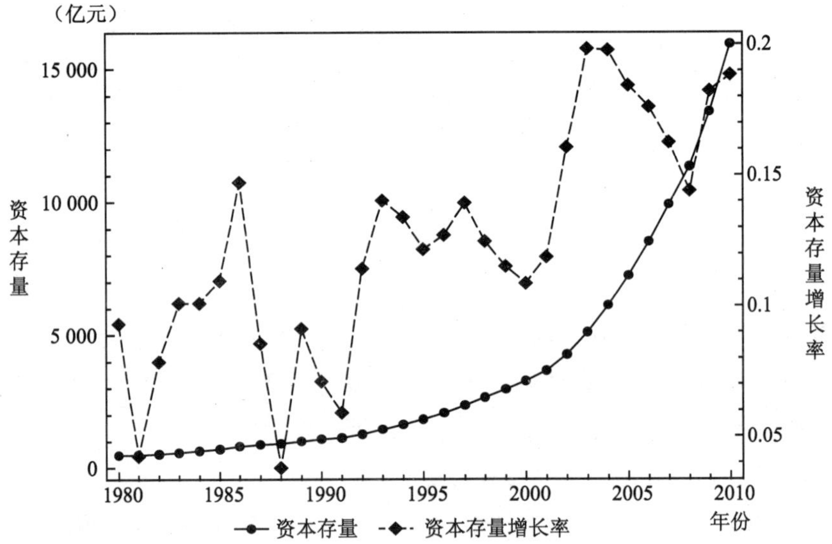

图 9.9　江西历年资本存量水平和增长率（1980—2010 年）

5.91%，在 1993 年和 1997 年实现两次局部谷峰，并于 2000 年软着陆于 10.87%的水平；第三阶段（2001—2010 年）整体呈现“N”型轨迹，其中第一个拐点为历史峰值，而第二个拐点则为 2008 年 14.41%的局部谷底。据发达国家和地区以往的经验，一个国家或地区经济从落后到先进，必然经历一个高固投率（固定资本形成总额占 GDP 的比重）阶段，时间约持续 30 年，固投率维持在 35% ~45%。江西自 2002 年开始进入高固投率阶段（基本保持在 45% ~55% 的高位），而同期 GDP 年均增速近 13%。从而表明，江西经济已经进入持续高增长的强势阶段，并还将延续 20 年左右，是江西未来实现跨越发展、进位赶超的黄金期。见图 9.9。

3. 河南历年资本存量的经验描述

河南的实际资本存量由 1980 年的 978.7 亿增加至 2010 年的46 506.9 亿，整体上升了 46.52 倍，并在样本年间维持了年均 13.83% 的增长率，其中，1981 年7.18% 的增速为历史谷底，2010 年 24.39% 的增速则为历史最高。在发展历程上，1980—1990 年为第一阶段，受改革政策影响整体波动性较大；1991—2001 年为第二阶段，该阶段始于 1990 年 7.60% 的局部谷底，增长至 1996 年的 14.75%，并于次年开始下降，一直降低至 2001 年的 11.26%；2002—2010 年为第三阶段，该阶段除 2008 年略有减速以外，其他年份全部均在不同程度上实现了加速增长，特别是 2010 年的增长率更是创历史纪录。特别是“十六大”以来，河南紧紧抓住国家促进中部崛起的重大历史机遇，充分发挥河南的区位优势和资源优势，积极实施“工业带动”、“项目带动”战略，着力加大工业投资力度，通过工业投资结构的调整实现工业内部结构的调整，一系列措施的实施有力地推动了全省的工业化进程，推动了河南省工业投资在规模、结构、效益等方面不断迈上新的台阶。见图 9.10。

4. 湖南历年资本存量的经验描述

湖南在 1980 年的资本存量为 1 034.3 亿，远高于中部其他省份，2010 年该值上升至 24 382.6 亿，整体增长了 22.57 倍。过去的三十多年来，湖南的年均增长率为 11.20% 的，其中增长速度最快的是 2010 年的 21.91%，最慢的为 1990 年的 2.02%。湖南在第一阶段（1980—1990 年）的特征明显。骤起骤落，波动较大；但湖南在第二阶段和第三阶段的临界点并不明确，自 1997—2002 年始终保持在 11% ~12% 的增速。“十一五”以来，湖南省努力改善投资环境，不断拓宽投资渠道，千方百计扩大投入，深入推

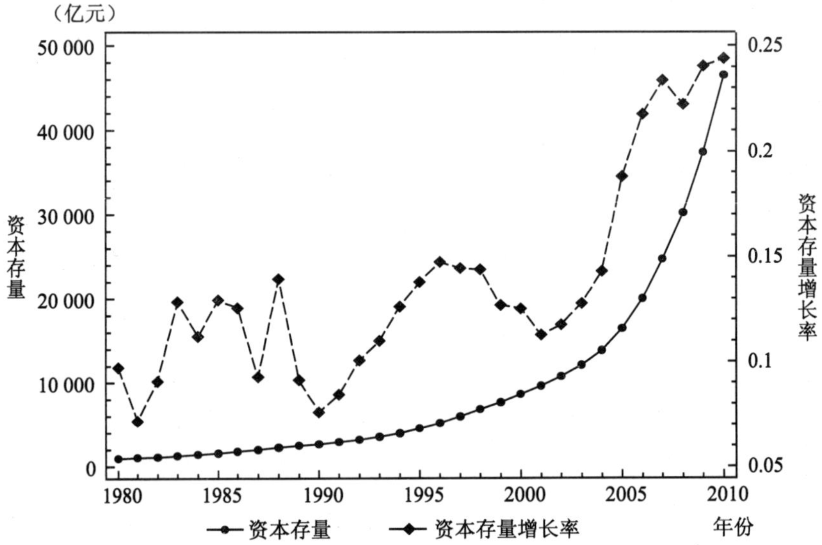

图 9.10　河南历年资本存量水平和增长率（1980—2010 年）

进“一化三基”进程，有力促进了全省经济社会又好又快发展。特别是在应对国际金融危机过程中，抢抓国家实施积极财政政策和适度宽松货币政策的重大机遇，调动一切力量抓投资，开工建设了一批事关长远的重大项目，实现了投资跨越式增长。“十二五”时期，全省固定资产投资将围绕产业优化升级、改善基础设施条件、优化生态环境、强化民生保障、提高自主创新能力五个方面进行全面推进。见图 9. 11。

5. 湖北历年资本存量的经验描述

1980 年，湖北的实际资本存量为 642. 0 亿，2010 年增加至 26 208. 4 亿，整体上升了 39. 82 倍，并在样本年间维持了年均 13. 27% 的增长率，其中，1981 年 0. 89% 的增速为历史谷底，2001 年 21. 44% 的增速则为历史最高。在发展历程上，1980—1989 年为第一阶段，该阶段的增速呈现“M”型，但即便是局部峰值在样本期亦属历史较低水平。1991—2000 年为第二阶段，该阶段始于 1989 年 5. 59% 的局部谷底，增长至 1996 年的 18. 60%，并于 1997 年开始降温，一直降低至 2000 年的 14. 24%。2001—2010 年为第三阶段，该阶段最初猛增了 4 个百分点，达历史 21. 44% 的谷

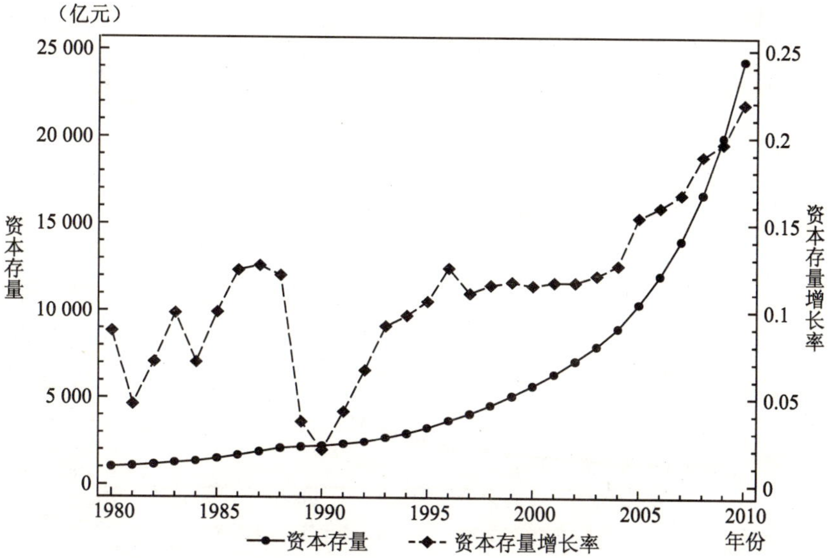

图 9.11　湖南历年资本存量水平和增长率（1980—2010 年）

峰，随后便降低至 17.00% 的平稳速度，2008 年受金融危机影响降低了 1.3 个百分点，之后则迎来连续两年的加速于 2010 年达到 20.11% 的增长率。整个“十一五”期间，湖北省主要投资投向基础设施领域，如三峡工程、南水北调中线工程及汉江中下游治理工程、高速公路和高铁、武汉新港等。而在“十二五”期间，湖北将围绕加快转变发展方式，着力调整投资结构，引导投资重点投向现代农业、先进制造业、现代服务业、战略性新兴产业、生态环境保护和社会事业等重点产业。见图 9.12。

6. 安徽、江西、河南、湖南和湖北资本存量的比较

图 9.13、图 9.14 为中原五省资本存量水平值及增长率的比较图，可以看出，1980 年，中原 5 省资本存量由高至低依次为：湖南（1 034.3 亿）、河南（978.7 亿）、湖北（642.0 亿）、安徽（638.8 亿）和江西（469.9 亿），该指标在 2010 年由高至低则依次为：河南（46 506.9 亿）、湖北（26 208.4 亿）、湖南（24 382.6 亿）、安徽（20 446.4 亿）和江西（15 918.5 亿），可见湖南期初的领先优势并未保持反被河南和湖北超越。虽然在增长速度上，中原 5 省整体变化趋势趋于一致，但在历史谷底和谷

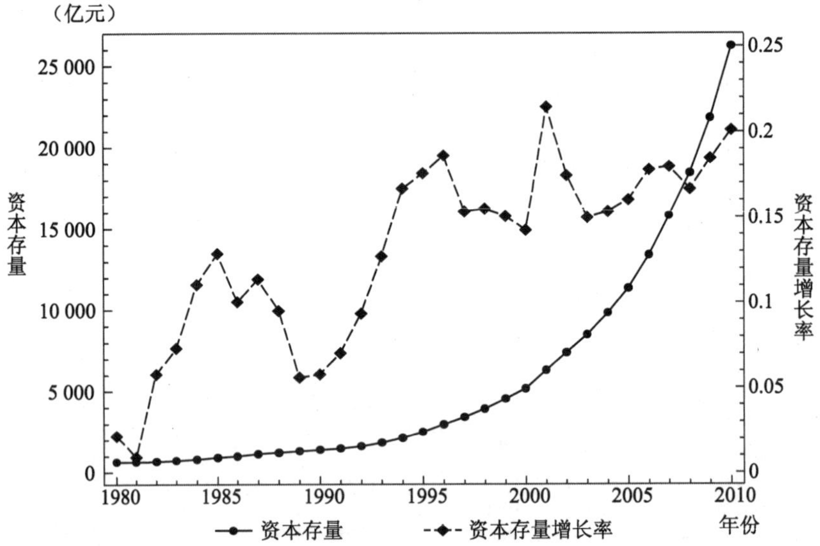

图 9.12　湖北历年资本存量水平和增长率（1980—2010 年）

峰的年份上有较大差异，年均增速由快至慢依次为：河南（13.83%）、湖北（13.27%）、江西（12.54%）、安徽（12.37）和湖南（11.20%）。虽然引致资本存量高速增长的动力主要集中在工业化基地和基础设施领域，但河南更偏好于工业领域的投资，而湖北则主要投资了基础设施领域。

（三）历年从业人员数的经验描述

改革开放初期，安徽、江西、河南、湖南和湖北的从业人员数在全国的排名分别位于第 8、14、3、5 和 9 名。历经改革三十多年的洗礼，2010 年时，安徽和江西从业人员数的排名保持不变，河南的排名上升一位至全国第 2 名，湖南和湖北则分别下降一位至全国第 6 和 10 名。

1. 安徽历年从业人员数的经验描述

安徽在 1980 年时从业人员数为 2 002.1 万，2010 年增至 3 846.8 万，整体增长了 0.92 倍。在 1980—1997 里，从业人员增长率整体趋于波浪式下降，由 1980 年的 4.24% 降低至 1997 年的 2.33%，虽然增长率趋于下降但全部为正，使得从业人员数增长快速上升，受国企改革影响，1998 年增长率首次降为负值，为 -0.32%，使人数降低了 10.7 万。1999—2008 年

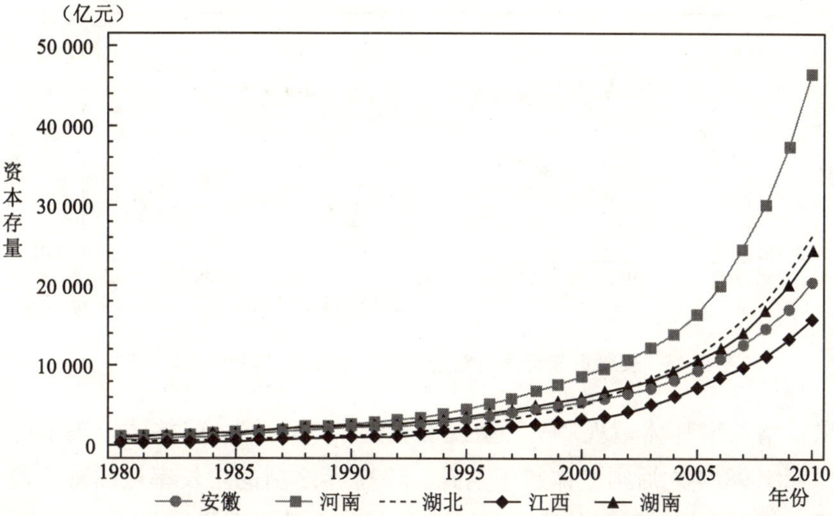

图 9.13　安徽、江西、河南、湖南和湖北历年资本存量的对比（1980—2010 年）

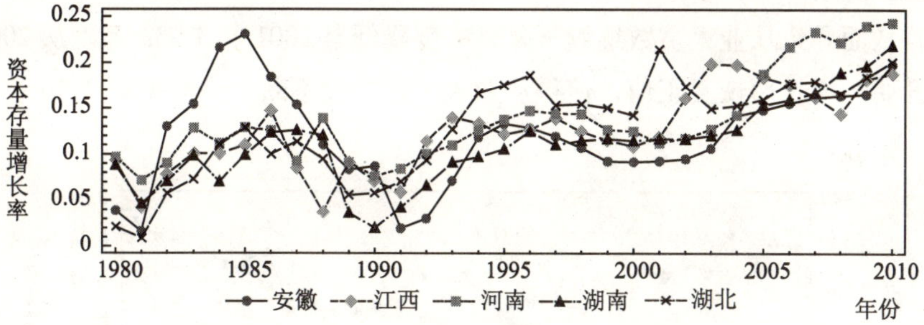

图 9.14　安徽、江西、河南、湖南和湖北历年资本存量增长率的对比（1980—2010 年）

增长率上下波动较大，但从业人员数总体仍趋于上升，但该阶段的斜率明显比上一阶段平缓。2009 年和 2010 年，增长率快速提升了 2.73 个和 1.61 个百分点，使这两年从业人员数增长幅度较以前有大幅度上升。见图 9.15。

2. 江西历年从业人员数的经验描述

江西在 1980 年的从业人员数为 1 356.3 万，2010 年增长至 2 306.1 万，整体增长了 0.70 倍，并维持了年均 1.81% 的增长率。样本期内，江西从

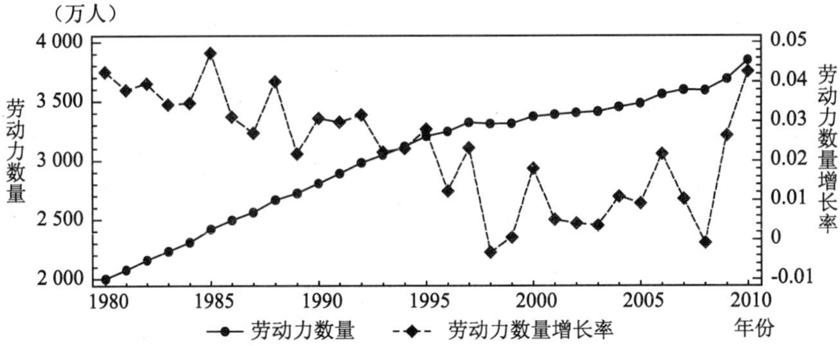

图 9.15　安徽历年劳动力数量水平和增长率（1980—2010 年）

业人员增长率整体呈现“V”型发展轨迹，1998 年之前整体呈现下降趋势，而 1998 年之后则整体趋于上升。1997 年之前的增长率虽然整体趋于下降，但均为正，因此从业人员数整体不断上升，由起始年的 1 356. 3 万增长至 1997 年的 20 77. 7 万。1998 年的增长率降至 -5. 14%，导致从业人员数下降了 106. 7 万，1999—2001 年的增长率虽然有所上升，但仍为负值，从而导致从业人员数继续下降，一度降低至 2001 年 1 933 万。从 2002 年开始，增长率恢复正值，使得从业人员数持续不断上升。见图 9. 16。

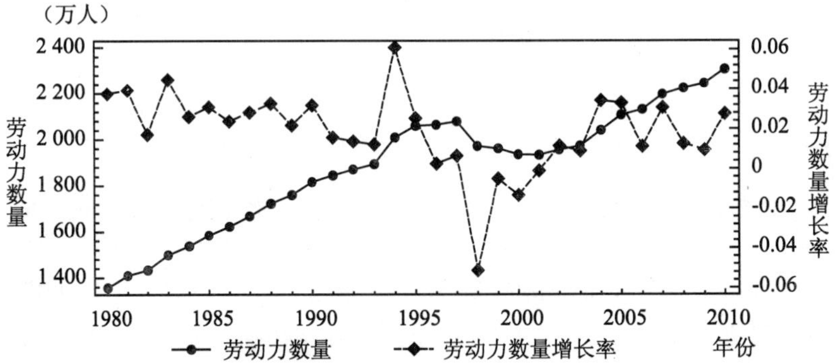

图 9.16　江西历年劳动力数量水平和增长率（1980—2010 年）

3. 河南历年从业人员数的经验描述

1980 年，河南的从业人员数为 2 929. 0 万，2010 年时上升至 6 041. 6 万（居于全国第 2 名），整体上升了 1. 06 倍，虽然增长幅度仅位居全国第

8，但增长额度位居全国第2，仅次于四川和重庆之和。样本期内，从业人员数增长率的谷峰为2000年7.05%，谷底则为随后一年的-0.99%。总的来看，河南在2000年之前的增速相对较快，年均增速3.28%，2001年则呈现了8.04个百分点的骤降，使从业人员数减少了55.0万，但之后的年份增长率恢复正值，并趋于波浪式不断上升，年均增速为1.02%，使从业人员数由2001年的5 517.0万增至2010年的6 041.6万。见图9.17。

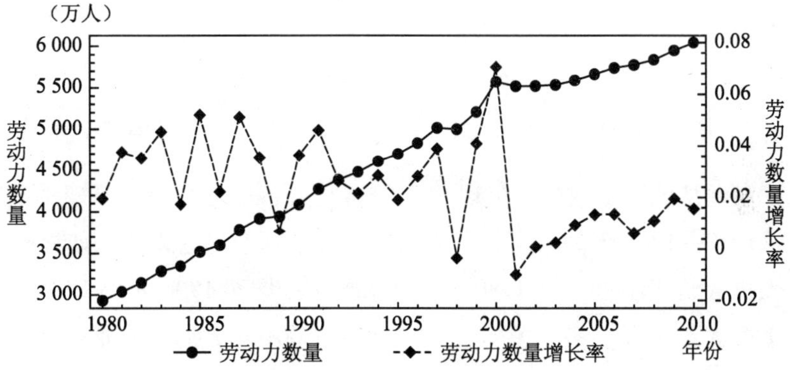

图9.17 河南历年劳动力数量水平和增长率（1980—2010年）

4. 湖南历年从业人员数的经验描述

湖南在1980年的从业人员数为2 400.0万，2010年增长至4 007.8万，整体增长了0.67倍，并维持了年均1.73%的增长率。样本期内，湖南从业人员数整体呈现“～”型趋势，而增长率则呈现“V”型轨迹。1980—1997年间，增长率趋于波浪式下降但均为正值，故此阶段的从业人员数趋于上升，由1980年的2 400.0万增长至1997年的3 590.7万，平均增速为2.40%，高于整体水平。1998—2001年的增长率为负，导致从业人员数在该阶段不断下降，共降低了151.7万。自2002年始，增长率恢复正值，从业人员数开始持续增长，年均增速为1.72%，低于1980—1997年的平均水平。见图9.18。

5. 湖北历年从业人员数的经验描述

湖北在1980年时从业人员数为1 986.9万，2010年增至3 116.5万，整体增长了0.57倍，年均增速为1.53%。和湖南的发展轨迹类似，样本

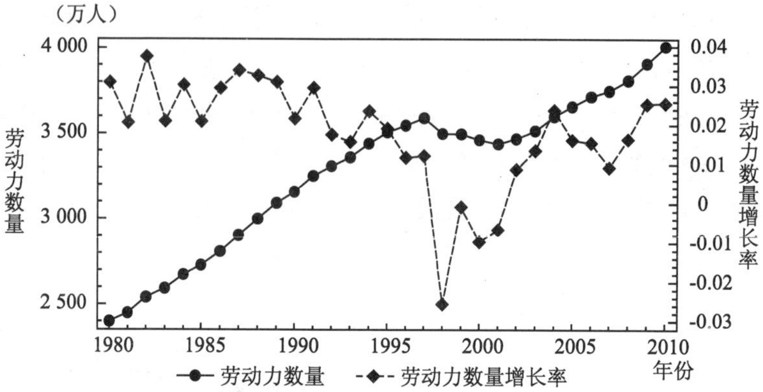

图 9.18 湖南历年劳动力数量水平和增长率（1980—2010 年）

期内，湖北从业人员数整体呈现“～”型趋势，而增长率则呈现“V”型轨迹。1980—1995 年间，增长率趋于波浪式下降但均为正值，使该阶段的从业人员数趋于上升，由 1980 年的 1 986.9 万增至 1995 年的 2 707.0 万，平均增速为 2.09%，高于整体水平。1996—2001 年，湖北从业人员数逐步进入不断下降阶段，共减少了 255 万。自 2002 年开始，湖北增长率恢复正值，从业人员数趋于不断上升，年均增速达 2.71%。见图 9.19。

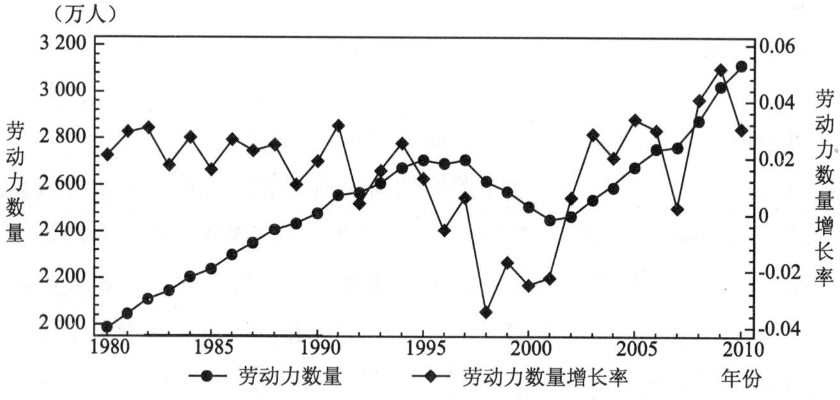

图 9.19 湖北历年劳动力数量水平和增长率（1980—2010 年）

6. 安徽、江西、河南、湖南和湖北从业人员数的比较

从图 9.20 中可以看出，安徽、江西、河南、湖南和湖北在 1980 年的从业人员数分别为 2 002.1 万、1 356.3 万、2 929.0 万、2 400.0 万和

1 986.9万，2010 年分别增至 3 846.8 万、2 306.1 万、6 041.6 万、4 007.8 万和 3 116.5 万，分别增长了 0.92、0.70、1.06、0.67 和 0.57 倍，从业人员增长分别总计 1 844.7 万、949.8 万、3 112.6 万、1 607.8 万和 1 129.8 万。由此可见，河南在从业人员增速和额度上均处于领先地位，在吸纳劳动力方面发挥了重要作用，这在一定层面上是由于河南人口增长相对较快促成的。总的来说，中部五省在从业人员增长率上的轨迹基本一致，除河南的排名在样本年间上升一位外，其他省份的排名均有所下降或维持不变，这在一定程度上说明这些省份的经济水平相对落后，虽近十年有中部崛起计划的刺激，但劳动者更倾向于到邻近发达省份就业。见图 9.20、图 9.21。

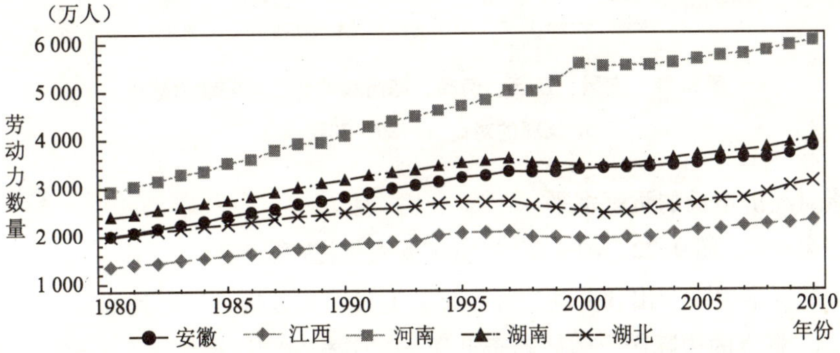

图 9.20　安徽、江西、河南、湖南和湖北历年劳动力数量的对比（1980—2010 年）

二、安徽、江西、河南、湖南和湖北要素贡献率测度及结果分析

（一）资本与劳动边际产出测度结果及分析

上文主要介绍了安徽、江西、河南、湖南和湖北五省 1980—2010 年在 GDP、资本存量和从业人员数三个指标上的变化轨迹，依据第二章介绍的算法，可以计算出五省份资本要素、劳动要素和 TFP 要素对经济增长的贡献程度。为了更为全面地进行分析，在下文中，本书将先对资本与劳动的边际产出情况进行分析，然后分析各省份的 TFP 具体结果，最后将分析三

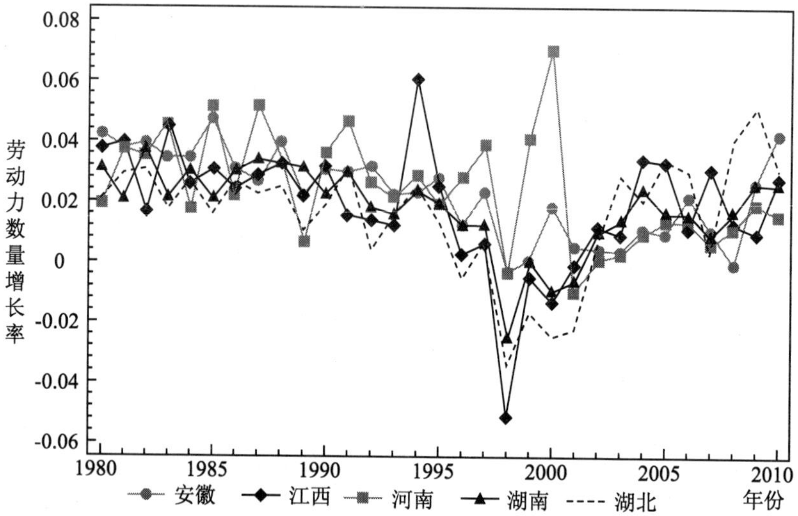

图 9.21　安徽、江西、河南、湖南和湖北历年劳动力数量增长率的对比（1980—2010 年）

要素对经济增长的贡献水平。

表 9.1、图 9.22、图 9.23 报告了安徽、江西、河南、湖南和湖北五省历年的资本边际产出和劳动边际产出，通过对比分析可以得到如下结论：

1. 资本的边际产出整体趋于下降，但样本期内均有局部上升经历。安徽、江西、河南、湖南和湖北在 1981 年时的资本边际产出分别为 0.555、0.528、0.547、0.504 和 0.656，2010 年下降至 0.382、0.359、0.286、0.386 和 0.389。具体到下降轨迹上，湖北下降的速度最快，且整个样本期内变化较为平稳，只在 1991 年有小幅度上涨趋势；安徽的下降趋势较为复杂，1980—1991 年呈现快速下降趋势，1992—1996 年则呈现上涨趋势，特别是 1992—1994 年的上涨幅度惊人，1998 年之后则呈现了平稳下降趋势。江西、河南和湖南在 1995 年之前的变化轨迹呈现波浪式下降趋势，部分年份有上涨趋势，1996 年以后则呈现了平稳下降趋势。之所以出现资本边际产出上下波动的趋势，原因在于资本存量的快速上升虽然降低了自身的边际报酬，但技术进步和劳动量的上升起到了部分弥补甚至超越的现象，两类力量的非平稳角力导致了资本边际报酬的不平稳变化。

2. 劳动的边际产出整体趋于上升，且变化趋于同步。安徽、江西、河南、湖南和湖北的劳动边际产出在 1981 年时分别为 0.059、0.065、0.057、0.065 和 0.071，2010 年时增长至 0.663、0.830、0.565、0.729 和 0.968，分别增加了 10.23、11.73、8.88、10.16 和 12.70 倍。虽然湖北的增长速度快于其他省份，但中原五省在劳动边际产出的变化轨迹上整体趋于同步，均是在 1995 年之前呈现相对较慢的上涨趋势，之后则呈现相对较快的上升格局。探究劳动边际产出变化轨迹的内在原因，亦是来源于两类力度的综合对比：一类是劳动量上升引致的自身报酬递减这一负向作用；另一类则是技术进步和资本存量上升对劳动边际报酬增加的正向影响。

3. 资本边际产出存在发散与收敛交替变化的趋势，而劳动的边际产出整体趋于发散。本书通过变异系数来考察资本和劳动边际产出的绝对收敛情况。结果表明，资本边际产出的变异系数存在上下波动趋势，先是由 1981 年的 0.104 上升至 1991 年 0.193，即呈现发散趋势，然后又降低至 2003 年的 0.028，说明该阶段呈现了收敛趋势，但之后又逐步上升至 2010 年的 0.120，表明再次呈现发散格局。而劳动边际产出的变异系数则相对平稳，由 1981 年的 0.085 上升至 2010 年的 0.207，整体呈现发散趋势，虽然也存在收敛态势，但波动程度远小于资本边际产出变异系数的波动幅度。

表 9.1　安徽、江西、河南、湖南和湖北资本与劳动边际产出变化情况（1981—2010 年）

	资本的边际产出					劳动的边际产出				
	安徽	江西	河南	湖南	湖北	安徽	江西	河南	湖南	湖北
1981	0.555	0.528	0.547	0.504	0.656	0.059	0.065	0.057	0.065	0.071
1982	0.538	0.534	0.529	0.511	0.661	0.062	0.071	0.059	0.070	0.074
1983	0.510	0.519	0.553	0.507	0.655	0.065	0.073	0.067	0.075	0.079
1984	0.501	0.538	0.546	0.513	0.654	0.074	0.081	0.072	0.080	0.085
1985	0.472	0.549	0.541	0.516	0.644	0.079	0.090	0.077	0.087	0.093

续表

	资本的边际产出					劳动的边际产出				
	安徽	江西	河南	湖南	湖北	安徽	江西	河南	湖南	湖北
1986	0.444	0.518	0.517	0.501	0.633	0.084	0.094	0.081	0.092	0.099
1987	0.406	0.516	0.528	0.489	0.622	0.086	0.100	0.087	0.098	0.106
1988	0.386	0.541	0.513	0.475	0.615	0.088	0.108	0.092	0.104	0.112
1989	0.375	0.530	0.500	0.476	0.612	0.091	0.113	0.098	0.107	0.119
1990	0.355	0.520	0.492	0.484	0.605	0.092	0.117	0.102	0.112	0.124
1991	0.345	0.530	0.487	0.495	0.608	0.092	0.126	0.106	0.119	0.131
1992	0.391	0.536	0.493	0.509	0.604	0.106	0.140	0.116	0.130	0.142
1993	0.438	0.530	0.500	0.516	0.596	0.126	0.155	0.128	0.143	0.155
1994	0.464	0.534	0.498	0.516	0.583	0.146	0.168	0.139	0.154	0.171
1995	0.465	0.535	0.494	0.513	0.567	0.161	0.183	0.154	0.167	0.191
1996	0.466	0.530	0.487	0.508	0.549	0.180	0.204	0.168	0.183	0.216
1997	0.466	0.520	0.476	0.504	0.537	0.197	0.225	0.180	0.200	0.240
1998	0.459	0.505	0.462	0.495	0.522	0.216	0.257	0.198	0.224	0.275
1999	0.456	0.494	0.451	0.486	0.507	0.235	0.282	0.210	0.246	0.309
2000	0.453	0.485	0.443	0.479	0.495	0.252	0.310	0.217	0.272	0.350
2001	0.451	0.476	0.437	0.471	0.474	0.275	0.340	0.241	0.300	0.405
2002	0.451	0.462	0.431	0.464	0.460	0.301	0.375	0.265	0.327	0.452
2003	0.447	0.444	0.424	0.457	0.451	0.330	0.421	0.292	0.356	0.492
2004	0.442	0.427	0.421	0.454	0.442	0.366	0.461	0.326	0.389	0.541
2005	0.431	0.412	0.408	0.445	0.434	0.403	0.503	0.363	0.429	0.590
2006	0.422	0.398	0.389	0.436	0.425	0.443	0.557	0.404	0.474	0.651
2007	0.416	0.389	0.368	0.429	0.415	0.495	0.610	0.452	0.533	0.736
2008	0.405	0.385	0.344	0.417	0.409	0.555	0.678	0.495	0.594	0.803
2009	0.395	0.372	0.313	0.403	0.400	0.608	0.754	0.527	0.657	0.872
2010	0.382	0.359	0.286	0.386	0.389	0.663	0.830	0.565	0.729	0.968

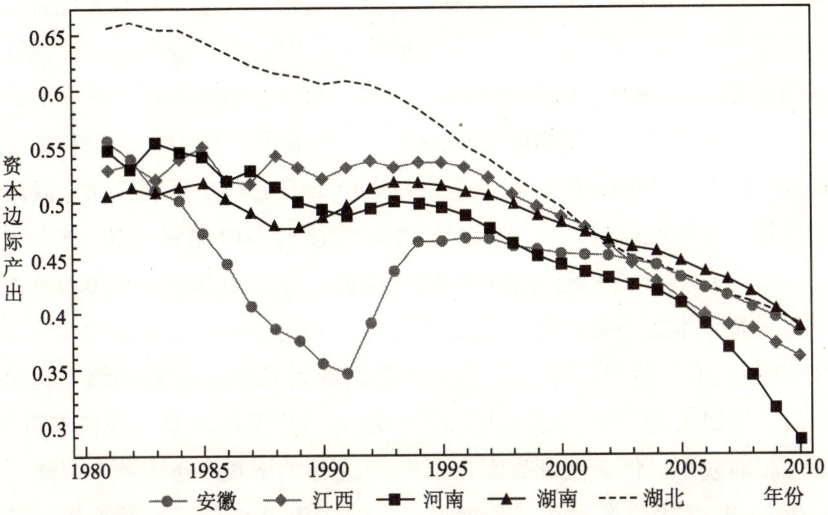

图 9.22　安徽、江西、河南、湖南和湖北历年资本边际产出的对比（1981—2010 年）

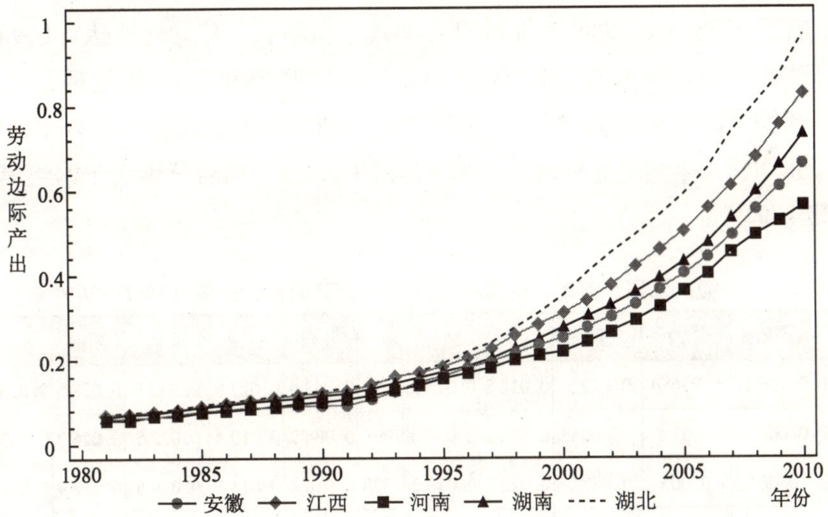

图 9.23　安徽、江西、河南、湖南和湖北历年劳动边际产出的对比（1981—2010 年）

（二）TFP 估计结果及分析

表9.2、图9.24 报告了安徽、江西、河南、湖南和湖北五省 1981—

2010 年 TFP 变动率的结果。可以看出，五个省份在样本年间的变化轨迹上相似和差异并存。在 TFP 增长率变化轨迹上，中原五省呈现了一定程度上的共同趋势，在 1981—1990 年的第一阶段，所有省份都呈现了剧烈的高低变化轨迹，相对来说，安徽的波动最大，江西和河南居中，湖南和湖北的波动幅度最小。1991—2000 年，是所有省份 TFP 变动率呈现先加速后减速的倒“U”型轨迹阶段，特别是安徽在该阶段的谷峰更是高达 1993 年的 0.139 2，江西、河南和湖南的谷峰较为接近，分别为 0.042 9、0.049 4 和 0.047 5，而湖北的谷峰最低，仅为 0.025 6。相对于谷峰时的巨大差异，20 世纪 90 年代末的降温政策让中原五省之间的增长率差距趋于缩小。2001 年之后，中原五省 TFP 变动率呈现了一致的平稳发展态势，局部有升降，但幅度相对较小，但关注到河南在 2004 年之后的增长率逐步趋于下降，甚至在 2009 年和 2010 年呈现了负增长，反映了 TFP 增长乏力的趋势。具体到 TFP 变化率的取值上，安徽在 1983 年、1986—1991 年实现了负增长，但由于安徽之后年份的正增长较高，故年均增速高达 0.0282，居于本组首位；江西 1983 年、1986 年和 1990 年实现了负增长，年均增速达 0.019 6，居于本组末位；河南在 1982 年、1986 年、2009 年和 2010 年呈现了负增长，年均增速为 0.023，居于本组第 3 位；湖南和湖北在样本期内全部呈现了正增长，年均增速分别为 0.024 2 和 0.020 3，排名分别居于本组第 2 和第 4 位。

表 9.2 安徽、江西、河南、湖南和湖北历年 TFP 的估计结果（1981—2010 年）

	安徽	江西	河南	湖南	湖北		安徽	江西	河南	湖南	湖北
1981	0.136 1	0.016 7	0.022 1	0.018 8	0.015 6	1996	0.043 4	0.027 6	0.032 8	0.028 6	0.025 2
1982	0.007 1	0.031 5	-0.004 9	0.033 2	0.022 0	1997	0.034 2	0.019 4	0.022 5	0.026 0	0.023 9
1983	-0.007 5	-0.005 0	0.087 7	0.022 5	0.010 2	1998	0.018 9	0.015 7	0.019 5	0.022 9	0.022 1
1984	0.048 0	0.063 4	0.023 6	0.032 1	0.031 1	1999	0.020 5	0.011 5	0.015 0	0.018 4	0.019 9
1985	0.007 2	0.048 7	0.031 7	0.036 7	0.023 0	2000	0.019 4	0.013 7	0.017 4	0.021 5	0.020 6
1986	-0.004 1	-0.018 1	-0.003 4	0.007 5	0.011 3	2001	0.024 2	0.013 6	0.025 7	0.020 9	0.020 9

续表

	安徽	江西	河南	湖南	湖北		安徽	江西	河南	湖南	湖北
1987	-0.042 4	0.016 3	0.046 7	0.012 4	0.014 8	2002	0.027 1	0.010 6	0.025 7	0.019 6	0.018 9
1988	-0.020 1	0.054 6	0.016 5	0.007 6	0.014 1	2003	0.022 8	0.011 9	0.028 7	0.020 7	0.018 7
1989	-0.004 4	0.001 1	0.004 2	0.008 5	0.009 8	2004	0.031 3	0.007 9	0.037 9	0.027 6	0.021 3
1990	-0.029 5	-0.003 5	0.004 6	0.018 3	0.002 7	2005	0.018 7	0.008 0	0.030 3	0.024 5	0.022 2
1991	-0.026 8	0.031 5	0.013 8	0.032 6	0.021 5	2006	0.022 2	0.009 9	0.024 3	0.025 8	0.023 6
1992	0.134 0	0.042 9	0.045 8	0.047 5	0.022 4	2007	0.030 8	0.015 8	0.020 5	0.033 1	0.028 1
1993	0.139 2	0.028 2	0.049 4	0.039 9	0.023 0	2008	0.024 1	0.025 8	0.005 7	0.024 9	0.024 4
1994	0.095 6	0.036 9	0.036 0	0.028 3	0.025 4	2009	0.020 3	0.011 3	-0.016 0	0.021 2	0.022 5
1995	0.040 3	0.031 6	0.037 5	0.026 7	0.025 6	2010	0.016 4	0.010 1	-0.011 8	0.018 7	0.025 4

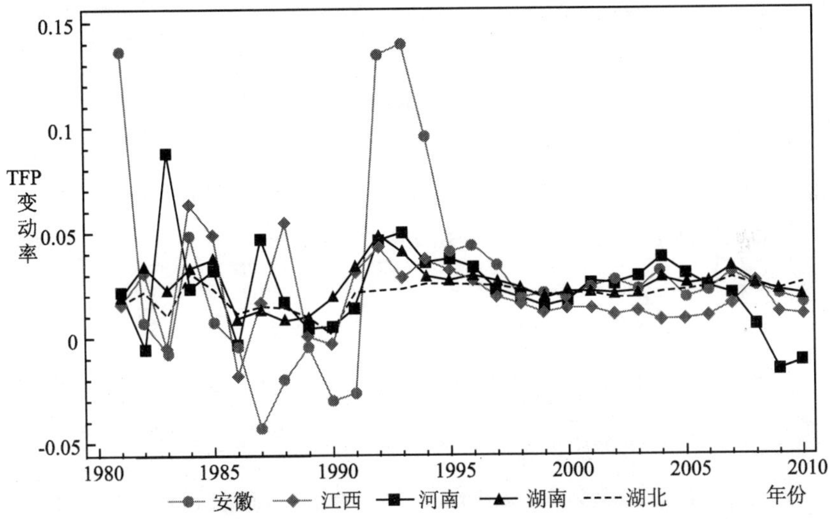

图 9.24 安徽、江西、河南、湖南和湖北历年 TFP 的对比（1981—2010 年）

（三）安徽、江西、河南、湖南和湖北各要素对经济增长的贡献率分析

根据第二章的方法我们计算了改革以来六个五年计划阶段物质资本、劳动力和 TFP 对安徽、江西、河南、湖南和湖北五省经济增长的贡献情

况，具体结果列于表 9.3 之中。同时，我们做出各要素对经济增长贡献率的相关折线图见图 9.25 ~ 图 9.29，一方面为了更为直观地考察各要素贡献率的变动轨迹，另一方面也是为了更好地展现我国经济增长的动力转换过程。

表 9.3　安徽、江西、河南、湖南和湖北各要素对经济增长的贡献率（1981—2010 年）

		1981—1985	1986—1990	1991—1995	1996—2000	2001—2005	2006—2010
安徽	资本	84.80%	102.07%	44.02%	83.10%	89.54%	102.11%
	劳动	7.84%	13.71%	5.54%	2.84%	1.86%	4.36%
	TFP	7.36%	-15.79%	50.44%	14.05%	8.60%	-6.47%
江西	资本	72.18%	97.60%	67.93%	96.81%	119.05%	111.36%
	劳动	9.70%	11.97%	6.09%	-3.90%	4.73%	4.41%
	TFP	18.12%	-9.57%	25.98%	7.09%	-23.78%	-15.77%
河南	资本	68.05%	100.06%	63.54%	96.16%	89.81%	105.39%
	劳动	7.58%	9.37%	5.41%	8.18%	0.71%	2.38%
	TFP	24.37%	-9.43%	31.05%	-4.34%	9.48%	-7.77%
湖南	资本	67.82%	100.03%	55.67%	85.43%	91.33%	101.75%
	劳动	7.03%	11.20%	5.13%	-0.66%	2.91%	3.54%
	TFP	25.15%	-11.23%	39.19%	15.23%	5.75%	-5.29%
湖北	资本	39.57%	79.42%	55.44%	81.16%	107.62%	94.44%
	劳动	4.63%	7.13%	3.07%	-2.98%	3.07%	5.30%
	TFP	55.80%	13.44%	41.50%	21.82%	-10.68%	0.26%

可以得出以下四点认识：

第一，资本要素是安徽、江西、河南、湖南和湖北五省经济增长的最主要动力来源，且具体变化轨迹大同小异。总的来说，中原五省的资本要素对经济增长的贡献率大幅高于劳动和 TFP，且呈现了基本一致的变化轨迹。在第一阶段时，安徽、江西、河南、湖南、湖北五省资本要素对经济增长的贡献率分别为 84.80%、72.18%、68.05%、67.82% 和 39.57%，除湖北外，其他四省的资本要素贡献率均占六成以上。第二阶段时，所有省份的资本要素贡献率均呈现了上升趋势，分别上升了 17.27、25.42、

32.01、32.21和39.85个百分点，特别是安徽、河南和湖南的资本要素贡献超过了100%。第三阶段时，中原五省全部呈现了下降趋势，其中，安徽的资本要素贡献率下降最快，高达58.05个百分点，使其本阶段的资本要素贡献率低于TFP贡献率。第四阶段时，五省份的资本要素贡献呈现了止降趋升的趋势。但在第五阶段时，五省份的表现并不一致，其中，安徽、江西、湖南和湖北呈现继续拉升态势，但河南则呈现了再次下降趋势。第六阶段时，安徽、河南和湖南的资本要素贡献呈现了上升趋势，而江西和湖北恰恰相反。整体来看，虽然资本要素的迅猛增长成为拉动中国经济发展的首要因素，但是随着能源、矿产等要素价格的提高及资本边际产出能力的持续性降低，再加上从铁道部至地方政府的巨额债务问题，大量资本要素的持续增长能力值得怀疑。

第二，劳动投入对安徽、江西、河南、湖南和湖北五省经济增长的贡献率较低，总体低位徘徊。整个样本期间，安徽、江西、河南、湖南、湖北五省的年均贡献率分别为6.03%、5.50%、5.61%、4.86%和3.37%。第一阶段时，中原五省劳动要素的贡献率分别为7.84%、9.70%、7.58%、7.03%和4.63%，全部高于各自的均值水平；第二阶段时，中原五省的劳动要素贡献均有所上升，其中，安徽的上涨额度最高，达5.87个百分点，而河南的上涨幅度最低，仅为1.79个百分点；第三阶段时，五省份的劳动要素贡献率全部呈现了不同程度的下降态势，特别是上阶段上涨额度最大的安徽在该阶段反而下降的最多，达8.17个百分点；第四阶段时，除河南的劳动要素贡献率有2.77个百分点的反弹外，其他四省均呈现了继续下降趋势；在第五阶段，江西、湖南和湖北的劳动要素贡献率较上阶段有所上升，安徽和河南则呈现相反趋势；第六阶段时，除江西的劳动要素贡献率略有降低外，其他省份均呈现上升态势。虽然中原五省的劳动要素贡献率在六个阶段有局部升降趋势，但整体均呈现了下降趋势。

第三，TFP对安徽、河南、湖南和湖北经济增长的贡献率居中，但对江西的贡献率居于末位。样本期里，安徽、河南、湖南和湖北的TFP贡献率分别为9.70%、7.23%、11.47%和20.36%，位于各自资本和劳动贡献率之间，但江西的TFP贡献率仅为0.35%，低于其资本和劳动的贡献率水平。在变化轨迹上，中原五省均呈现了波浪式下降趋势，并呈现了相同与差异并存的变化轨迹。在样本期二至四阶段，所有省份均先后呈现了降低、拉升、降低的趋势，在拉升的第三阶段，安徽的 TFP 贡献率高达 50.44%，高于本阶段的其他要素贡献率，即便 TFP 贡献率相对最低的江西在本阶段也高达 25.98%。第五阶段时，除河南的 TFP 贡献率有小幅拉升外，其他省份均有不同程度的下降趋势，特别是江西和湖北的取值降低至负值水平。第六阶段时，除湖北的 TFP 贡献率反弹至 0.26% 的正值水平，其他四省份均继续下降或即便反弹依然为负值的贡献率水平。总的来说，TFP 在中原五省的经济增长中扮演着重要的作用，但遗憾的是该重要促进作用整体在恶化，甚至趋于恶化的资源配置效率成为制约经济增长的因素。

第四，在经济增长的动力来源上，安徽、江西、河南、湖南和湖北五省存在不同程度的动力转换现象。考察中原五省经济增长的三个动力来源，发现具备如下几个特征：(1) 资本要素是中原五省经济增长最重要的推动力，且重要程度趋于波浪式上升。(2) 资本要素和 TFP 对经济增长的动力大小呈现角力的格局，即此消彼长的态势。(3) 改革开放的初期，资本、劳动和 TFP 是推动经济增长的“三驾马车”，彼此间的差距相对较小，但近年来，经济增长动力呈现一边倒的资本要素推动式。(3) 在 1986—1990 年和 1996—2000 年的经济降温期，资本要素的贡献率往往趋于上升，TFP 的贡献率则恰恰相反；1991—1995 年的加速发展期，资本要素的贡献率往往趋于下降，TFP 的贡献率趋于上升；但在 2001—2005 年的加速发展期，五省份的要素贡献率未表现出一致的变化趋势。(4) 劳动要素对经济增长的动力作用较为平稳，和资本与 TFP 贡献率的大幅变动不同，整体呈现了小幅波浪式下降趋势。

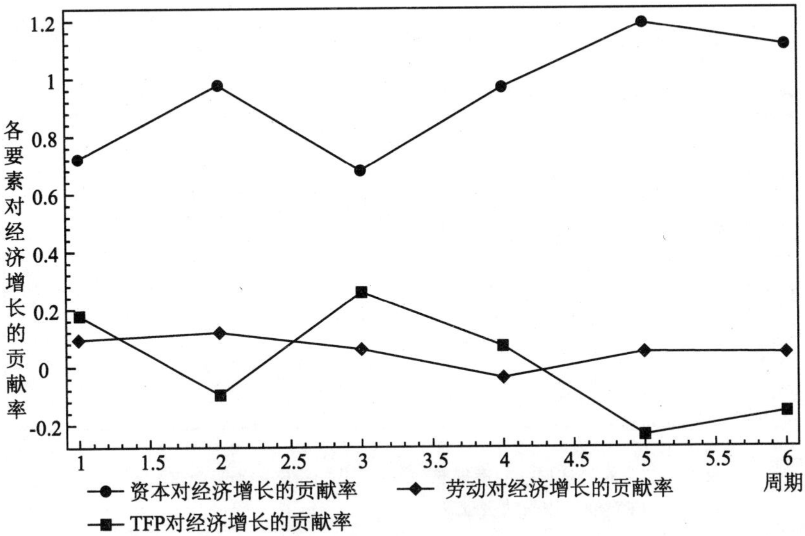

图 9.25　安徽历年资本、劳动和 TFP 对经济增长的贡献率（1981—2010 年）

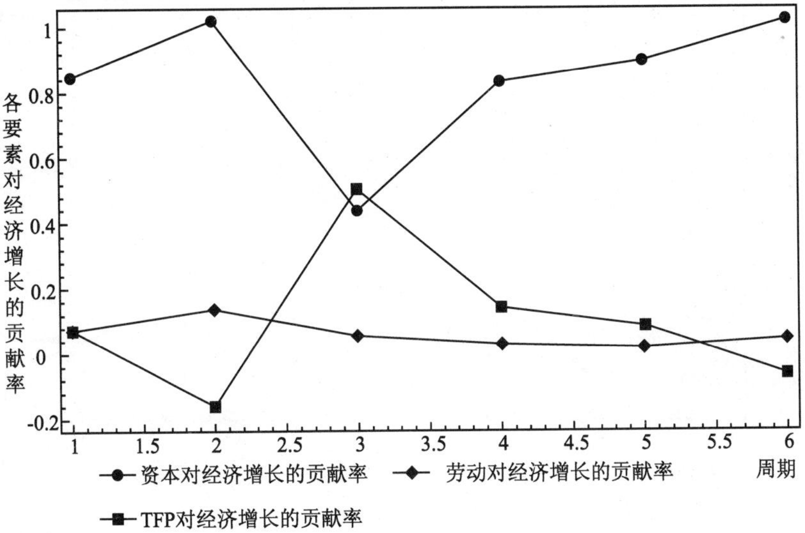

图 9.26　江西历年资本、劳动和 TFP 对经济增长的贡献率（1981—2010 年）

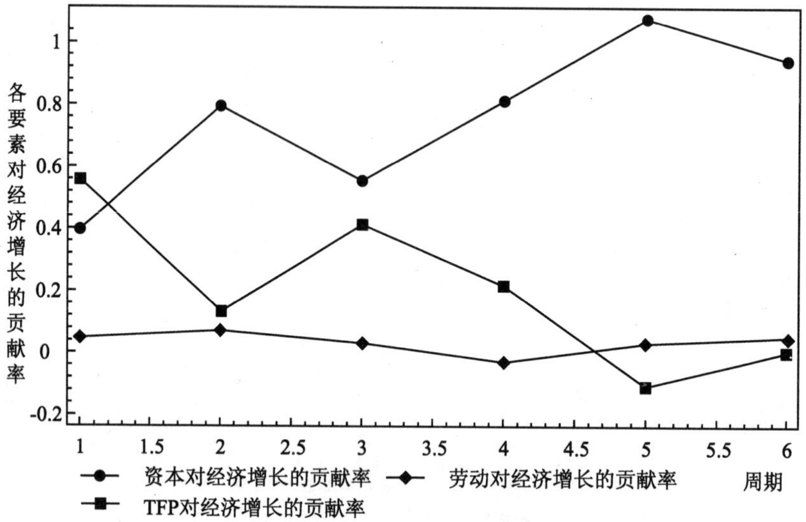

图 9. 27　河南历年资本、劳动和 TFP 对经济增长的贡献率（1981—2010 年）

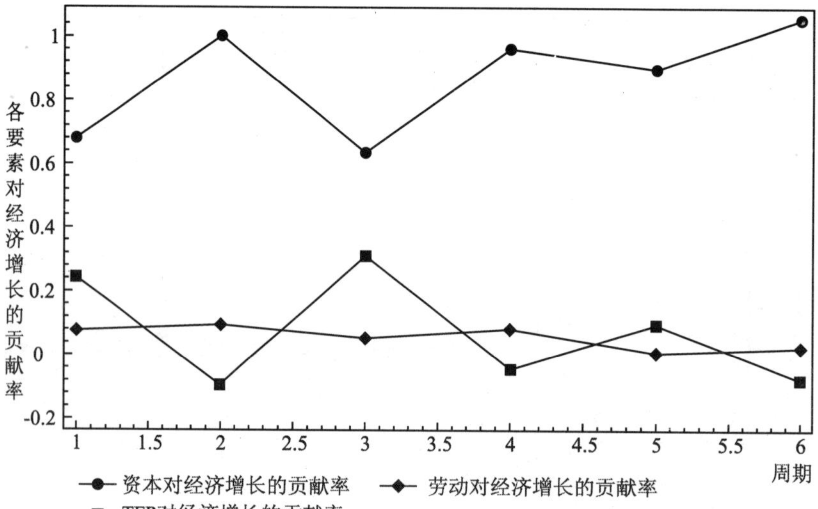

图 9. 28　湖南历年资本、劳动和 TFP 对经济增长的贡献率（1981—2010 年）

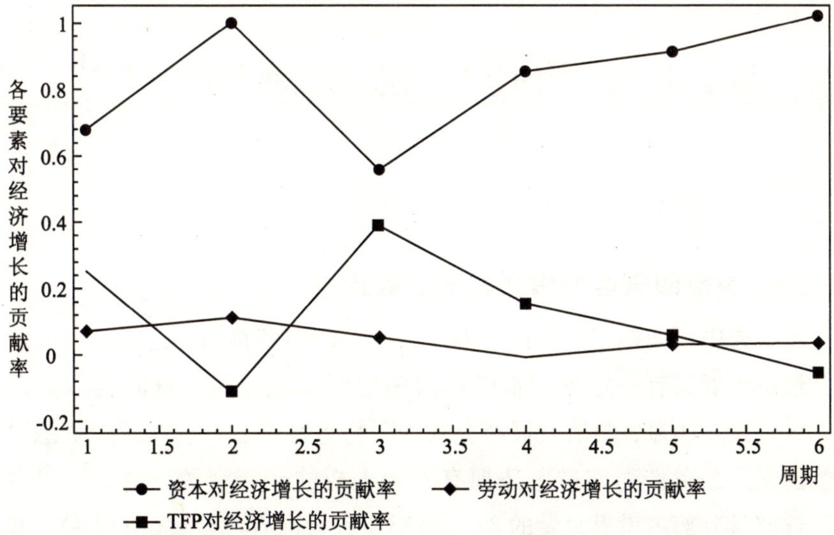

图 9.29　湖北历年资本、劳动和 TFP 对经济增长的贡献率（1981—2010 年）

本章节在初步描述安徽、江西、河南、湖南和湖北五省在 GDP、资本存量、从业人员数变动历程的基础上，考察了资本和劳动的边际产出情况，然后分析了 TFP 的估算结果，并重点分析了各要素对经济增长的贡献率情况。我们发现：资本仍是推动经济增长的首要因素；安徽、河南、湖南和湖北的 TFP 贡献率分别为 9.70%、7.23%、11.47%和 20.36%，位于各自资本和劳动贡献率之间，但江西的 TFP 贡献率仅为 0.35%，低于其资本和劳动的贡献率水平。虽然资本要素的迅猛增长成为拉动经济发展的首要因素，但是随着要素价格的提高、资本边际产出能力的持续性降低和政府的巨额债务问题，只有依靠提高 TFP 的集约式增长才是促进经济长久发展的根本动力。

第十章　西南四省区要素贡献率测度与分析

一、西南四省区要素贡献率经验描述

本报告中西南四省区包括广西、云南、四川和贵州，这些省区彼此相邻，经济发展具有一定的相似性。西南地区土地辽阔，资源类型复杂多样，区域差异明显，具有发展特色农业、特色矿产、特色旅游等资源禀赋经济的先天条件。西南省区还拥有较为丰裕的矿产资源，例如四川省的钒、钛储量分部占世界总量的82%和33%；云南有色金属达112种，其中铅、锌均为全国之首；贵州拥有64种矿产，其中汞、铝、磷等30种矿产资源居全国前茅。随着西部大开发战略提出后，国家出台了一系列优惠措施，以促进西南各省区经济社会的发展。虽有拥有良好的资源禀赋优势和政策优势，但受到种种因素影响，西南经济发展还比较慢，与东部沿海省份的差距也越拉越大。2010年，西南四省区实现地区生产总值46 507亿元，占全国GDP的比重为10.64%。同比增长12.6%，高于全国的平均水平。广西、四川、贵州和云南分别完成9 569.85亿元、25 111.06亿元、4 602亿元和7 224.18亿元，同比增长14.2%、15.9%、12.8%和12.3%，分别比2009年加快3.3、1.0、1.4和0.2个百分点。西南四省区目前总人口约为22 910万，占全国的18%。2010年西南四省区人均GDP为19 531元，低于全国平均水平，其中贵州最低只有13 119元，其次是云南15 752元，广西为20 219元，四川最高达到了22 872元，但都没有超过全国平均水平。

（一）西南四省区经济增长的经验描述

1. 广西

改革开放以来，广西的经济增长保持着良好的势头。按照2000年的不变价格，实际GDP从1981年的370.07亿元，快速增长到2010年的

6 564.56亿元，年均增长率达到了10.4%，是西南四省区中增长率最快的。进一步考察GDP的逐年增长率，发现1989年的增长速度最慢，仅为3.58%，1993年的增长速度最快，高达18.3%。见图10.1。

从年GDP增速来看，广西的经济发展可以分成三个阶段。第一阶段是从1981—1990年，该阶段的经济增速呈现出骤起骤落的特征，波动性较大，在3.6%～12.7%的区间内剧烈震荡，主要原因是在改革开放初期，改革的不确定性和政策的不稳定性一方面使得经济出现了较大的波动性。在这段时期，广西充分发挥资源禀赋优势，加强了水电、建材、冶金和蔗糖工业的投资和建设。其中，红水河梯级水电站开发成为国家投资的重点项目。广西的制糖、水电、水泥制造及有色金属工业投资分别占全社会总投资的5.4%、12.3%、4.7%和5.6%，形成了四大优势行业。1986年后广西进入改革全面展开的新阶段，并作出了实施沿海发展战略的决定，提出以桂东南沿海的改革开放带动广西经济发展，并出台了多项鼓励集体经济、外资经济发展的政策措施。

第二阶段是1991—2001年，呈现“倒U型”特征。该阶段由于国家宏观经济政策以及经济体制改革的大方向已经巩固确立，所以广西的GDP增长从峰值时的18.3%回落到2001年的8.3%，实现了从经济高速增长到平稳软着陆的目标。1991—1993年是治理整顿期，随着党的十四大明确我国经济体制改革目标是建立社会主义市场经济体制，大力实施“西南出海大通道”建设，并提出“三大战略、六大突破”的思路。1995年后广西作为西南地区出海通道作用，深化改革，加快对外开放，随着南昆铁路、桂海高速公路和其他重要交通基础设施建成使用，以及越南市场的开放，广西的经济步入平稳发展时期。1997年受到亚洲金融危机和国内需求增长放慢的影响，广西传统出口加工业、资源开采及加工业利润空间减少，生产受到一定的影响。

第三阶段是2002—2010年，经济增长持续保持在高位运行。在国家一系列重大措施支持中西部地区加快发展的背景下，广西积极承接来自于广东等沿海开放省份的资源加工型和劳动密集型产业的转移，经济发展进入新的快车道，成为广西历史上发展最好最快的时期。按照党的十六大提出的全面建设小康社会的总体要求，广西提出了以信息化带动工业化，以工业化带动城镇化，实现富民兴桂的奋斗目标。2008 年受国际金融危机的影响，广西 GDP 增速有所减缓，但之后又缓慢反弹。

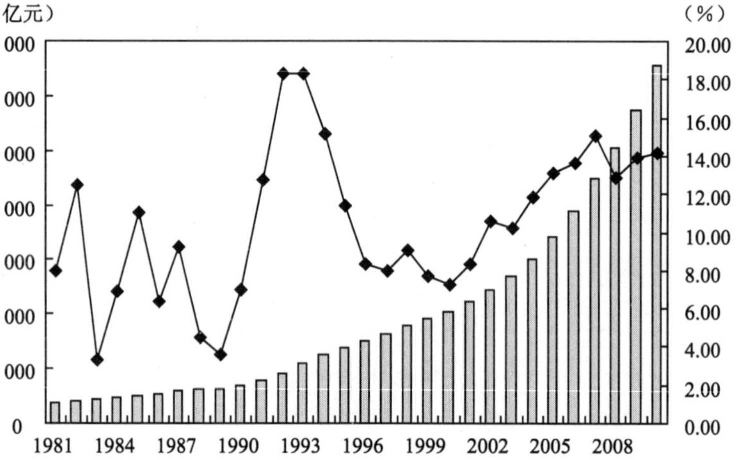

图 10.1　广西历年 GDP 及增长率情况（1981—2010 年）

2. 四川

由于分析的考察时段为 1980—2010 年，而重庆的初始年份数据距今较近，为了保持数据的精确性，将重庆和四川合并计算。按照 2000 年的不变价格，四川（包括重庆，下同）的 GDP 从 1981 年的 1 007. 74 亿元，快速增长到 2010 年的 18 300. 01 亿元，年均增长率达到了 10. 5%，是西南四省区中 GDP 规模最大，且近 30 年年均增长率最高的。30 年的快速发展，四川经济在中国尤其是在西部地区的重要地位得到不断巩固，2001 年 GDP 总量超过湖北位居全国各省（市、区）第 9 位，西部第 1 位。进一步考察 GDP 的逐年增长率，发现 1989 年的增长速度最慢，仅为 3. 14%，2010 年的增长速度最快，高达 15. 68%。见图 10. 2。

但横向比较，四川与全国及发达省市的差距明显。一方面，四川经济总量占全国的份额由 1978 年的 7. 42% 下降到 2010 年的 5. 75%。另一方面，四川经济总量与发达地区的差距不断拉大。2000 年广东、江苏和山东 GDP 分别是四川的 1. 73 倍、1. 18 倍和 1. 12 倍，到 2010 年扩大到 1. 83 倍、

1.65 倍、1.56 倍。改革开放以来的 30 年中有 13 年四川经济发展速度低于全国。其中，“六五”、“七五”和“八五”时期经济年均增速分别比全国低 0.7、1.1 和 0.9 个百分点，“九五”和“十五”时期略高于全国 0.6 和 1.7 个百分点，总体表现是发展不够快。与先进省市区相比，尽管“十五”以来是四川经济增长最快的时期，但在全国 31 个省市区中仅居第 17 位，在西部内蒙古、西藏、青海、陕西等落后省区后居第 5 位。

与广西相类似，四川的经济发展也经历了“骤起骤落”、“倒 U 型”和“平稳高位增长”三个阶段。1999 年之前，经济增长的波动性都比较大，2000 年后表现出持续向上的势头。与广西相比较，四川受到 2008 年的经济危机影响较大，2009 年和 2010 年表现出更强的经济增长势头，经济增长率创近 30 年的新高。经济波动程度在大幅度减小，这充分说明在新的经济形势下四川的宏观调控能力在大大增强，在发展市场经济的过程中已经逐步积累了相当多的调控经验，具备了处理日渐复杂的经济问题的能力。

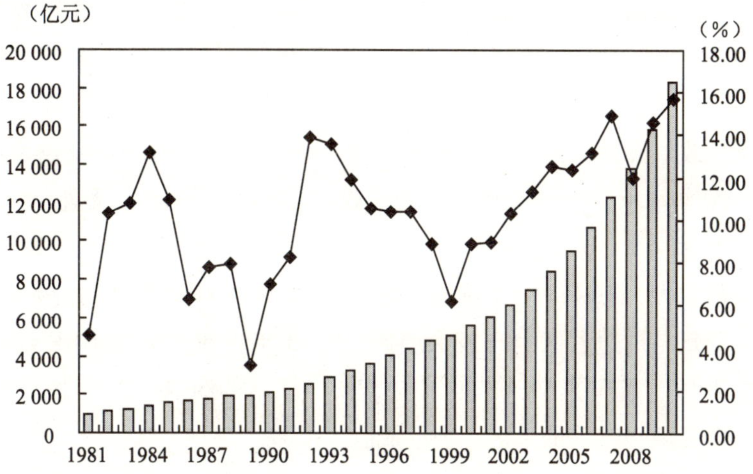

图 10.2　四川（包括重庆）历年 GDP 及增长率情况（1981—2010 年）

3. 贵州

按照 2000 年的不变价格，贵州的 GDP 从 1981 年的 184.52 亿元，快速增长到 2010 年的 2 952.37 亿元，年均增长率为 10.0%。在西南四省区中，贵州的GDP规模最小，近30年来的年均增长率也是最低的。进一步考察GDP的逐年增长率，发现1990年的增长速度最慢，仅为4.87%，1984年的增长速度最快，高达20.68%。与四川和广西相比较，贵州在1981—1990年也经历了较为相似的“骤起骤落”经济增长特征，并且波动的幅度更大，但之后1991—2001年的第二发展阶段“倒U型”特征并不明显，GDP增速始终维持在8%~9%之间小幅波动，虽然2002年后经济增长有所加速，年增长率超过10%，但与四川和广西相比较，同期水平都要略低。2000年后贵州经济呈现出增速加快势头，是改革开放以来发展形势最好的时期。2008年国际金融危机后，经济增长表现明显下滑，虽然2009年和2010年有所反弹，但与危机前的增速相比要低。(见图10.3)

与改革开放前相比，贵州工业产业结构由初级层次向高级层次发展，依托能源、矿产资源优势的基础工业和新兴工业比重上升，形成了以能源、化工、冶金、有色、装备制造及建材为主的重型工业体系和以卷烟、白酒、特色食品、民族制药、旅游商品为主的轻型工业体系。2010年底贵州全省生产总值为4 602.16亿元，仅占当年全国GDP总量的1.05%，排在全国29个省市区的第26位，和1952年贵州地区生产总值在全国GDP总量中所占比重为1.26%相比，贵州在全国经济总量的比重下降了0.2个百分点。改革开放以来，贵州人均GDP和全国的平均水平持续拉大：1978年贵州人均GDP和全国平均水平相比仅差204元，1985年差距为433元，1995年扩大为3 001元，2007年人均GDP的差距为12 019元。2010年差距进一步拉大为13 119元，人均GDP排在全国29个省市区的倒数第一位。同时，贵州与周边省区也有较大差距，2010年贵州的人均GDP仅相当于云南的70%、重庆的49%、四川的57%、湖南的50%、广西的70%，丰富的自然资源与落后的地区经济形成巨大反差。

4. 云南

改革开放以来，云南经济布局始终遵循着中心城市扩散的模式，即以昆明这一中心城市为经济增长极，通过增长极的迅速发展，带动周围地区的经济增长，再辐射到边远地区，进而促进全省经济发展。按照2000年的不变价格，云南省的GDP从1981年的317.85亿元，快速增长到2010年

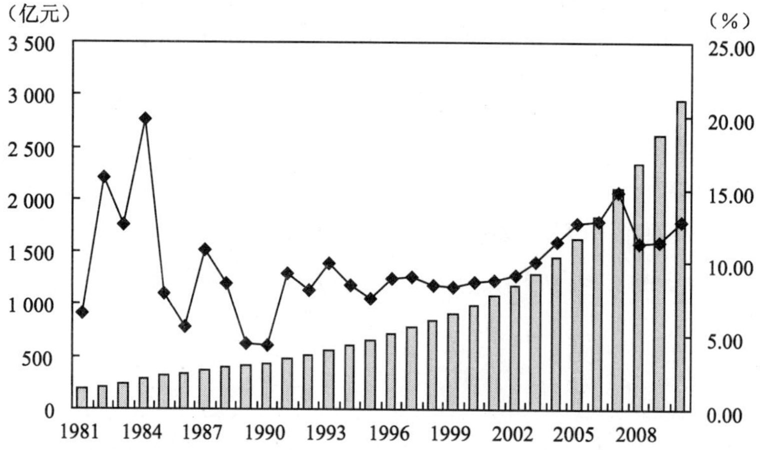

图 10.3　贵州历年 GDP 及增长率情况（1981—2010 年）

的 5 332.56 亿元，年均增长率为 10.1%。进一步考察 GDP 的逐年增长率，发现 1986 年的增长速度最慢，仅为 3.89%，1988 年的增长速度最快，高达 15.85%。见图 10.4。

云南省的经济发展也经历了较为明显的“骤起骤落”、“倒 U 型”和“平稳高位增长”三个阶段。第一阶段是从 1980—1990 年。这个阶段云南经济增长较快，而且增长波动较大，没有明显的规律性。在这段时期内，出现了改革开放以来经济增长速度最慢和最快的年份。第二阶段 1992—2002 年。1992 年 1 月，邓小平视察南方是中国经济体制改革的一个历史性转折点，市场对经济的主导作用日益加强，计划对经济的影响减弱，社会主义市场体制得到了进一步的完善，经济增长速度起伏不如前期那么明显，云南进入经济建设全面高涨的时期。云南重点对财税等宏观政策及国有企业进行改革，形成了以公有制为主体，多种所有制经济统筹发展的格局，基本上实现了从计划指令向主要运用经济手段、法律手段和必要的行政手段的转变，社会主义市场经济体制初步建立。随着中国加入 WTO 和中国—东盟自由贸易区的建立，云南的对外开放在全省经济社会发展中扮演着越来越重要的角色。2002 年，云南 GDP 达 2 312.82 亿元，财政总收入 466.01 亿元，粮食产量 1 424.74 万吨，比 1992 年增长了 33%。第三阶段是 2003 年至今。2003 年以来，云南经济体制改革向纵深挺进，基本经济制度不断完善。2003 年至今，云南经济发展连续跃上新台阶，全省生产总值从 2002 年的 2 313. 82 亿元增加到 2010 年的 7 224. 78 亿元，人均生产总值从 5 366 元增加到 13 119 元。

与四川和广西所不同的是，云南在 1990 年之前的波动性更剧烈，但由于 20 世纪 90 年代初期并没有出现过超过 12% 的高速增长，因此其经济软着陆也较为平稳。2010 年的 GDP 增速达到了 12. 3%，是近 20 年来的新高。

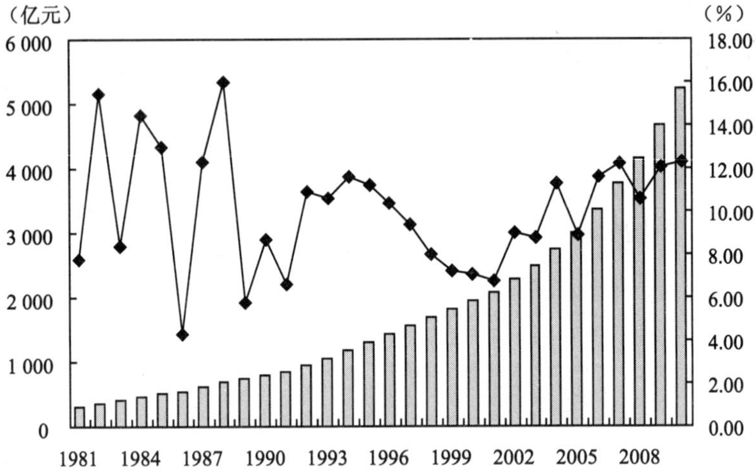

图 10. 4　云南历年 GDP 及增长率情况（1981—2010 年）

（二）西南四省区劳动力要素的经验描述

1. 广西

首先，我们对广西总人口的变动情况进行一个初步分析，从而可以观察广西以人口总数为基础的劳动力储备的水平。广西改革开放以来，总人口数从 1978 年的 3 470 万人增长到了 2010 年的 4 610 万人。其中城镇居民人口从 1978 年的 373 万人增加到 2010 年的 1 938 万人，城镇化率从 1978 年的 10. 75% 增加到 2011 年的 42. 04%，年均提升约 1. 2 个点。

按照第二章的方法说明，我们用全社会从业人员数据来衡量劳动力要素投入。图 10. 5 是 1981—2010 年历年广西劳动力要素投入及年增长率的情况。从中可以看出，虽然广西的全社会从业人员数从1981年的1 604.9万人，增长到2010年的2 945.34万人，但增长幅度相比较于同期的GDP水平要小很多。劳动力投入的增长率也在1981—2000年间表现出持续减少的趋势，2001年后增速又有所增加。

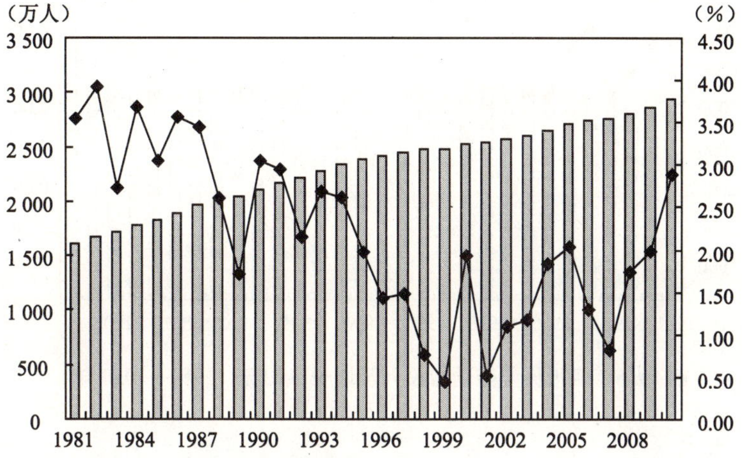

图10.5　广西历年劳动力投入及增长率情况（1981—2010年）

2. 四川

四川省作为全国的人口大省，是西南四省区中全社会就业人口总数最多的省份，在1981年时就达到了4 574.6万人，到2010年时缓慢增长到6 909.7万人，年均增长率只有1.43%，远低于同期的经济增长水平。而且四川的劳动力投入在20世纪90年代中后期还出现过负增长，即劳动力供给减少。这与中国劳动力市场的现实情况相符合，随着人口结构不断“老龄化”以及农村剩余劳动力转移步伐减缓，劳动力供给将持续减少，通过大量劳动力数量投入减缓资本边际报酬递减从而实现经济快速增长的模式很难维持。同时自20世纪90年代以来，四川进入产业结构调整阶段。产业结构从劳动密集型向资本密集型升级，技术水平也随之不断提高，而技术进步提高了劳动生产率和资本有机构成，同量产品和资本对劳动力的需求逐步下降，从而产生技术进步对就业的挤出效应。见图10.6。

西南省区（广西、四川和贵州）的全社会就业人口在2001年后出现不断增加的情况，这主要是由于在新的一轮经济增长时期，西部地区的后发优势开始显现，创造和吸纳了更多的就业岗位，从而农村劳动力的转移加快。

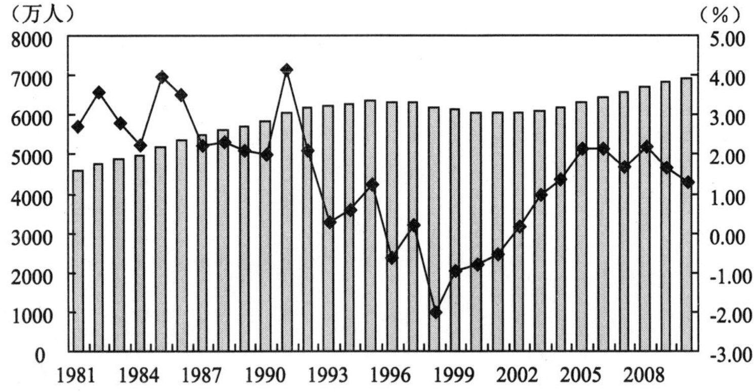

图 10.6　四川历年劳动力投入及增长率情况（1981—2010 年）

3. 贵州

贵州的全社会从业人员就业数量是西南四省区中在 1981—2010 年间增加幅度最多的省份。从 1981 年的 1 152. 6 万人提高到 2010 年的2 814. 1万人，年均增长率为 2. 24%。但同样相比较于同期的 GDP 增速，要低出很多。按城镇就业情况来看，1990 年贵州就业人数 1 651. 8 万人，其中城镇 249. 5 万人，乡村 1 402. 3 万人。2000 年贵州就业人数达到2 045. 9万人，其中城镇就业人数为 243. 3 万人，乡村 1802. 6 万人。2010 年贵州就业人数达到 2 341. 1 万人，其中城镇就业人数达到 309. 95 万人，乡村就业人数达到 2 031. 16 万人。见图 10. 7。

与四川所不同的是，贵州的劳动力投入一直保持着增长的趋势，并没有出现过供给减少（负增长），但从趋势开看，增速在不断减少。2001 年后也没有出现因为“西部大开发”带来的如四川和广西相似的劳动力岗位加速提高。

4. 云南

云南的全社会就业人口也同样经历了缓慢增长的过程，从 1981 年的 1 479. 8万人，提高到 2010 年的 2 814. 1 万人，年均增长率为 2. 24%，略低

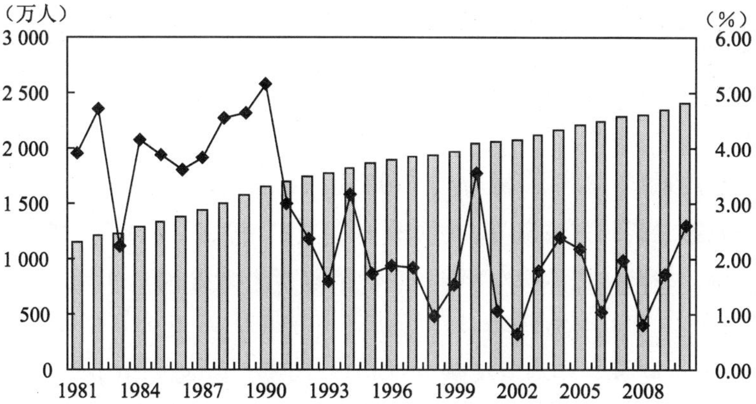

图 10.7　贵州历年劳动力投入及增长率情况（1981—2010 年）

于贵州，在西南四省区中位于第二位。劳动力供给的年增长率与其他西南省区相似，在 20 世纪 90 年代之前波动明显，但增速较快，1991 年开始持续下降，直到 2002 年后又开始有所加快。见图 10. 8。

2010 年云南第一产业的就业人数占 61. 6% 的较大比重，第二产业为 13. 9%，第三产业占 24. 5%，呈现“一、三、二”的状态，与发达国家的“三、二、一”结构相距甚远。同时，在结构调整中，第一产业的 GDP 增长率较小，就业人数呈下降趋势，且对劳动力就业的影响作用较小；第二

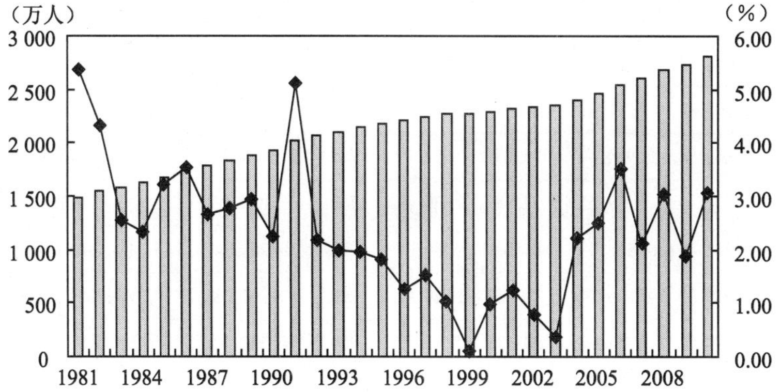

图 10. 8　云南历年劳动力投入及增长率情况（1981—2010 年）

产业就业的增速和容量都保持在一个较高的水平，说明云南第二产业对劳动力需求仍有一定的带动作用；而第三产业由于劳动密集程度较高，能创造大量的就业岗位，因而对就业的带动力最强，并能在很大程度上缓解就业压力。

（三）西南四省区物质资本要素的经验描述

按照第二章的方法说明，物质资本存量采用张军（2004）提供的方法计算获得，并同样按照 2000 年不变价格进行平减处理，计算的结果如表 10.1 所示。广西的物质资本存量从 1981 年的 559.92 亿元，增长到 2010 年的 20 178.68 亿元，年均增长率达到了 13.16%，是四个西南省区中物质资本存量增长最快的。四川则是西南四省区中物质资本存量最多的省份，在 1981 年时就已经达到了 2 194.96 亿元，到 2010 年时提高到43 697.04亿元，年均增长率为 10.86%。贵州省的物质资本存量也经历两个数的较高速增长，从 1981 年的 545.29 亿元，增长到 2010 年的8 878.31亿元。云南省的物质资本存量是西南四省区中增速最慢的，1981—2010 年间的年均增长率只有 8.49%。

表 10.1　西南四省区历年物质资本存量情况（1981—2010 年）　（亿元）

年份	广西	四川	贵州	云南	年份	广西	四川	贵州	云南
1981	559.92	2 194.96	545.29	1 994.65	1996	2 026.06	6 333.42	1 446.09	6 321.85
1982	555.53	2 323.89	575.05	2 051.44	1997	2 305.82	7 079.70	1 590.34	7 100.87
1983	566.43	2 495.46	619.03	2 090.32	1998	2 642.79	8 125.25	1 782.63	8 136.82
1984	598.82	2 711.35	681.89	2 180.01	1999	3 026.82	9 149.90	2 018.70	9 142.21
1985	641.08	2 984.41	774.05	2 278.79	2000	3 406.74	10 254.39	2 283.72	9 975.38
1986	701.49	3 237.65	837.68	2 380.79	2001	3 800.67	11 571.73	2 641.68	10 823.75
1987	762.35	3 568.59	901.69	2 494.30	2002	4 259.34	13 157.18	3 052.62	11 788.40
1988	789.33	3 815.79	968.94	2 649.81	2003	4 801.58	15 172.85	3 512.46	13 093.56
1989	810.82	3 857.62	1 003.75	2 770.72	2004	5 530.41	17 434.88	3 989.52	14 796.56
1990	819.55	3 930.54	1 050.80	2 942.79	2005	6 537.86	20 121.99	4 517.25	17 049.32
1991	841.03	4 088.87	1 099.51	3 329.52	2006	7 879.25	23 414.00	5 125.35	17 229.53
1992	896.35	4 310.31	1 148.62	3 868.91	2007	9 598.90	27 330.17	5 822.17	17 691.04

续表

年份	广西	四川	贵州	云南	年份	广西	四川	贵州	云南
1993	1 136.96	4 597.16	1 199.69	4 442.20	2008	11 563.73	32 120.52	6 617.92	17 963.40
1994	1 427.96	5 037.20	1 260.72	5 028.16	2009	15 036.07	37 249.08	7 616.02	18 927.67
1995	1 719.04	5 657.75	1 338.46	5 635.00	2010	20 178.68	43 697.04	8 878.31	21 190.17
2010/1981	36.04	19.91	16.28	10.62	年均增速	13.16%	10.86%	10.10%	8.49%

图 10.9 是西南四省区物质资本存量增速的变化情况，从中可以看出，1981—1990 年期间，西南四省区的物质资本存量增长率比较缓慢，普遍低于同期的经济增长率，这说明当经济增长加速时，资本形成的速度并没有同步增长。在 1990 年后，西南四省区的物质资本存量开始加速增长，一直持续到 2010 年。

1. 广西

分省区来看，广西的物质资本存量从 1981 年的 559.92 亿元，增长到 2010 年的 20 178.68 亿元，整体上升了 36.04 倍，年均增长率达到 13.16%，是西南四省区中物质资本存量增长最快的。广西属于经济欠发达地区，处于工业化初级阶段，已由轻工业阶段过渡到重工业发展阶段。重工业阶段表现为行业投资规模大、产业链长、加工度高、中间产品多、增长持续时间长等，在这一阶段要求固定资产保持较快增长。近年来，广西投资率呈现总体上升，与经济发展阶段相适应。通过考察逐年的增长率，发现 1982 年的增长率最慢，为 -0.78%，表明当年的资本增量还不及折旧值，2010 年的增长率最高，为 34.32%。相对来说，资本存量增长速度在 1990—1996 年期间波动幅度较大。

在经济体制改革的起步阶段（1979—1984 年），广西开始加强老企业的技术改造。1981 年起的“六五”时期，广西提出 8 大优势发展战略，其中工业的发展优势是蔗糖、水电、有色金属、建筑材料等，并把蔗糖、水电、有色金属、建材作为工业的四大支柱。广西制糖、水电、水泥制造及有色金属工业投资分别占国有投资的 5.4%、12%、4.7% 和 5.6%，四大优势行业投资合计占国有投资的 27.8%。

在经济体制改革全面展开阶段（1985—1992 年），广西相继建成或扩建的大型投资项目有合山电厂（8 号机组）、来宾电厂（1、2 号机组）、兴安电厂、来宾冶炼厂、木圭锰矿、柳州钢铁厂（形成 50 万吨钢铁综合生产能力）、柳州工程机械厂改造工程、南宁化工集团烧碱项目、贵县甘蔗化工厂扩建工程、柳州纸厂扩建工程、柳州化肥厂扩建尿素工程、南宁和桂林啤酒厂等。

在市场经济改革新阶段（1993—2000 年），广西抓住国家实行积极的财政政策、国家增发国债和推进西部大开发的机遇，切实改善投资环境，努力扩大对外开放。建成的大中型项目有：（与贵州合作项目）贵州盘县电厂（60 万千瓦）、百龙滩水电站、叶茂水电站等 8 座，以及山市糖厂、巴马糖厂等。

2000 年以后，广西物质资本存量的增速呈现出稳定的增长态势，从 2000 年的 12.55% 攀升到 2010 年的 34.32%，尤其在 2005 年后表现出了惊人的高速增长，年增速超过 20%，2009 年和 2010 年更是达到 30% 以上。2000 年后，广西新增高速公路 598 公里，新增沿海港口吞吐能力 1 416 万吨，新增发电装机容量 338 万千瓦。南宁至友谊关高速公路全线贯通，作为连接中国与东盟国际大通道作用进一步发挥。沿海基础设施建设大会战初显成效。龙滩水电站、百色水利枢纽、洛湛铁路广西段、桂林至梧州高速公路、华银氧化铝一期工程等一批重大项目开工建设。随着一批交通、能源、水利、通信、城市设施等基础设施日趋完善，经济加快发展的基础进一步夯实。

2. 四川

四川的资本存量增长较为迅速，由 1981 年的 2 194.96 亿元，提高到 2010 年的 43 697.04 亿元，整体上升了 18.91 倍，在样本年间维持了年均 10.86% 的增长率，是西南四省区中增速仅次于广西的省份。30 年的快速发展，四川经济在中国尤其是在西部地区的重要地位得到不断巩固，2001 年 GDP 总量超过湖北位居全国各省市区第 9 位，西部第 1 位。进一步考察逐年增长率，发现该指标在 1989 年时最低，为 1.11%，在 2008 年时最高，为 17.53%。波动幅度上，1983—1989 年波动较大，呈现了快速上升又下降的过程，总体在 1.10% ~10.22% 区间内波动，其余年份里的波动幅度相对较小，在1991年后基本保持了稳定的增长态势，从1.89%攀升到2008年的17.53%。2008年国际金融危机导致资本存量增长率有所下降，但依然保持15%以上的高速增长。四川省也是西南四省区中物质资本存量增速波动相对最小的一个省份。

3. 贵州

贵州经济发展慢主要受制于历史工业基础薄弱、投资不足、人才匮乏、产业结构不合理、市场发育不完善、交通运输业发展滞后等诸多因素的影响。其中，投资不足是贵州经济发展滞后的最重要原因之一。贵州省的物质资本存量虽然经历两个数的较高速增长，从1981年的545.29亿元，增长到2010年的8 878.31亿元，整体上升了15.28倍，年均增长率为10.10%。但在整体西南四省区中增速最慢。通过考察逐年的增长率，发现1989年的增长率最慢，为3.59%，2010年的增长率最高，为16.57%。

相对来说，资本存量增长速度在1981年至1989年期间波动幅度较大，在1.90%～13.51%的区间内剧烈震荡。1991年以后，物质资本存量的增速呈现出稳定的增长态势，与四川省有着相似的变化趋势，同样在近五年也开始加速增长，2010年的增长率都为近30年来的新高。2000年后交通、水利设施、城市基础设施、邮电通信等基础设施和电力等基础产业方面的投资力度不断加大，成为历史上基础设施和基础产业建设投入强度最大的时期。贵州省的物质资本投入受到国际经济危机的影响较小，2008年后不仅没有出现减速的情况，反而还不断提速。

4. 云南

云南的资本存量由1981年的1 933.47亿元增加至2010年的21 190.17亿元，整体上升了9.62倍，在样本年间维持了年均8.49%的增长率，在西南四省区中增速排在最后一位。进一步考察逐年增长率，发现该指标在2006年时最低，为1.06%，在1992年达到最高，为16.20%。波动幅度上，1990年至1996年里波动较大，呈现了快速上升又下降的过程。云南的物质资本存量增速在20世纪90年代表现出快速增长的趋势，之后有所波动，与广西、四川和贵州所不同的是，云南近五年的物质资本并没加速增长，而是明显减缓。

1980 年云南省固定资产投资总额达到 20.9 亿元，比 1978 年增长 39%，在这之后的五年时间里，特别是 1982 年 9 月召开了党的十二大，提出了到 20 世纪末使国民生产总值翻两番的目标，1983—1984 年，根据党中央提出的目标，政府实施了积极的财政政策，云南省也受到影响，1985 年固定资产投资达到 46.32 亿元，比 1980 年增加 2 倍还要多，平均每年增长 50 753 万元，平均递增速度为 17.2%。“七五”期间，除 1988 年比前一年增长幅度较大外，其余年份投资额平稳上升。“八五”时期，1991 年固定资产投资总额比 1986 年增长一倍。1992 年在邓小平南方讲话及当年 10 月江泽民在中共十四大上所做的“加快改革开放和现代化建设步伐，夺取有中国特色社会主义事业的更大胜利”的报告的激励下，举国上下再次掀起改革开放的新浪潮，投资规模迅速膨胀，这使云南省投资进一步提升，到 1995 年底，固定资产投资达到了 380.6 亿元，相当于 1980 年投资数的 18.2 倍，平均每年递增 564 506 万元。到了“九五”和“十五”时期，云南省固定资产投资更是飞速增加。2000 年的投资数额达到了 697.9 亿元，2005 年超过了 1 755.3 亿元，分别是“八五”末期的 1.8 倍和 4.6 倍。

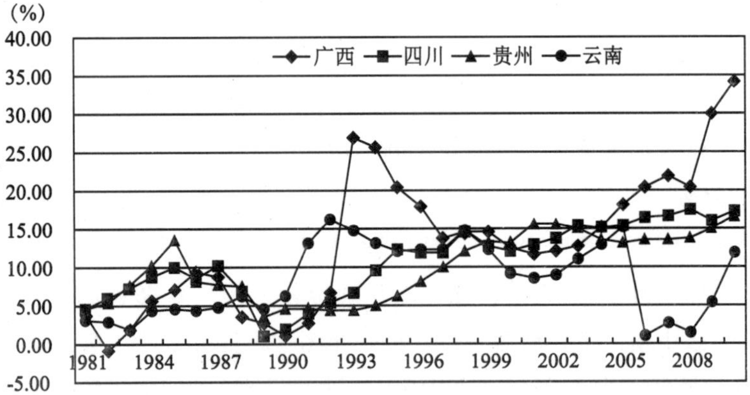

图 10.9　西南四省区物质资本存量增速变化情况（1981—2010 年）

二、西南四省区要素贡献率测度及结果分析

改革开放之后，西南四省区在要素投入上给我们的总体印象是劳动力投入不断减少，而固定资产投资却在大多数年份都保持着两位数的增长势头，与经济增速相比，绝大多数年份的固定资产投资增速都要略高，并且两者表现出相似的经济结构波动周期。

（一）资本与劳动边际产出测度结果及分析

观察表10.2中的数据，可以发现西南四省区的资本边际产出变化有如下两个特征：一是在20世纪90年代中期以前资本的边际产出是不断增加的，但之后开始持续下降。其中广西的资本边际产出降幅最大，2010年时的数值只有1981年的50%，而云南省是唯一资本边际产出有所增加的省份。这主要是因为资本边际产出会随着资本存量的增加具有不断递减的趋势，而云南省又是西南四省区中资本积累最低的省份，因此其资产边际产出有增加的动力。二是从西南四省区的比较来看，广西的资本边际产出在初期是最高的，达到了0.56，几乎是最低的云南的3倍多，但经过30年的变化，四个省区的边际产出出现了趋同的现象。资本边际产出差异水平的下降，体现出资本存量在跨省区间配置效率的提高。西南四省区的劳动边际产出变化有如下两个特征：一是1981—2010年间劳动的边际产出表现出持续的增长趋势，并且在1995年后有所加速。在西南四省区中，广西的劳动边际产出始终最高，四川在初期时最低，但之后超过贵州和云南。二是四个省区间的劳动边际产出差异在不断扩大，这与资本边际产出的情况正好相反。

表10.2　西南四省区资本与劳动边际产出变化情况（1981—2010年）

	资本的边际产出				劳动的边际产出			
	广西	四川	贵州	云南	广西	四川	贵州	云南
1981	0.557	0.354	0.304	0.139	0.067	0.040	0.049	0.041
1982	0.607	0.369	0.333	0.156	0.073	0.044	0.055	0.047
1983	0.612	0.380	0.348	0.166	0.075	0.048	0.061	0.052

续表

	资本的边际产出				劳动的边际产出			
	广西	四川	贵州	云南	广西	四川	贵州	云南
1984	0. 614	0. 394	0. 378	0. 183	0. 078	0. 054	0. 070	0. 060
1985	0. 622	0. 396	0. 359	0. 197	0. 083	0. 058	0. 073	0. 068
1986	0. 611	0. 388	0. 351	0. 197	0. 086	0. 060	0. 075	0. 070
1987	0. 609	0. 380	0. 361	0. 211	0. 091	0. 064	0. 081	0. 079
1988	0. 612	0. 384	0. 364	0. 230	0. 095	0. 069	0. 085	0. 091
1989	0. 615	0. 392	0. 367	0. 233	0. 098	0. 073	0. 087	0. 096
1990	0. 632	0. 410	0. 365	0. 239	0. 102	0. 079	0. 088	0. 104
1991	0. 652	0. 423	0. 380	0. 225	0. 107	0. 084	0. 095	0. 105
1992	0. 664	0. 448	0. 394	0. 215	0. 115	0. 094	0. 102	0. 113
1993	0. 633	0. 466	0. 414	0. 207	0. 131	0. 106	0. 112	0. 121
1994	0. 603	0. 469	0. 427	0. 204	0. 149	0. 117	0. 120	0. 132
1995	0. 578	0. 463	0. 433	0. 203	0. 165	0. 128	0. 128	0. 145
1996	0. 554	0. 457	0. 437	0. 200	0. 182	0. 142	0. 138	0. 158
1997	0. 538	0. 452	0. 433	0. 195	0. 197	0. 156	0. 149	0. 170
1998	0. 522	0. 437	0. 421	0. 184	0. 216	0. 174	0. 160	0. 181
1999	0. 504	0. 421	0. 403	0. 176	0. 236	0. 190	0. 171	0. 194
2000	0. 489	0. 413	0. 388	0. 174	0. 253	0. 210	0. 179	0. 208
2001	0. 479	0. 403	0. 366	0. 171	0. 275	0. 232	0. 192	0. 222
2002	0. 474	0. 394	0. 346	0. 172	0. 301	0. 255	0. 207	0. 243
2003	0. 466	0. 383	0. 332	0. 169	0. 328	0. 280	0. 223	0. 265
2004	0. 455	0. 376	0. 326	0. 166	0. 360	0. 309	0. 242	0. 288
2005	0. 440	0. 368	0. 325	0. 157	0. 398	0. 338	0. 266	0. 303
2006	0. 420	0. 359	0. 323	0. 173	0. 443	0. 371	0. 296	0. 339
2007	0. 401	0. 354	0. 327	0. 190	0. 499	0. 413	0. 333	0. 384
2008	0. 380	0. 340	0. 321	0. 207	0. 549	0. 449	0. 367	0. 425
2009	0. 337	0. 336	0. 311	0. 220	0. 596	0. 499	0. 399	0. 477
2010	0. 289	0. 332	0. 301	0. 221	0. 632	0. 560	0. 435	0. 521

（二）西南四省区 TFP 估计结果及分析

根据新古典经济增长理论，投入要素具有边际产出递减的倾向。从上文的分析中我们已经可以看出，西南四省区经济增长过程中劳动力和资本要素的边际产出在不断减少，因此在具有资源约束的现实情境下，经济的长期持续快速增长不可能依靠要素投入的拉动，而只能够通过全要素生产率的不断进步来实现。

根据第二章的方法我们计算出西南四省区 1981—2010 年 TFP 的结果，如表 10.3 所示。在绝大多数年份，广西、四川和云南的 TFP 都为正，贵州在 1999—2003 年期间出现过持续为负的现象。结合表 10.4 可以看出，TFP 对西南四省区的经济增长具有正向贡献，但其数值水平相对快速的经济增长而言明显过低，积极作用并不显著，而且时间趋势上的波动较大，阶段性特征非常明显。1981—1985 年间，广西、四川、贵州和云南四省区的 TFP 都表现出了高速的增长率，其中云南省更是高达近 40%，是所有 6 个时期 TFP 增长最快的阶段。但由于该阶段处于改革的最早期，TFP 变动也显现出了较大的波动性。1986—1990 年和 1991—1995 年两个五年阶段时期，西南四省区的 TFP 依旧保持着较高速度的增长，相比较而言广西的增速较缓慢。1995 年之后西南四省区的 TFP 增长开始明显减速，1996—2000 年广西、四川、贵州和云南四省区 TFP 的增长率分别为 3.99%、11.57%、2.85% 和 1.34%，之后的一个阶段分别为 8.14%、13%、0.77% 和 5.08%。2005—2010 年经济增速保持在高位，TFP 的变动也随着提速，云南提高到 38.42%，四川和贵州也都是二位数增长。但广西的 TFP 变动却为负值，年平均退步 7.57%，且表现出了一定的逐年恶化趋势。

表 10.3 西南四省区 TFP 估计结果

	广西	四川	贵州	云南		广西	四川	贵州	云南
1981	0.036 2	0.015 5	0.024 8	0.006 6	1996	0.008 7	0.031 2	0.026 8	0.019 8
1982	0.078 0	0.059 8	0.104 6	0.125 4	1997	0.009 8	0.030 8	0.016 4	0.009 3
1983	0.008 4	0.055 6	0.065 2	0.065 8	1998	0.011 7	0.020 7	0.002 5	-0.015 2

续表

	广西	四川	贵州	云南		广西	四川	贵州	云南
1984	0.014 9	0.068 8	0.109 9	0.108 0	1999	0.005 5	0.009 7	-0.007 6	-0.008 4
1985	0.029 6	0.039 7	-0.017 8	0.090 3	2000	0.004 2	0.023 2	-0.009 6	0.007 9
1986	0.004 2	0.009 7	-0.007 2	0.007 1	2001	0.012 1	0.021 1	-0.016 4	0.008 2
1987	0.017 7	0.015 4	0.044 0	0.082 5	2002	0.021 0	0.024 4	-0.012 4	0.026 7
1988	0.009 8	0.032 3	0.022 8	0.106 8	2003	0.017 1	0.024 4	-0.004 6	0.012 3
1989	0.008 6	0.020 6	0.008 8	0.021 2	2004	0.017 1	0.032 0	0.013 5	0.019 1
1990	0.022 6	0.047 9	-0.001 7	0.039 0	2005	0.014 2	0.028 1	0.027 6	-0.015 5
1991	0.032 2	0.043 6	0.050 2	-0.026 3	2006	0.009 8	0.030 1	0.030 3	0.097 8
1992	0.032 8	0.075 5	0.042 3	0.000 3	2007	0.013 3	0.040 1	0.044 1	0.094 8
1993	0.027 9	0.062 2	0.061 0	0.005 6	2008	0.000 1	0.018 4	0.016 0	0.085 2
1994	0.022 7	0.042 0	0.038 7	0.023 6	2009	-0.036 7	0.041 5	0.005 7	0.075 1
1995	0.016 2	0.029 6	0.026 4	0.026 7	2010	-0.062 1	0.044 1	0.006 5	0.031 3

（三）西南四省区要素对经济增长的贡献率分析

根据第二章的方法我们计算了改革以来物质资本、劳动力和 TFP 对西南四省区经济增长的贡献情况，具体结果列于表 10.4 之中。此外我们还制作了资本、劳动和 TFP 绝对值变动和对经济增长贡献值变动的趋势图，以期直观展现西南四省区经济增长的动力转换过程。

基本上西南四省区 TFP 对经济增长的贡献大致可以分为三个阶段：第一个阶段为 1979 年到 1992 年的改革开放初期，这一阶段的典型特征是 TFP 对经济增长的贡献呈现剧烈的波动，造成这种波动性的主要原因在于：国民经济经历了 1978—1981 年、1982—1986 年和 1987—1991 年三次经济波动，采取了 1980—1981 年的调整、1986 年的“软着陆”以及 1989—1990 年的“治理整顿”和“双紧”政策。由于这段时间国家一直处于改革的摸索阶段，伴随着高通胀和高紧缩交替影响经济运行，最终使得国民经济呈现了较为明显的波动性。第二个阶段为 1993 年到 2001 年，这一个阶段为改革开放的攻坚阶段，造成这一阶段西南四省区 TFP 呈现一定下降趋势。其主要原因在于国家在 1993 年提出了建立现代企业制度和进行分税制改革和金融体制改革，紧接着的1994年国家提出了外贸体制改革，1995年国家提出了“两个根本性转变”的目标，确定了经济体制从传统的计划经济体制向社会主义市场经济体制转变和经济增长方式从粗放型向集约型转变，再到1999年国家确定了非公有制经济是社会主义市场经济的重要组成部分，国家的经济体制改革逐步开始明晰，经济体制改革的大方向已经巩固确立，但是整个过程还是处于经济体制改革不断深化阶段，此外1997年的亚洲金融危机在一定程度上也冲击了国民经济的发展。第三个阶段为2002年至今，这个阶段是改革开放的良好发展阶段，“胡温新政”极大地促进中国社会经济的进步。这一阶段西南四省区经济呈现了稳步增长的态势，是改革开放以来发展速度较快的阶段。此阶段TFP对经济增长的贡献也呈现了一定的上升趋势，2001年加入WTO以后，国家开始大力发展外向型经济。无论是经济增长速度还是TFP都呈现了一定的上升趋势。2006年党中央国务院召开全国科学大会，胡锦涛总书记在会议上提出，实施自主创新的战略，用15年的时间把我国建设成为创新型国家。国家开始越来越重视自主创新对经济增长的贡献。在这个阶段，无论是科技投入还是科技产出，各地区都呈现了较快的增长速度，这也在一定程度上促进了TFP的上升。

表10.4 西南四省区历年经济增长的构成（1981—2010年）

		广西	四川	贵州	云南
1981—1985	资本对经济增长的贡献率	35.19%	57.17%	59.65%	85.02%
	劳动对经济增长的贡献率	12.23%	5.92%	9.64%	7.79%
	TFP对经济增长的贡献率	52.58%	36.91%	30.71%	7.18%
	TFP	16.71%	23.94%	28.67%	39.61%
1986—1990	资本对经济增长的贡献率	64.80%	68.16%	83.20%	80.37%
	劳动对经济增长的贡献率	14.51%	7.81%	20.97%	11.70%
	TFP对经济增长的贡献率	20.69%	24.03%	-4.16%	7.93%
	TFP	6.30%	12.59%	6.67%	25.65%
1991—1995	资本对经济增长的贡献率	71.31%	48.42%	51.63%	117.12%
	劳动对经济增长的贡献率	4.95%	3.32%	9.89%	6.48%
	TFP对经济增长的贡献率	23.74%	48.26%	38.48%	-23.59%

续表

		广西	四川	贵州	云南
	TFP	13.17%	25.29%	21.86%	3.00%
1996—2000	资本对经济增长的贡献率	135.19%	101.44%	113.99%	124.43%
	劳动对经济增长的贡献率	4.62%	-2.21%	8.57%	2.92%
	TFP对经济增长的贡献率	-39.81%	0.77%	-22.57%	-27.35%
	TFP	3.99%	11.57%	2.85%	1.34%
2001—2005	资本对经济增长的贡献率	105.19%	98.87%	123.37%	111.36%
	劳动对经济增长的贡献率	4.08%	1.77%	5.87%	4.07%
	TFP对经济增长的贡献率	-9.27%	-0.64%	-29.25%	-15.42%
	TFP	8.14%	13.00%	0.77%	5.08%
2006—2010	资本对经济增长的贡献率	108.74%	92.83%	102.69%	34.99%
	劳动对经济增长的贡献率	4.63%	2.95%	4.87%	6.46%
	TFP对经济增长的贡献率	-13.37%	4.22%	-7.57%	58.56%
	TFP	-7.57%	17.42%	10.26%	38.42%

由表10.4和图10.10~图10.13的内容可以得出以下认识：

第一，资本投入是西南四省区经济增长的最主要动力来源，1981—2010年，西南四省区的资本积累对经济增长的贡献率大幅高于劳动和TFP，并且有长期中波动式上升的趋势特征。1996—2000年、2001—2005年，广西、四川、贵州和云南，资本对经济增长的贡献率都超过100%。也就是说这段时期仅依靠投资拉动，西南经济便可实现10%以上的高速增长。2006年之后，除了广西，其余三省的资本贡献率有所下降，但只有云南省较为明显。目前来看，这一高投入的趋势尚有一段时期的持续能力，但是随着能源、矿产等要素价格的提高，投资拉动的持续性正面临着极大的挑战。

第二，劳动投入对西南经济增长的贡献率较低，有缓慢的下降趋势。贵州省在1986—1990年期间，劳动对经济增长的贡献率达到过20.97%，是四个省区在六个时间段中最高的。而四川省在1996—2000年间，劳动对资本的贡献率还出现过负值。这一方面是源于人口更新换代速度的客观制约，其无法在投入量上迅速增加。另一方面源于长期过剩的劳动力供给抑制了劳动边际产出的提高，也即要素价格——工资的上涨。可以看出劳动的贡献水平具有缓慢下降的总体趋势，这主要是源于人口红利的逐渐消耗，而与此同时受结构转型滞后的困扰，劳动力市场并未对此作出足够积极的回应。

第三，1995 年之前 TFP 对西南四省区经济增长的贡献值略高于劳动投入，但绝对水平仍较低。1996 年之后随着 TFP 增长率逐年下降，TFP 与劳动投入对经济增长的贡献值逐渐拉大，并且在部分年份有些西南省份还出现了负值。目前来看，西南省区 TFP 停滞所导致的粗放式经济增长态势已愈发令人担忧。在 1981—1985 年期间，改革开放的早期，TFP 对经济增长的作用比较显著，广西甚至还出现了高于资本贡献率的情况。1986—1990 年出现下滑，但广西和四川都还超过了 20%，不过贵州出现了负值。1991—1995 年有所反弹，四川的 TFP 贡献率更是高达 48.26%，但云南却出现了负值。可见省区之间 TFP 贡献率的差异性是非常明显的。1996—2005 年期间，开始出现大面积 TFP 贡献率为负的情况。造成这一现象的主要原因是西南四省区物质资本积累的增长率普遍高于其他要素，在经济增长过程中资本的贡献率较大。

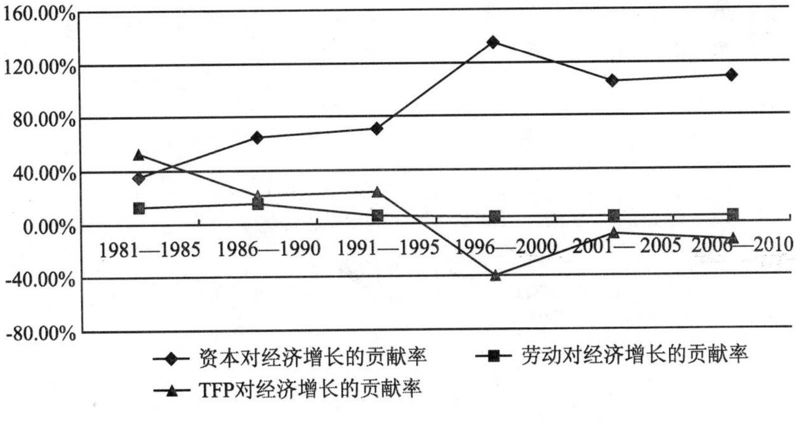

图 10.10　广西历年资本、劳动和 TFP 对经济增长的贡献率（1981—2010 年）

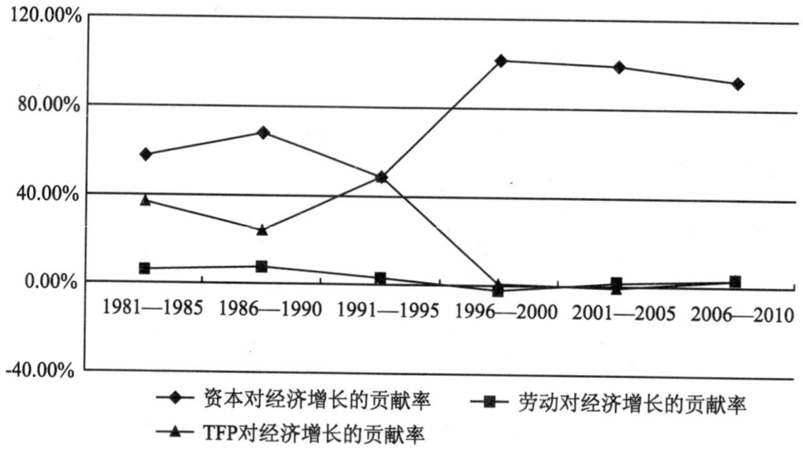

图 10.11　四川历年资本、劳动和 TFP 对经济增长的贡献率（1981—2010 年）

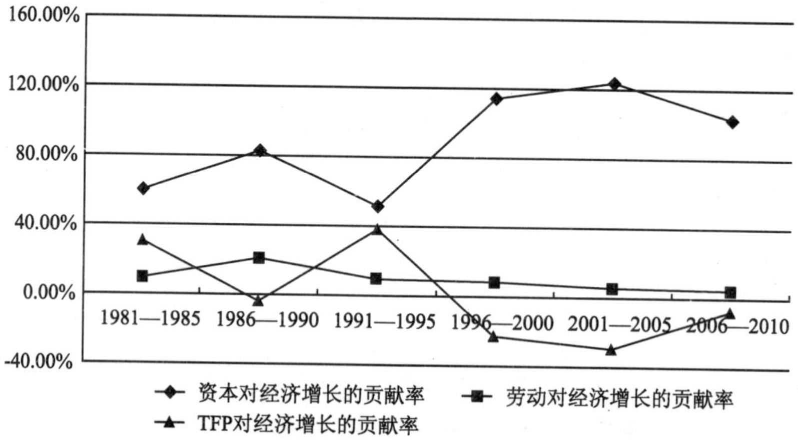

图 10.12　贵州历年资本、劳动和 TFP 对经济增长的贡献率（1981—2010 年）

总体上来看，西南经济增长的动力转换可大体划分为三个阶段。第一阶段为 1981—1985 年，资本投入、劳动投入和 TFP 进步对经济增长起到了较为平衡的贡献，此时经济增长的动力表现为三驾马车各显其能的态势。第二阶段为 1986—1995 年，伴随着宏观经济形势的剧烈起伏，资本投入和 TFP 也表现出了极大的波动，造成这种波动性的主要原因在于这段时间的政策还处于摸索阶段，造成了西南四省区 TFP 对经济增长贡献也呈现了较

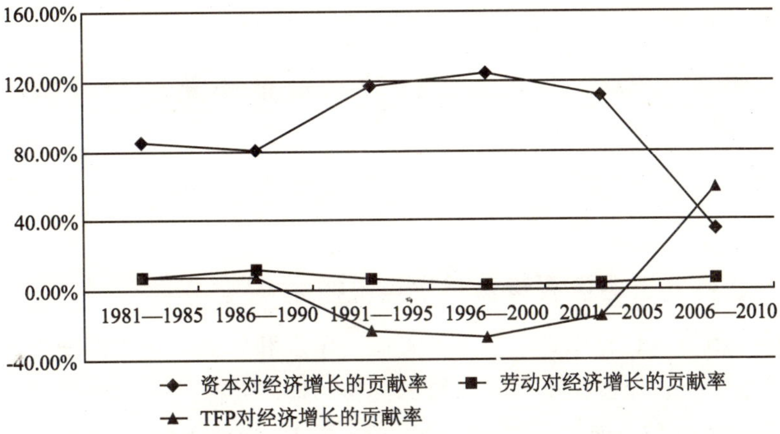

图 10.13 云南历年资本、劳动和 TFP 对经济增长的贡献率（1981—2010 年）

为明显的波动性。在波动过程中，资本投入逐渐拉开了与 TFP 之间的距离，成为经济增长最为重要的来源。第三阶段为 1996 年至今，此间中国经济经历了软着陆和重启改革后第二轮经济增长热潮，政府宏观调控手段和对经济干预的力度逐渐增强，资本积累率也随之进一步提高，但是经济转型的矛盾一直未能解决，粗放型发展的特征日益强化。此时西南经济增长的动力表现为资本投入与 TFP 反向角力的态势，劳动投入的作用逐渐趋于中性。

第十一章　西北五省区要素贡献率测度与分析

一、西北五省区要素贡献率经验描述

西北五省区包括陕西、甘肃、青海、宁夏和新疆，土地面积为309.3万平方公里，占全国国土总面积的32.2%。地广人稀，干旱缺水，生态环境脆弱。2010年，西北地区有人口9 664万人，占全国总人口的7.21%，是中国“老少边穷”人口相对集中的地区。西北地区不仅拥有较为丰富的土地、能源、矿产资源，地区组合条件较好，开发潜力巨大，还有历史渊源的历史、人文和旅游资源，尤其是土地、煤炭、石油、天然气、有色金属和盐湖资源，在全国占有重要地位，是保障中国国民经济持续稳定快速发展的重要后备基地之一。

西北五省区在地缘上相互邻近，同是资源较为丰富的省区，三产结构也较为相似。改革开放三十年，西北五省区的经济取得了巨大的发展，经济发展结构大体处于当代低收入水平国家与中等收入水平国家之间。西部大开发以来，五省区的经济结构呈现出农业劳动人口占据大多数，工业占产值比重较大，服务业逐渐扩大发展的趋势。其中陕西和新疆的经济总量和发展水平均优于甘肃、青海、宁夏，并且与后三者各方面的差距还呈现出进一步扩大的趋势。

2010年，西北五省区实现地区生产总值22 721.78亿元，占全国GDP的比重为5.20%。同比增长12.5%，高于全国的平均水平。陕西、甘肃、青海、宁夏和新疆分别完成10 123.48亿元、4 120.75亿元、1 350.43亿元和5 437.47亿元，同比增长114.6%、11.8%、15.3%、13.5%和10.6%，分别比2009年加快1.0、1.5、5.2、1.6和1.5个百分点。2010年西北五省区人均GDP为25 311元，低于全国平均水平（29 992元），其中甘肃省最低只有16 113元，其次是青海省24 115元，新疆为25 034元，宁夏为

26 860元，陕西最高达到了27 133元，但都没有超过全国平均水平。

（一）西北五省区历年产出的经验描述

1. 陕西

改革开放以来，陕西省的经济增长保持着良好的势头。按照2000年的不变价格，实际GDP从1981年的276.13亿元，快速增长到2010年的5 811.79亿元，整体增长了20.05倍，并维持了年均11.08%的增长率，是西北五省区中GDP规模最大，且近30年年均增长率最高的省份。进一步考察GDP的逐年增长率，发现1989年的增长速度最慢，仅为3.29%，1984年的增长速度最快，高达17.8%。

就GDP增速的情况而言，陕西省的经济发展可以分成三个阶段。第一阶段是从1981—1990年，该阶段的经济增速呈现出骤起骤落的特征，波动性较大，在3.3%~22.10%的区间内剧烈震荡。这主要是由于1981—1985年是我国改革初期，国内经济开始走上正轨，1986—1988年由于是全面改革经济体制的关键时期，出现了经济过热的现象。第二阶段是1991—2001年，呈现“M”型特征，经历了增长—下滑—再增长—再下滑的过程，但整体上波动相对较小，在7.0%~11.97%区间内小幅度上下。20世纪80年代末到90年代初期，为经济的治理整顿时期，宏观紧缩出现市场疲软，

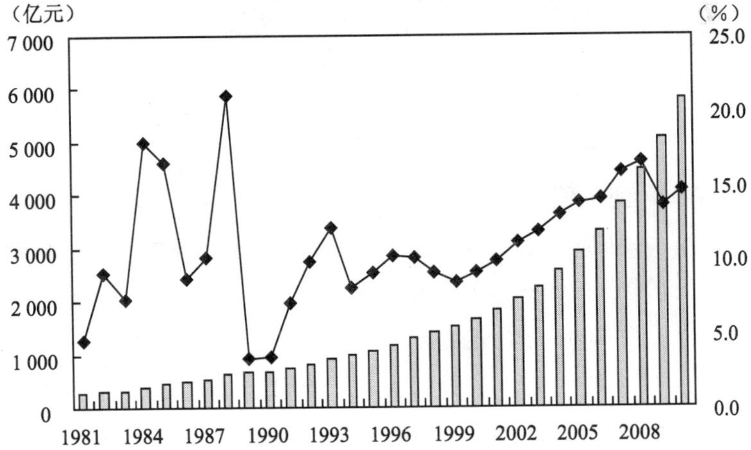

图11.1 陕西历年GDP及增长率情况（1981—2010年）

速度明显趋缓，之后开始初步平稳，在1995年左右确立了社会主义市场经济目标，总体开放格局基本形成。第三阶段是2002—2010年，经济增长持续保持在高位运行，年增长率不断上升直到2008年后的经济危机。作为西部大开发的西北龙头省份，陕西省在2001年后迎来了新的一轮发展机遇，增速均保持两位数增长，2007年增长速度创近19年新高，增速在全国居11位。见图11.1。

2. 甘肃

改革开放以来，甘肃从本省实际出发先后从不同角度提出了“敞开大门、开发致富”，“一岸两翼”，“双带整推”，“资源加工增值”，“抓两头、带中间”，“实施大经贸”等一系列经济发展战略或战略措施。按照2000年的不变价格，甘肃省的GDP从1981年的170.96亿元，快速增长到2010年的2 783.79亿元，整体增长了16.78倍，并维持了年均10.43%的增长率，在西北五省区中排在第三位。1995年之前甘肃省的经济增长率低于全国平均水平，2000—2010年略高于全国平均水平，说明开始进入经济起飞阶段。进一步考察GDP的逐年增长率，发现1981年的GDP增速为负，1990年的增速最慢，只有5.6%，而1983年的增长速度最快，高达14.9%。

就GDP增速的情况而言，甘肃省的经济发展可以分成三个阶段。第一阶段是从1981—1990年，该阶段的经济增速呈现出骤起骤落的特征，波动性较大，在-8.4%~14.9%的区间内剧烈震荡。第二阶段是1991—1999年，呈现倒“U”型特征，但幅度较小。该阶段由于国家宏观经济政策以及经济体制改革的大方向已经巩固确立，所以甘肃省的GDP增长从峰值时的11.6%，回落到1999年的8.3%，实现了从经济高速增长到平稳软着陆的目标。第三阶段是2002—2010年，经济增长持续保持在高位运行，年增长率不断上升直到2008年后的经济危机。甘肃一直实行的都是“资源开发导向型”经济发展战略，在我国追求“高度自给自足”的资源目标之前，因为有较高的自然资源自给率和相当高的资源产品进口关税和贸易壁垒，使得甘肃省的工业体系主要以能源和矿采资源业为主。然而从20世纪90年代转向“充分利用两个资源”的新战略后，迫使甘肃进行更加科学的工业体系的建立，重点发展特色农业、石油化工、有色金属冶炼、农产品加工、旅游业。见图 11.2。

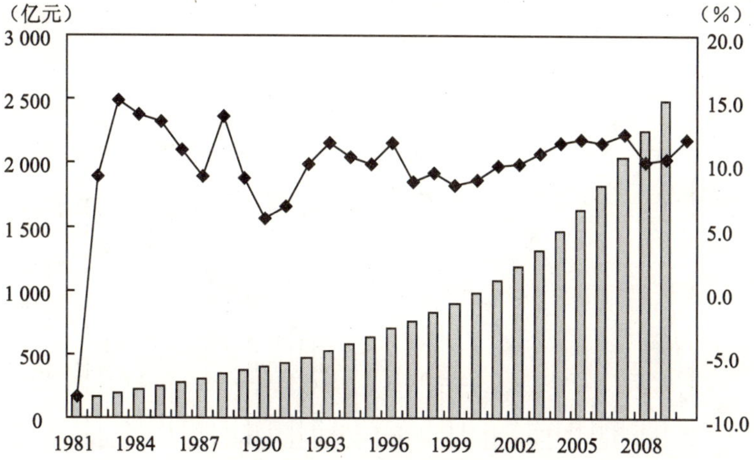

图 11.2　甘肃省历年 GDP 及增长率情况（1981—2010 年）

3. 青海

按照2000 年的不变价格，青海省的实际 GDP 从 1981 年的 60.69 亿元，增长到2010 年的 862.24 亿元，整体增长了 13.41 倍，并维持了年均 9.64% 的增长率，是西北五省区中经济总量倒数第二，经济增速最慢的一个省份。进一步考察 GDP 的逐年增长率，发现 1981 年的 GDP 增速为负，1989 年的增速最慢，只有 1.2%，而 2010 年的增长速度最快，高达 15.3%。

就 GDP 增速的情况而言，青海省经济发展的第一阶段也是从 1981—1990 年，该阶段的经济增速呈现出骤起骤落的特征，波动性较大，在 -1.4% ~13.6% 的区间内剧烈震荡。但在 1991—2000 年之间没有出现如陕西省和甘肃省相似的“M 型”或“倒 U 型”情况，在 20 世纪 80 年代末的低速增长后，青海省在 90 年代初期并没有出现超过两位数的高速增长，因此在国家宏观经济调控的大背景下经济无须实现软着陆，只有由于摆脱了计划经济时期大起大落的模式，经济增长的稳定在全国保持前列，一直在 7% ~9% 之间的增速。直到 2001 年后开始加速，保持高位运行，年增长率不断上升直到 2008 年。国际金融危机对青海省的影响较小，在 2009

年经济增速有所回落后，2010 年强劲反弹，达到了 15.3%，是近 30 年来的最高值。见图 11.3。

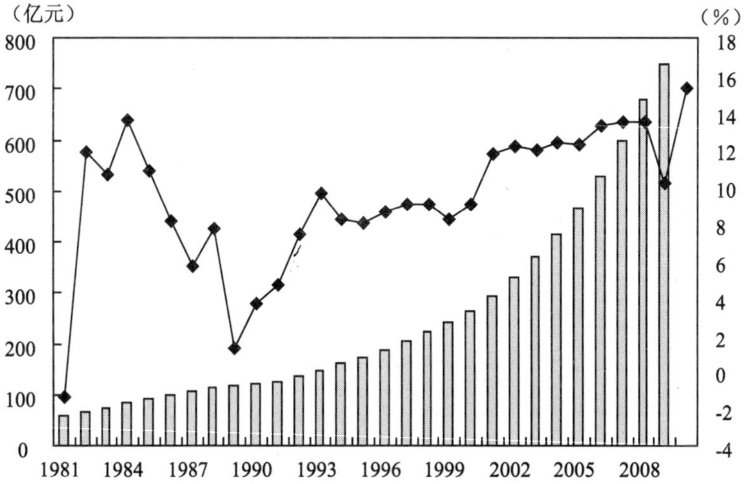

图 11.3 青海历年 GDP 及增长率情况（1981—2010 年）

4. 宁夏

按照 2000 年的不变价格，宁夏的 GDP 从 1981 年的 43.51 亿元，快速增长到 2010 年的 813.43 亿元，整体增长了 17.33 倍，并维持了年均 10.55% 的增长率，是西北五省区中经济总量规模最小，但增速仅低于陕西。进一步考察 GDP 的逐年增长率，发现 1981 年的 GDP 最慢，只有 2.0%，而 1996 年的增长速度最快，高达 18.1%。

就 GDP 增速的情况而言，宁夏的经济发展可以分成三个阶段。第一阶段是从 1981—1990 年，该阶段的经济增速呈现出骤起骤落的特征，波动性较大，在 2.0% ~18.4% 的区间内剧烈震荡。20 世纪 70 年代在大力发展“五小工业”方针的鼓励下，宁夏各地建成了一些具有地方特色的小型工业企业、骨干企业，极大地促进了宁夏工业的全面发展。到 1978 年，全区工业总产值达到 13.85 亿元，较 1957 年增长 34.9 倍，已初步形成了能源、机械、化工、冶金等为重点的、门类比较齐全的工业体系。改革开放初期，在强大政策的刺激下，宁夏经济保持着高速增长，但到 1985 年时受急于求成、盲目冒进思想影响，工业出现了结构不合理，运行质量、效益低下，刚刚起步的经济出现明显下滑。第二阶段是1991—1999年，呈现“倒U型”特征。在经历20世纪80年代末的低速增长后，90年代初期开始反弹，1996年达到峰值，之后迅速回调，到1999年时降为8.7%，实现了从经济高速增长到平稳软着陆的目标。“九五”期间，宁夏实施了大项目带动战略，启动了一批投资过亿元的重点项目，使自治区工业和大企业的核心竞争力明显增强，经济增长出现历史上的高点。第三阶段是2002—2010年，经济增长持续加速，并保持在高位运行。在国家实施西部大开发战略以来，宁夏提出集中力量重点发展以能源、化工、新材料、先进装备制造、特色农产品加工业和高技术产业的“五优一新”产业，实现资源优势向经济优势转化，经济增长一直保持着两位数的平稳增长。国际金融危机对宁夏的影响也较小，2009年经济增速有所回落后，但2010年强劲反弹，达到了13.5%，超过危机前的水平，也是近15年来的最快速度。见图11.4。

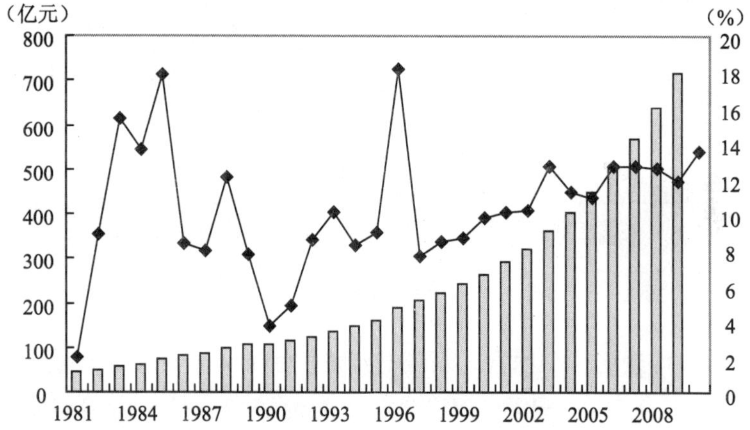

图11.4　宁夏历年GDP及增长率情况（1981—2010年）

5. 新疆

改革开放以来，新疆的现代化建设取得了辉煌成就，经济持续稳定增长。新疆地区生产总值在1978年156.7亿元的基础上，以年均26亿元的增幅快速增长。1985年突破300亿，达到340亿元，1997年突破千亿元，达到1 040亿元。按照2000年的不变价格，新疆的GDP从1981年的

188.63 亿元，快速增长到 2010 年的 3 640.22 亿元，整体增长了 16.79 倍，并维持了年均 10.43% 的增长率，是西北五省区中经济总量规模仅低于陕西省，增速排名第三的地区。进一步考察 GDP 的逐年增长率，发现 1989 年的 GDP 最慢，只有 5.9%，而 1985 年的增长速度最快，高达 16.9%。改革开放初期，按照当时我国的经济建设总体战略目标，新疆要建成全国的石油和煤炭基地，之后延伸到六大生产基地：石油和石油化工基地、棉花基地、粮食基地、畜产品基地、优质瓜果基地、糖料基地。因此，新疆的经济特征多年来一直受限于其“资源导向型”经济战略。

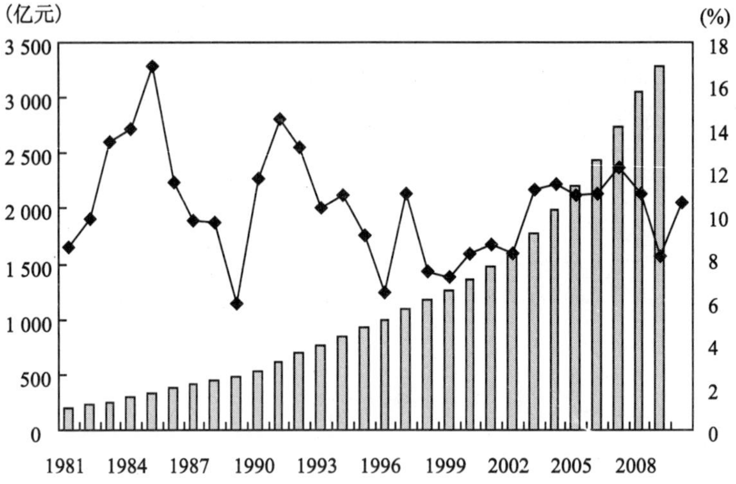

图 11.5 新疆历年 GDP 及增长率情况（1981—2010 年）

就 GDP 增速的情况而言，新疆的经济发展的第一阶段同其他西北四省区相似，也是从 1981—1990 年，该阶段的经济增速呈现出骤起骤落的特征，波动性较大，在 5.9% ~16.9% 的区间内震荡。1982 年新疆首次突出了经济发展战略目标、战略重点和战略步骤，把农牧业、煤炭和石油确定为发展战略重点。1983 年，中央确定了加快新疆开发的步伐，提出了开发建设新疆的整体战略设想。第二阶段是 1991—1999 年，呈现“倒 U 型”特征，但幅度较小。与西北其他省区所不同的是，新疆在 20 世纪 80 年代末 90 年代初期只有 1989 年出现过低速增长，1990 年经济就开始反弹，直到 1996 年经济降温，而爆发于 1997 年的亚洲金融危机并没有给新疆带来负面影响，反而在当年快速增长到11%，之后开始回落到1999年，实现了从经济高速增长到平稳软着陆的目标。第三阶段是2002—2010年，经济增长持续加速，并保持在高位运行，国际金融危机对新疆的影响也较小，2009年经济增速有所回落后。在此阶段新疆的GDP增速要慢于其他西北四省区。

（二）西北五省区历年劳动力要素的经验描述

1. 陕西

按照第二章的方法说明，我们用全社会从业人员数据来衡量劳动力要素投入。图11.6是1981—2010年陕西省劳动力要素投入及历年增长率的情况。从中可以看出，虽然陕西省的全社会从业人员数从1981年的1 158万人，增长到2010年的1 952万人，但增长幅度相比较于同期的GDP水平要小很多，只有62.37%，年均增长率低至1.69%。劳动力投入的增长率在1990年之前一直保持在3%～4%的增长，是整个研究阶段中最快的时期。1991年出现过峰值5.86%，之后开始不断下滑，到20世纪90年代末期还出现过负增长。2000—2010年期间，陕西的劳动力投入年增长率波动较大，在－1.54%～5.03%区间剧烈震荡。劳动力投入增速的不断减少，这与中国的现实情况相符合，随着人口结构不断“老龄化”以及农村剩余劳动力转移步伐减缓，劳动力供给将持续减少，通过大量劳动力数量投入减缓资本边际报酬递减从而实现经济快速增长的模式很难维持。见图11－6。

2. 甘肃

甘肃的全社会从业人员就业数量是西北五省区中仅次于陕西省的省份。从1981年的842万人，提高到2010年的1 431.86万人，整体增长幅度为70.06%，年均增长率只有1.85%。同样相比较于同期的GDP增速，要低出很多。与陕西省所不同的是，甘肃省的劳动力投入出现过两次较大的波动，一次是在1983年，当年劳动力投入增速高达14.23%，另一次是1991年，劳动力投入增速锐减到－15.53%。1992年之后，甘肃省全社会从业人员数量的增长一直保持着比较稳定的速度，在－0.34%～5.73%之间波动。见图11.7。

3. 青海

青海的全社会就业人口在1989年被宁夏赶超，是西北五省区中最少的

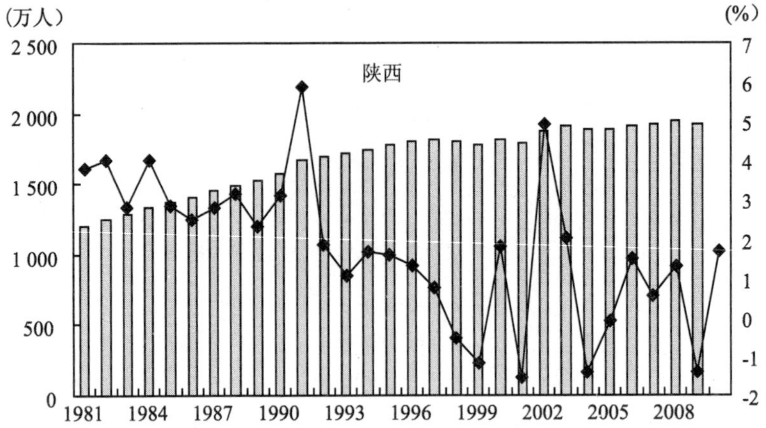

图 11.6 陕西历年劳动力要素及增长率情况（1981－2010 年）

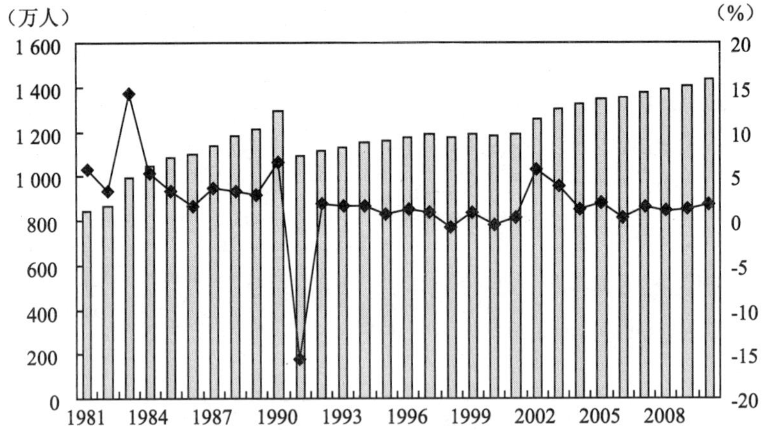

图 11.7 甘肃历年劳动力要素及增长率情况（1981—2010 年）

省份，而且也同样经历了缓慢增长的过程，从 1981 年的 157. 62 万人，提高到 2010 年的 294. 1 万人，整体增幅为 77. 65%，年均增长率为 2. 00%，略低于宁夏，在西北五省区中位于第二位。劳动力供给的年增长率在 20 世纪 90 年代之前并没有出现明显的波动，剧烈震荡期是在 1990—1991 年间，从 20. 13% 下滑到 －12. 29%，之后增速一直较为稳定，只有在 1998 年和 2000 年有负增长现象。见图 11. 8。

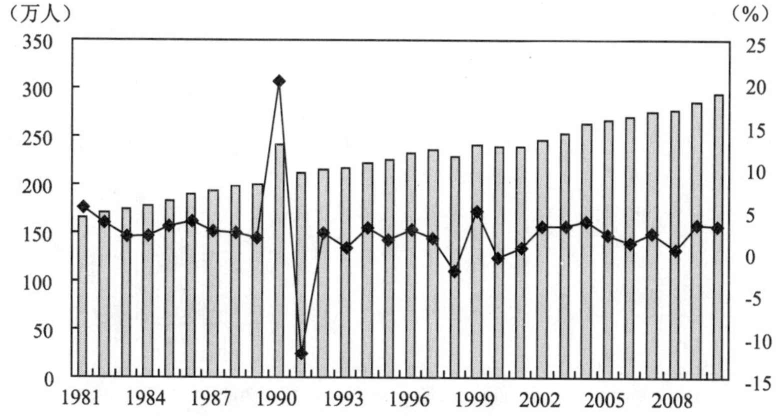

图 11.8 青海历年劳动力要素及增长率情况（1981—2010 年）

4. 宁夏

1978 年，宁夏人口总量只有 135.6 万，2010 年，已增长到了 325.9 万。30 多年间人口净增 190 万，年均增长率达到 1.82%。到目前为止，宁夏总体上还处于高自然增长率的传统人口再生产形态。宁夏人口自然增长率在 2010 年达到 11.3%，高出全国 6 个千分点，是仅低于西藏和新疆人口自然增长率的地区。

宁夏的全社会从业人员就业数量是西北五省区中在 1981—2010 年间增加幅度最多的，达到了 117.76%。从 1981 年的 146.52 万人，提高到 2010 年的 325.98 万人，年均增长率为 2.72%。同样相比较于同期的 GDP 增速，要低出很多。与其他西北四省区所不同的是，宁夏的劳动力投入在 1997 年之前一直保持着较为稳定增长的趋势，在 2.17% ~4.49% 波动，并没有出现过大起大落现象。但在 1998 年后增长开始明显放慢，并且波动也较之前剧烈。见图 11.9。

5. 新疆

新疆的全社会就业人口也同样经历了缓慢增长的过程，从 1981 年的 506.35 万人，提高到 2010 年的 852.59 万人，整体增幅为 62.74%，年均增长率为 1.69%，略高于陕西省，在西北五省区中位于倒数第二位。劳动力供给的年增长率在 1997 年之前波动明显，在 0.24% ~3.46% 区间内震

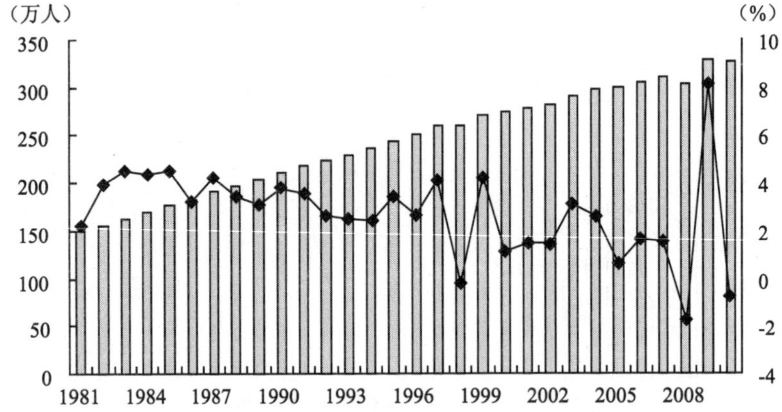

图 11.9　宁夏历年劳动力要素及增长率情况（1981—2010 年）

荡，1998 年首次出现负增长为 -1.83%，并且持续到 1999 年，之后增速开始不断提升到 2004 年的峰值 3.22%。近几年，新疆的劳动力投入在 1.61% ~2.89%之间小幅波动。见图 11.10。

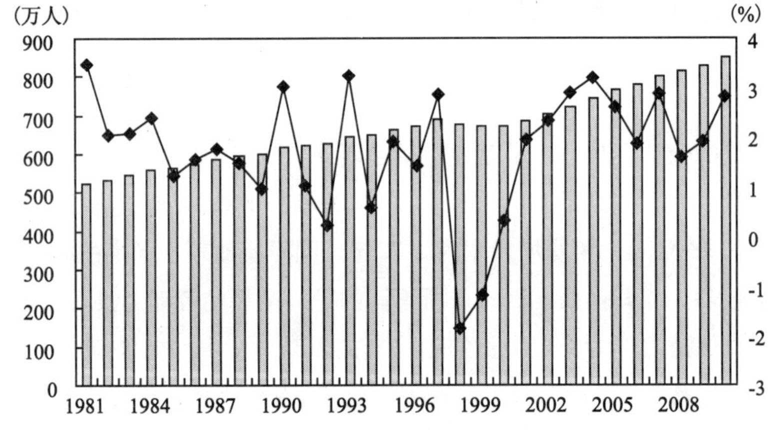

图 11.10　新疆历年劳动力要素及增长率情况（1981—2010 年）

（三）西北五省区历年资本要素的经验描述

按照第三章的方法说明，物质资本存量计算采用张军（2004）提供的方法计算获得，并同样按照 2000 年不变价格进行平减处理，计算的结果如表 11.1 所示。陕西在 1981 年的资本存量为 817.98 亿，2010 年这一数值攀升至19 553.81亿，是西北五省区中固定资产存量最高的省份。1981—2010年期间，陕西的物质资本存量整体增长了23.9倍，并维持年均12.00%的增长率。甘肃的物质资本存量从1981年的386.73亿元，提高到2010年7 347.79亿元，整体增幅为1 799.9%，年均增长率为11.09%，是西北五省区中增速最慢的。青海的物质资本存量一直以来都是西北五省区中最低的，从1981年的160.79亿元，增长到2010年的3 198.97亿元。宁夏与青海相似，物质资本存量较低，但也有11.32%的年均增长率。新疆物质资本存量的规模在西北五省区中仅次于陕西，从1981年的403.34亿元，增长到2010年的11 670.94亿元，但增幅和增速却是最高的，达到了2 793.6%和12.77%。从整体上来看，西北五省区固定资产存量的年均增长率要低于经济增速，但高于劳动力投入增速。

表11.1　西北五省区历年物质资本存量情况（1981—2010年）　（亿元）

年份	陕西	甘肃	青海	宁夏	新疆	年份	陕西	甘肃	青海	宁夏	新疆
1981	817.98	386.73	160.79	213.62	403.34	1996	2 970.76	1 060.15	436.60	563.15	2 539.71
1982	865.57	384.87	174.60	219.82	457.88	1997	3 181.70	1 184.44	496.46	602.78	2 778.59
1983	904.29	389.65	181.16	229.24	521.82	1998	3 477.57	1 320.41	567.21	658.07	3 069.55
1984	1 003.01	407.29	188.03	242.32	595.56	1999	3 818.57	1 486.93	646.03	731.34	3 346.44
1985	1 175.38	445.62	205.73	271.17	679.55	2000	4 248.27	1 680.49	741.05	821.89	3 673.28
1986	1 421.73	493.44	219.96	301.52	760.53	2001	4 696.93	1 876.45	871.56	935.84	4 023.18
1987	1 613.54	544.74	240.17	331.86	825.29	2002	5 208.40	2 152.85	1 023.72	1 071.76	4 471.06
1988	1 809.59	585.84	260.89	352.54	913.21	2003	6 002.82	2 456.75	1 200.70	1 273.19	5 057.68
1989	1 956.29	626.28	271.47	363.45	993.11	2004	6 896.69	2 804.45	1 379.48	1 497.01	5 688.58
1990	2 075.77	664.35	290.27	376.21	1 111.64	2005	7 983.69	3 315.96	1 575.74	1 750.48	6 443.89
1991	2 193.08	706.99	306.49	396.28	1 260.04	2006	9 442.90	3 878.59	1 787.26	2 036.64	7 391.19
1992	2 295.00	756.62	324.82	421.50	1 466.07	2007	11 073.07	4 525.12	2 022.00	2 372.25	8 328.82
1993	2 435.98	815.93	345.64	458.57	1 720.09	2008	13 367.02	5 445.76	2 274.29	2 817.56	9 175.16
1994	2 594.69	883.02	366.23	493.72	2 016.26	2009	15 983.18	6 300.16	2 656.63	3 474.39	10 158.98
1995	2 780.27	958.35	392.48	528.02	2 304.41	2010	19 553.81	7 347.79	3 196.97	4 304.12	11 670.94
增幅	2 290.5%	1 799.9%	1 888.2%	1 914.8%	2 793.66%	年均增长率	12.00%	11.09%	11.27%	11.32%	12.77%

图11.11是西北五省区物质资本存量增速的变化情况。整体上看1981—1990年期间，西北五省区的物质资本存量增长率比较缓慢，普遍低于同期的经济增长率，这说明当经济增长加速时，资本形成的速度并没有同步增长。在1990年后，开始加速增长，一直持续到2010年。与全国相比的话，要明显低于长三角、珠三角和环渤海经济较为发达的省份。

1. 陕西

分省区来看，陕西的实际资本存量水平由1981年的817.98亿元增长至2010年的19 553.81亿元，整体增长了22.91倍，且年均资本存量增长率为12.00%。通过考察逐年的增长率，发现1983年的增长率最慢，为4.47%，1986年的增长率最高，为20.96%。

相对来说，资本存量增长速度在1983年至1993年期间波动幅度较大，在4.47%~20.95%的区间内剧烈震荡。这主要是由于改革开放以前，陕西省作为中国的内陆腹地和大后方，在“一五”和“三线”建设时期，国家根据“山”（处于山内）和“散”（分散）、“全”（小而全、大而全）等标准和要求，在陕西省定点了很多大中型国有企业和大集体企业，奠定了陕西的产业基础和产业布局。作为典型计划经济的产物，“嵌入”的企业本身就存在着“先天营养”不良的缺陷。改革开放以后，由于管理体制等深层次的原因，这些企业在市场经济中机制转换难度大，适应能力弱，竞争能力不强，大多错失发展的机会，要么破产要么处境艰难，闲置大量资产。1994年以后，物质资本存量的增速呈现出稳定的增长态势，从1994年的6.52%攀升到2010年的22.34%，并且波动明显收窄，变化不大。

2000年后以陕北资源开发为契机，高强度的资源开发投资日趋集中推动陕西省发展速度加快。这一段时间，世界经济也进入了快速增长期，国家宏观经济环境较为宽松，银行向地方政府提供信用贷款蔚然成风，各地展开了经济增长和投资竞赛。陕西省固定资产投资由2002年的974亿元猛增到2007年的3 642亿年，年均增长30.2%，尤其是陕北能源化工基地进入开发高潮期，一大批重大项目陆续上马。

2. 甘肃

甘肃的资本存量一直仅次于陕西和新疆，由1981年的386.73亿增加至2010年的7 347.79亿元，整体上升了18.00倍，在样本年间维持了年均11.09%的增长率，是西北五省区中增速最慢的省份。进一步考察逐年增长率，发现该指标在1981年时最低，为-1.40%，说明物质资本增加还没有折旧高。在2008年时最高，为20.34%。波动幅度上，1983年至1989年里波动较大，呈现了快速上升又下降的过程，总体在1.24%~10.39%区间内波动，其余年份里的波动幅度相对较小，在1991年后基本保持了稳定的增长态势，从6.41%攀升到2008年的20.34%。2008年国际金融危机导致资本存量增长率有所下降，但依然保持了15%以上的高速增长。2002年后甘肃提出以信息化带动工业化，以工业化促进城镇化的发展思路，有色冶金新材料基地、综合性高新石化基地、中药材现代加工基地、林牧业基地成为甘肃固定资产投资的主要流向，也是导致这一时期甘肃固定资产投资大幅提升的主要原因之一。

3. 青海

青海的实际资本存量水平由1981年的160.79亿元增长至2010年的3 196.97亿元，整体增长了18.88倍，且年均资本存量增长率为11.27%。通过考察逐年的增长率，发现1981年的增长率最慢，为2.42%，2010年的增长率最高，为20.34%。

相对来说，资本存量增长速度在1981年至1990年期间波动幅度较大，在2.42%~9.19%的区间内剧烈震荡。这是由于改革开放初期，资本稀缺性是制约经济增长的重要因素，所以投资迅速增加，对资本存量的积累具有一定的积极作用。改革开放初期，中国濒临崩溃的国民经济迫切需要迅速的恢复与增长，计划经济体制下国家对社会经济的全面掌控为实现贫穷状态下的资本高积累创造了制度条件。1991年以后，物质资本存量的增速呈现出稳定的增长态势，与陕西和甘肃类似，从1991年的5.59%攀升到2002年的17.29%，并且波动明显收窄，变化不大。1995—2003年间，青海的物质资本存量增速在西北五省区中较为突出，高于其他四省区。这主要是由于这段时期国家开始注重基础设施建设投资，青海在此方面享受到国家投资带来的外部效应。2003年后增速有所减缓，2008年时降为12.48%，之后2009年和2010年强劲反弹，2010年达到近30年来的峰值，这也说明青海的物质资本投资受到国际金融危机的影响较小。

4. 宁夏

宁夏的资本存量由 1981 年的 213.62 亿元增加至 2010 年的 4 304.12 亿元，整体上升了 19.15 倍，在样本年间维持了年均 11.32% 的增长率，在西北五省区中增速排在第二位。进一步考察逐年增长率，发现该指标在 1981 年时最低，为 -0.58%，说明物质资本增加还没有折旧高，这与甘肃相类似。在 2010 年达到最高，为 23.88%。波动幅度上，1981 年至 1989 年里波动较大，呈现了快速上升又下降的过程，总体在 -0.58% ~11.90% 区间内波动，其余年份里的波动幅度相对较小，在 1990 年后基本保持了稳定的增长态势，从 3.51% 攀升到 2003 年的 18.79%。2004—2010 年又出现过一次"U 型"波动，但呈现出上升趋势。与宁夏情况相似，2008 年国际金融危机并没有对物质资本投资造成影响，依旧保持加快增长的态势，并且在 2010 年创新增速新高。整个"十一五"时期是宁夏固定资产投资进入历史上规模最大、项目最多、增速最快、结构最优、效益最好的时期，五年来累计完成固定资产投资 4 580 亿元，是"十五"时期的 2.9 倍；五年来宁夏新增固定资产 2 026 亿元，建成投产项目5 705个。

5. 新疆

新疆的资本存量迅速增长，由 1981 年的 403.34 亿元增加至 2010 年的 11 670.94亿元，整体上升了 27.94 倍，在样本年间维持了年均 12.77% 的高速增长率，是西北五省区中增速最快的。进一步考察逐年增长率，发现该指标在 1987 年时最低，为 8.51%，在 1997 年时最高，为 17.33%。波动幅度上，1981—1987 年和 1989—1996 年里波动较大，呈现了快速上升又下降的过程，分别在 8.51% ~14.13% 和 9.02% ~17.32% 区间内波动，其余年份里的波动幅度相对较小。与其他西北四省区所不同的是，新疆在 1997 年后物质资本存量的增速整体上有所下降，基本维持在 9% ~10% 之间，2002 年后才有所回升，但与 1994 年之前和同期其他西北四省区相比，都要低出不少。

从名义固定资产投资率来看，改革开放以来，新疆的名义固定资产投资率始终保持着较高的水平且呈稳定增长的态势。1978—1994 年间，投资率平均为 36.98%，1998—2010 年间，投资率明显增高，已达 47.86%，并高于全国 41.04% 的投资率水平。如此高的投资率，表明新疆的经济增长依然是投资拉动型，而且依赖程度更高。

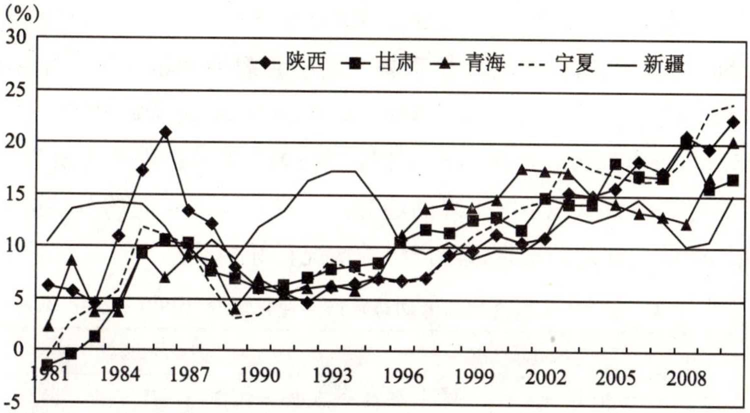

图 11.11　西北五省区物质资本存量增速变化情况（1981—2010）

二、西北五省区要素贡献率测度及结果分析

改革开放之后，西北五省区在要素投入上给我们的总体印象是劳动力投入不断减少，而固定资产投资却在大多数年份都保持着两位数的增长势头，与经济增速相比，绝大多数年份的固定资产投资增速都要略高，并且两者表现出相似的经济结构波动周期。

（一）资本与劳动边际产出测度结果及分析

观察表 11.2 中的数据，可以发现西北五省区的资本边际产出变化有如下的特点：一是在 1990 年之前资本的边际产出基本维持不变，虽然有升有降，但变化不大。西北五省区均在 1991 年出现转折性变化，资本的边际产出出现了一次较大幅度的下降，并且在这之后一直保持着不断下降的态势。其中宁夏的资本边际产出降幅最大，2010 年时的数值为 1981 年的 92.75%，其他四个都在 93.89% ~94.54% 之间。二是从西北五省区之间的比较来看，在 1991 年之前，宁夏的物质资本边际产出最高，平均在 0.94 左右，在 1991 年之后，青海赶超成为第一，平均在 0.89 左右。在样本期间，陕西的物质资本边际产出都是最低，其次是甘肃和新疆。经过 30 年的变化，五个省区的边际产出出现了趋同现象。资本边际产出差异水平的下降，体现出资本存量在跨省区间配置效率的提高。

西北五省区的劳动边际产出变化有如下情况：一是 1981—1990 年间劳动的边际产出表现出持续的增长趋势，其中青海劳动边际产出始终最高，陕西最低，两个省份分别从 1981 年的 0.36 和 0.24 提高到 1990 年的 0.40 和 0.25。与资本的边际产出情况相似，在 1991 年时出现了一次较大幅度的下降，之后一直呈现不断下降的趋势。二是五个省区间的劳动边际产出差异在不断扩大，这与资本边际产出的情况正好相反。

表 11.2 西北五省区资本与劳动边际产出变化情况（1981—2010 年）

	资本的边际产出					劳动的边际产出				
	陕西	甘肃	青海	宁夏	新疆	陕西	甘肃	青海	宁夏	新疆
1981	0.788	0.815	0.939	0.947	0.851	0.237	0.293	0.360	0.339	0.290
1982	0.788	0.815	0.939	0.946	0.852	0.241	0.303	0.363	0.345	0.290
1983	0.788	0.807	0.940	0.945	0.853	0.247	0.311	0.369	0.351	0.289
1984	0.787	0.806	0.941	0.944	0.854	0.248	0.316	0.375	0.356	0.287
1985	0.788	0.806	0.941	0.943	0.855	0.245	0.318	0.377	0.356	0.286
1986	0.788	0.807	0.941	0.943	0.856	0.239	0.320	0.381	0.357	0.287
1987	0.788	0.807	0.941	0.942	0.857	0.238	0.321	0.383	0.359	0.289
1988	0.788	0.806	0.942	0.942	0.858	0.239	0.324	0.386	0.363	0.291
1989	0.789	0.806	0.943	0.942	0.860	0.242	0.328	0.392	0.370	0.293
1990	0.789	0.804	0.932	0.942	0.860	0.246	0.333	0.396	0.376	0.294
1991	0.754	0.786	0.911	0.908	0.829	0.126	0.212	0.275	0.256	0.168
1992	0.752	0.785	0.909	0.906	0.828	0.122	0.207	0.271	0.251	0.156
1993	0.752	0.783	0.909	0.905	0.826	0.118	0.201	0.266	0.245	0.144
1994	0.750	0.782	0.907	0.903	0.826	0.113	0.195	0.262	0.239	0.132
1995	0.749	0.782	0.906	0.900	0.824	0.108	0.189	0.257	0.234	0.122
1996	0.748	0.781	0.904	0.898	0.823	0.103	0.181	0.248	0.229	0.115
1997	0.748	0.780	0.903	0.895	0.821	0.097	0.173	0.239	0.224	0.108

续表

	资本的边际产出					劳动的边际产出				
	陕西	甘肃	青海	宁夏	新疆	陕西	甘肃	青海	宁夏	新疆
1998	0.748	0.780	0.905	0.895	0.822	0.091	0.164	0.229	0.217	0.100
1999	0.749	0.780	0.901	0.892	0.823	0.084	0.155	0.219	0.209	0.094
2000	0.748	0.780	0.902	0.891	0.823	0.075	0.146	0.208	0.200	0.087
2001	0.749	0.780	0.901	0.890	0.822	0.068	0.138	0.196	0.191	0.080
2002	0.745	0.776	0.899	0.889	0.820	0.060	0.127	0.184	0.180	0.072
2003	0.744	0.773	0.897	0.887	0.818	0.049	0.117	0.172	0.167	0.062
2004	0.745	0.772	0.894	0.885	0.815	0.039	0.107	0.161	0.155	0.053
2005	0.745	0.770	0.893	0.884	0.813	0.027	0.094	0.151	0.143	0.044
2006	0.744	0.770	0.892	0.883	0.812	0.015	0.082	0.141	0.131	0.033
2007	0.743	0.769	0.891	0.882	0.810	0.003	0.071	0.132	0.120	0.024
2008	0.742	0.768	0.890	0.883	0.808	-0.012	0.057	0.123	0.107	0.017
2009	0.743	0.767	0.888	0.877	0.807	-0.025	0.045	0.111	0.091	0.009
2010	0.742	0.765	0.886	0.878	0.805	-0.041	0.034	0.097	0.074	-0.001

（二）西北五省区 TFP 估计结果及分析

根据新古典经济增长理论，投入要素具有边际产出递减的倾向。从上文的分析中我们已经可以看出，西北五省区经济增长过程中劳动力和资本要素的边际产出在不断减少，因此在具有资源约束的现实情境下，经济的长期持续快速增长不可能依靠要素投入的拉动，而只能够通过全要素生产率的不断进步来实现。

根据第三章的方法我们计算出西北五省区 1981—2010 年 TFP 的结果，如表 11.3 所示。在绝大多数年份，陕西、甘肃、宁夏和新疆的 TFP 都为正，青海在 1996—2007 年期间出现过持续为负的现象。结合表 11.4 可以看出，TFP 对西北五省区的经济增长具有正向贡献，但其数值水平相对快速的经济增长而言明显过低，积极作用并不显著，而且时间趋势上的波动较大，阶段性特征非常明显。1981—1985 年间，陕西、甘肃、青海、宁夏和新疆的 TFP 都表现出很高的增长率，其中宁夏更是高达近 30.8%，陕西和甘肃也有 20% 以上，是所有 6 个时期 TFP 增长最快的阶段。但由于该阶段处于改革的最早期，TFP 变动也显现出了较大的波动性。1986—1990 年和 1991—1995 年两个五年阶段时间，西北五省区的 TFP 依旧保持着较高速度的增长，只有青海省出现过一次负增长。相比较而言青海和新疆的增速较缓慢，甘肃和陕西的增长最快。1995 年之后西北五省区的 TFP 增长开始明显减速，1996—2000 年，陕西、甘肃、青海、宁夏和新疆 TFP 的增长率分别为 14.87%、4.87%、-4.00%、6.00% 和 2.76%，之后的一个阶段再次下降分别为 11.03%、3.29%、-3.62%、-9.11% 和 2.28%。2005—2010 年经济增速保持在高位，TFP 的变动却表现出一定的逐年下降趋势，其中宁夏的 TFP 增速更是下降了 16.68%，在西北五省区中只有陕西和新疆的 TFP 还保持着正增长，其他省区都在退化。

表 11.3　西北五省区 TFP 估计结果

年份	陕西	甘肃	青海	宁夏	新疆	年份	陕西	甘肃	青海	宁夏	新疆
1981	0.0183	-0.0346	-0.1641	-0.0050	0.0187	1996	0.0311	0.0198	-0.0027	0.0079	-0.0044
1982	0.0165	0.0571	0.0978	0.0376	-0.0086	1997	0.0353	0.0172	-0.0042	0.0148	-0.0082
1983	-0.0041	-0.0876	-0.0421	0.0192	0.0019	1998	0.0485	0.0176	-0.0064	0.0733	-0.0081
1984	0.0416	0.0834	0.0275	0.0531	-0.0018	1999	0.0457	0.0075	-0.0069	-0.0012	0.0216
1985	0.0356	0.0985	0.0416	0.1022	0.0213	2000	0.0270	0.0114	-0.0055	0.0031	0.0021
1986	0.0880	0.0841	0.0404	0.0727	0.0231	2001	0.0191	0.0054	-0.0128	-0.0110	0.0056
1987	0.0398	0.0497	0.0028	0.0609	0.0409	2002	0.0084	0.0068	-0.0084	-0.0042	0.0065
1988	-0.0476	0.0269	-0.0030	-0.0157	0.0151	2003	0.0274	0.0120	-0.0073	-0.0092	0.0070
1989	0.0036	0.0072	-0.0142	-0.0145	0.0163	2004	0.0204	0.0006	-0.0100	-0.0120	-0.0030
1990	0.1097	0.0573	-0.0064	0.0554	0.0081	2005	0.0085	0.0060	-0.0123	-0.0208	0.0058
1991	-0.0248	0.0231	-0.0191	0.0388	-0.0039	2006	0.0280	0.0126	-0.0054	-0.0266	0.0093
1992	-0.0132	-0.0013	-0.0331	-0.0042	0.0124	2007	0.0260	0.0018	-0.0011	-0.0225	0.0036
1993	0.0177	0.0475	0.0100	-0.0072	0.0232	2008	0.0095	0.0048	0.0081	-0.0099	-0.0012
1994	0.0595	0.0251	-0.0016	0.0213	0.0101	2009	0.0328	0.0069	0.0077	-0.0111	0.0143
1995	0.0717	0.0282	0.0038	0.0165	-0.0087	2010	0.0166	-0.0212	0.0120	-0.0164	0.0212

（三）西北五省区要素对经济增长的贡献率分析

根据第二章的方法我们计算了改革以来物质资本、劳动力和 TFP 对西北五省区经济增长的贡献情况，具体结果列于表 11.4 之中。此外我们还制作了资本、劳动和 TFP 绝对值变动和对经济增长贡献值变动的趋势图，以期直观展现西北五省区经济增长的动力转换过程。

基本上西北五省区 TFP 对经济增长的贡献大致可以分为三个阶段：第一个阶段为 1979 年到 1992 年的改革开放初期，这一阶段的典型特征是 TFP 对经济增长的贡献呈现剧烈的波动，造成这种波动性的主要原因在于：（1）国民经济经历了 1978—1981 年、1982—1986 年和 1987—1991 年三次经济波动，采取了 1980—1981 年的调整、1986 年的“软着陆”，以及 1989—1990 年的“治理整顿”和“双紧”政策。由于这段时间国家一直处于改革的摸索阶段，伴随着高通胀和高紧缩交替影响经济运行，最终使得国民经济呈现了较为明显的波动性。第二个阶段为 1993 年到 2001 年，这一个阶段为改革开放的攻坚阶段，造成这一阶段西北五省区 TFP 呈现一定下降趋势。其主要原因在于国家在 1993 年提出了建立现代企业制度和进行分税制改革和金融体制改革，紧接着的 1994 年国家提出了外贸体制改革，1995 年国家提出了“两个根本性转变”的目标，确定了经济体制从传统的计划经济体制向社会主义市场经济体制转变和经济增长方式从粗放型向集约型转变，再到 1999 年国家确定了非公有制经济是社会主义市场经济的重要组成部分，国家的经济体制改革逐步开始明晰，经济体制改革的大方向已经巩固确立，但是整个过程还是处于经济体制改革不断深化阶段，此外 1997 年的亚洲金融危机在一定程度上也冲击了国民经济的发展。第三个阶段为 2002 年至今，这个阶段是改革开放的良好发展阶段，“胡温新政”极大地促进中国社会经济的进步。这一阶段西北五省区经济呈现了稳步增长的态势，是改革开放以来发展速度较快的阶段。此阶段 TFP 对经济增长的贡献也呈现了一定的上升趋势，2001 年加入 WTO 以后，国家开始大力发展外向型经济。无论是经济增长速度还是 TFP 都呈现了一定的上升趋势。2006 年党中央国务院召开全国科学大会，胡锦涛总书记在会议上提出，实施自主创新的战略，用 15 年的时间把我国建设成为创新型国家。国家开始越来越重视自主创新对经济增长的贡献。在这个阶段，无论是科技投入还是科技产出，各地区都呈现了较快的增长速度，这也在一定程度上促进了 TFP 的上升。

表 11.4　西北五省区历年经济增长的构成（1981—2010 年）

		陕西	甘肃	青海	宁夏	新疆
1981—1985	资本对经济增长的贡献率	72.47%	29.24%	62.43%	46.19%	98.61%
	劳动对经济增长的贡献率	8.95%	25.95%	13.21%	13.83%	5.97%
	TFP 对经济增长的贡献率	18.58%	44.81%	24.36%	39.98%	-4.58%
	TFP	20.07%	22.81%	7.01%	30.81%	8.54%
1986—1990	资本对经济增长的贡献率	114.41%	77.65%	92.80%	91.04%	97.08%
	劳动对经济增长的贡献率	8.37%	13.86%	24.05%	18.60%	5.87%
	TFP 对经济增长的贡献率	-22.77%	8.49%	-16.85%	-9.64%	-2.95%
	TFP	2.77%	11.33%	-7.58%	5.98%	4.80%
1991—1995	资本对经济增长的贡献率	59.13%	67.20%	74.87%	91.04%	121.36%
	劳动对经济增长的贡献率	7.71%	-8.48%	-7.38%	15.70%	3.85%
	TFP 对经济增长的贡献率	33.16%	41.28%	32.51%	-6.74%	-25.22%
	TFP	21.54%	13.78%	0.53%	5.34%	1.20%
1996—2000	资本对经济增长的贡献率	84.94%	103.53%	135.16%	88.59%	114.27%
	劳动对经济增长的贡献率	1.49%	1.50%	5.13%	10.07%	1.20%
	TFP 对经济增长的贡献率	13.57%	-5.04%	-40.29%	1.34%	-15.46%
	TFP	14.87%	4.87%	-4.00%	6.00%	2.76%
2001—2005	资本对经济增长的贡献率	101.87%	114.37%	130.26%	98.60%	112.12%
	劳动对经济增长的贡献率	2.15%	9.23%	8.43%	7.86%	8.58%
	TFP 对经济增长的贡献率	-4.01%	-23.60%	-38.69%	-6.46%	-20.70%
	TFP	11.03%	3.29%	-3.62%	-9.11%	2.28%
2006—2010	资本对经济增长的贡献率	118.449%	136.973%	115.134%	101.248%	114.355%
	劳动对经济增长的贡献率	1.575%	4.164%	6.259%	6.148%	7.043%
	TFP 对经济增长的贡献率	-20.023%	-41.137%	-21.393%	-7.396%	-21.398%
	TFP	5.593%	-1.678%	-0.153%	-16.678%	2.472%

由表 11.4 和图 11.12～11.16 的内容可以得出以下三点认识：

第一，资本投入是西北五省区经济增长的最主要动力来源，1981—2010 年，西北五省区的资本积累对经济增长的贡献率大幅高于劳动和 TFP，并且陕西、宁夏和甘肃有持续上升的趋势，青海和新疆有中长期波动式上升的趋势特征。1996—2000 年、2001—2005 年、2006—2010 年三个考察时间段中，甘肃、青海和新疆资本对经济增长的贡献率都超过 100%，也就是说这段时期仅依靠投资拉动，西北经济便可实现 10% 以上的高速增长。2006年之后，除了青海，其余四省区的资本贡献率还在继续增长。目前来看，作为经济还比较落后的省区，产业升级的空间还很大，可以充分发挥后发优势，在快速城市化的进程中，对基础设施投资的空间还会增加，对经济的拉动主要还是依靠投资。

第二，劳动投入对西北五省区经济增长的贡献率较低，并且有缓慢的下降趋势。甘肃在1981—1985年期间，劳动对经济增长的贡献率达到过25.95%，青海在1986—1990年期间，劳动对经济增长的贡献率也达到过24.05%，是五个省区在五个时间段中出现的峰值情况。1991—1995年期间，青海和甘肃的劳动对经济增长的贡献率出现过负值。劳动的贡献水平具有缓慢下降的总体趋势，这主要是源于人口红利的逐渐消耗，同时在生产过程中的资本密集化，西部五省区经济增长对资本的依赖越来越高。

第三，1985年之前TFP对西北五省区中陕西、甘肃、青海和宁夏的经济增长的贡献值略高于劳动投入，但绝对水平仍较低。之后随着TFP的逐年下降，TFP与劳动投入对经济增长的贡献值逐渐拉大，并且在部分年份有些西北省区还出现了负值。目前来看，西北五省区TFP停滞所导致的粗放式经济增长态势已愈发令人担忧。在1981—1985年期间，改革开放的早期，TFP对经济增长的作用比较显著。1986—1990年出现下滑，但甘肃还达到了38%以上，并且陕西、青海、宁夏和新疆都出现了负值。1991—1995年有所反弹，陕西、甘肃、青海TFP贡献率都为正，其中甘肃最高，达到了41.28%，陕西和青海也超过了30%，但宁夏和新疆依旧为负，可见省区之间TFP贡献率的差异性是非常明显的。1996—2005年期间，开始出现大面积TFP贡献率为负的情况，并且贡献率大幅下降。造成这一现象的主要原因是西北五省区资本积累的增长率普遍高于其他要素，在经济增长过程中资本的贡献率较大。

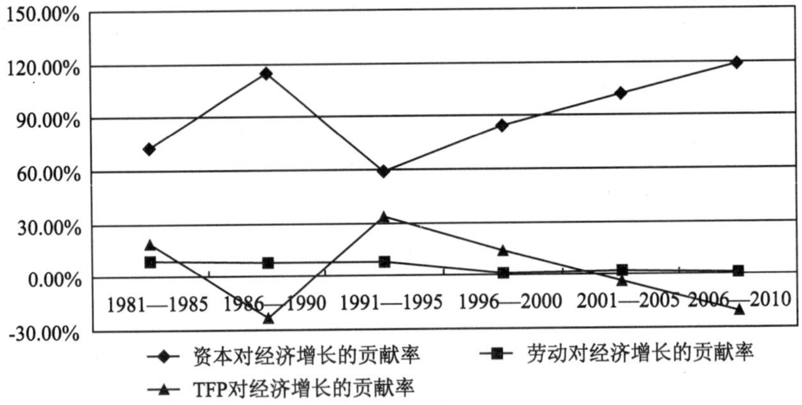

图 11.12　陕西历年资本、劳动和 TFP 对经济增长的贡献率（1981—2010 年）

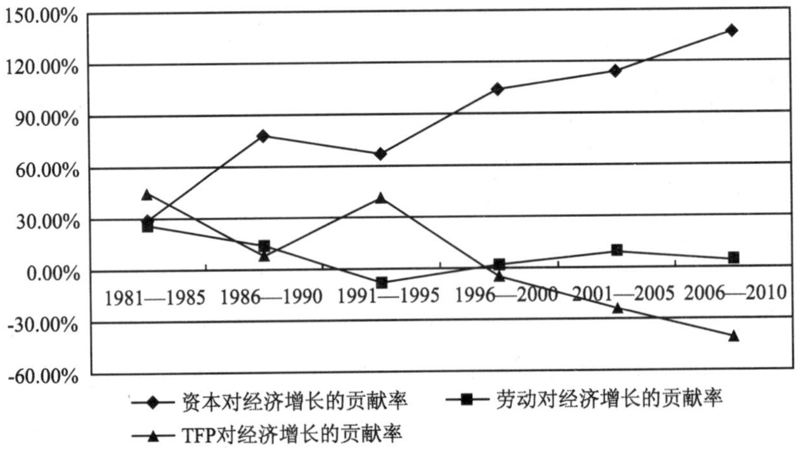

图 11.13　甘肃历年资本、劳动和 TFP 对经济增长的贡献率（1981—2010 年）

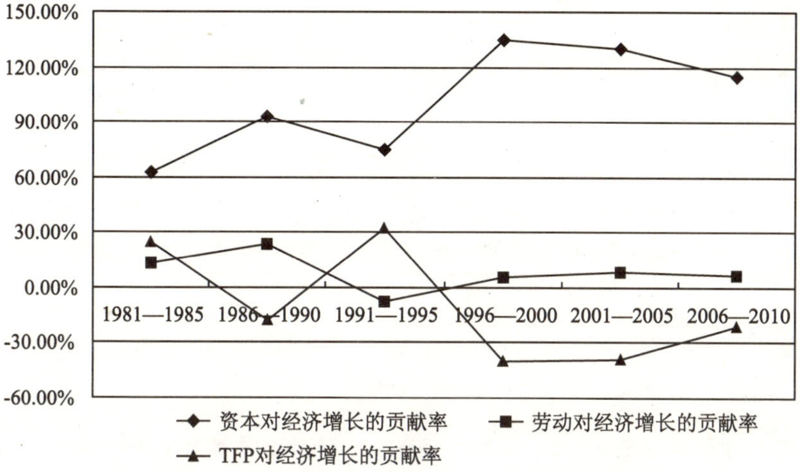

图 11.14　青海历年资本、劳动和 TFP 对经济增长的贡献率（1981—2010 年）

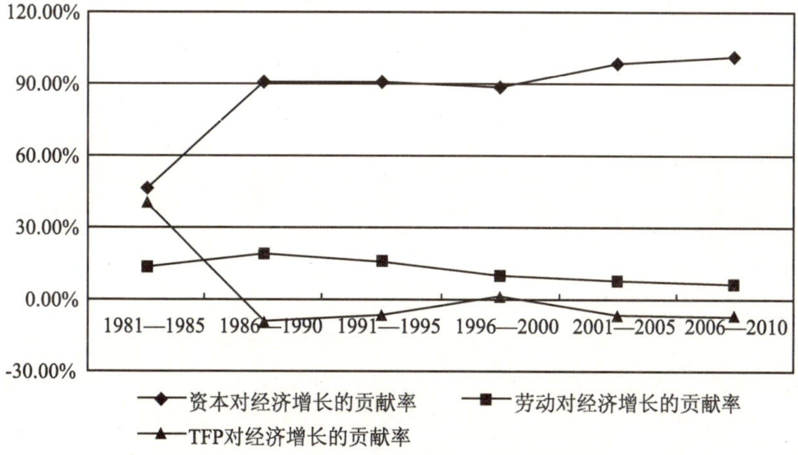

图 11.15　宁夏历年资本、劳动和 TFP 对经济增长的贡献率（1981—2010 年）

总体上而言，西北经济增长的动力转换可大体划分为两种情况。第一种情况为 1981—1985 年和 1991—1995 年，资本投入、劳动投入和 TFP 进步对经济增长起到了较为平衡的贡献，此时经济增长的动力表现为三驾马车各显其能的态势。第二种情况为 1996—2010 年，资本投入逐渐拉开了与

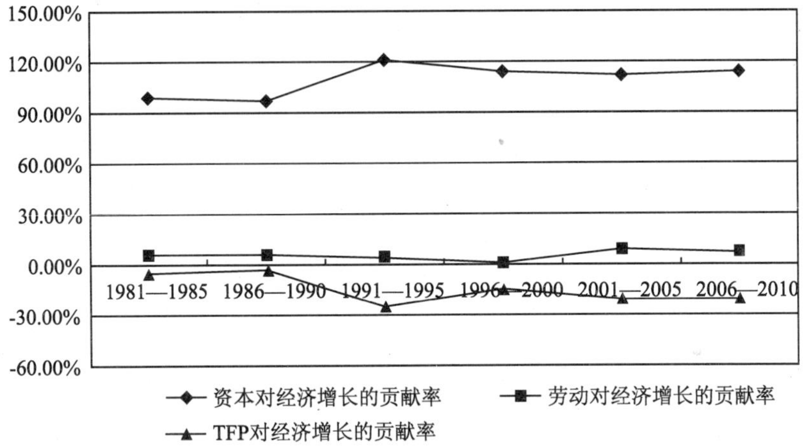

图 11.16 新疆历年资本、劳动和 TFP 对经济增长的贡献率（1981—2010 年）

TFP 之间的距离，成为经济增长最为重要的来源，而 TFP 对经济增长的贡献率则不断下降，西部五省区依次出现负值。

第十二章　东北三省要素贡献率测度与分析

一、东北三省要素贡献率经验描述

在新中国成立初期，东北三省经济资源状况与工业经济发展一致性比较好，同时具备较好的工业基础条件和背靠苏联区位上的优势，国家对东北工业进行了大规模投入，成为全国最早和最大的重工业基地。在改革开放后，随着经济体制改革的不断深入，在计划经济体制下形成重型产业结构和较为单一的所有制结构的矛盾日益突出，旧体制遗留下来的种种弊端日益显现，东北地区的经济经历了较长时间的衰退。近些年，在国家振兴东北等老工业基地战略的推动下，东北地区经济取得了较快的发展，发展态势良好。2010 年，东北三省实现地区生产总值 37 090 亿元，同比增长 13.6%。辽宁、吉林、黑龙江三省分别完成 18 278 亿元、8 577 亿元、10 235亿元，同比增长 14.1%、13.7%和 12.6%，分别比 2009 年加快 1.0 个、0.4 个和 1.5 个百分点。东北三省目前总人口为 10 817 万，占全国的 1/13，其中辽宁 4 271 万，吉林 2 723 万，黑龙江 3 823 万。2010 年东北三省人均 GDP 为 34 288 元，折合美元约为 5 195 美元，超过全国平均水平。

（一）东北三省历年产出的经验描述

1. 辽宁

改革开放以来，辽宁省的经济增长保持着良好的势头。按照 2000 年的不变价格，实际 GDP 从 1981 年的 838.50 亿元，快速提高到 2010 年的 15 291.54亿元，整体增长了 17.24 倍，并维持了年均 10.53% 的增长率，是东北三省中 GDP 规模最大、近 30 年年均增长率第二的省份。进一步考察 GDP 的逐年增长率，发现 1981 年出现过一次负增长，1990 年的增长速度最慢，仅为 0.90%。

20 世纪 80 年代末 90 年代初，东北三省经济增长的全面下滑反映了当时作为新中国老工业基地所面临的集体困难。改革开放以后到1990年左右，由于体制性和结构性矛盾日趋显现，东北老工业基地企业设备和技术老化，竞争力下降，就业矛盾突出，资源性城市主导产业衰退，经济发展步伐相对缓慢，与沿海发达地区的差距不断扩大。直到2000年，辽宁全面展开的现代企业制度试点取得初步成功，全省国有大中型企业基本实现了改革脱困的既定目标，辽宁老工业基地重新焕发了生机与活力。1984年的增长速度最快，高达16.8%。1984年国务院决定先后在沈阳、大连两市进行城市经济体制综合改革试点，这标志着辽宁改革开放的重点转移到以经济体制改革为中心的城市经济体制改革上来。就GDP增速的情况而言，辽宁省的经济发展可以分成三个阶段。第一阶段是从1981—1990年，该阶段的经济增速呈现出骤起骤落的特征，波动性较大，在-1.61%～16.84%的区间内剧烈震荡。第二阶段是1991—1999年，经历了增长—下滑—再增长—再下滑的过程，1994年之前整体波动相对较大，在0.89%～14.91%区间内上下浮动，1995—1999年之间波动较小。第三阶段是2000—2010年，经济增长持续保持在高位运行，年增长率从8.23%不断上升直到2008年的13.41%，尤其是2003年国家提出《关于实施东北地区等老工业基地振兴战略的若干意见》后，辽宁省的经济增长开始加速。国际金融危机使得辽宁省产出的增速连续两年下滑，2010年有所反弹，但并未恢复到危机前的水平。见图12.1。

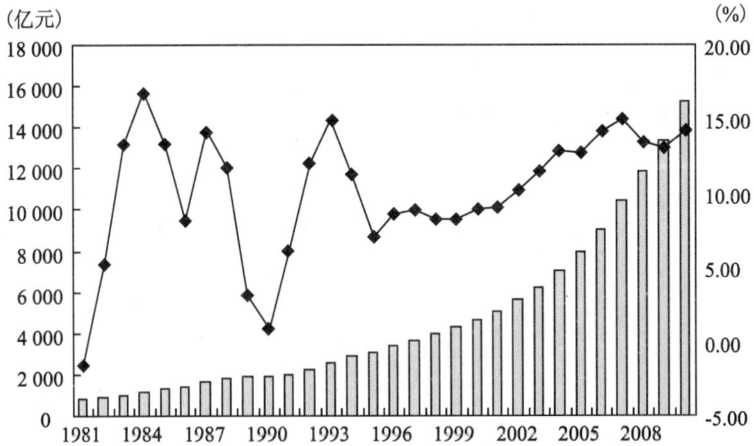

图12.1 辽宁历年GDP及增长率情况（1981—2010年）

2. 吉林

按照2000年的不变价格，吉林省的GDP从1981年的273.34亿元，快速提高到2010年的6 048.93亿元，整体增长了19.91倍，并维持了年均11.05%的增长率，是东北三省中经济规模最小，但增速最快的一个省份。进一步考察GDP的逐年增长率，发现1989年的GDP增速为 -2.51%，之后又连续两年低速增长，分别只有3.41%和5.90%，而1983年的增长速度最快，高达21.70%，这也是东北三省在改革开放以后增速的最高值。

就GDP增速的情况而言，吉林省的经济发展可以分成三个阶段。第一阶段是从1981—1990年，该阶段的经济增速呈现出骤起骤落的特征，波动性较大，在 -2.51% ~21.70%的区间内剧烈震荡。改革开放促进了吉林经济的全面发展，但在改革初期国家有计划地放慢了重工业的发展速度，采取一系列政策措施积极发展轻工业，吉林省虽然发展了纺织、皮革等轻工业，但总体上说，还是为国家轻工业发展提供原材料的主要基地之一。这一时期，东北老工业基地不断输出能源、原材料等，重化工业结构被固化，导致在20世纪80年代末出现经济严重下滑的情况。第二阶段是1991—1999年，与辽宁省相似，吉林省在90年代初期经历了经济迅速大幅下滑的过程，当时改革进一步深化，全面放开市场使得体制落后、资源枯竭、矛盾重重的老工业基地企业缺乏市场竞争力，之后经过调整和追赶，吉林省产出增速开始反弹加速。同时由于该阶段国家宏观经济政策以及经济体制改革的大方向已经巩固确立，所以吉林省的GDP增长也经历了从阶段峰值时的14.3%，回落到1999年的8.1%，实现了从经济高速增长到平稳软着陆的目标。第三阶段是2002—2010年，经济增长持续保持在高位运行，尤其是在2003年后随着东北老工业基地振兴计划的实施，年增长率超过10%，保持着两位数的增长至今。2008年的国际金融危机对吉林省的产出影响较大，2009年和2010年的增速都回落到14%以下。见图12.2。

3. 黑龙江

按照2000年的不变价格，黑龙江的实际GDP从1981年的747.21亿元，增长到2010年的9 485.48亿元，整体增长了11.23倍，并维持了年均9.02%的增长率，是东北三省中经济增速最慢的一个省份。进一步考察

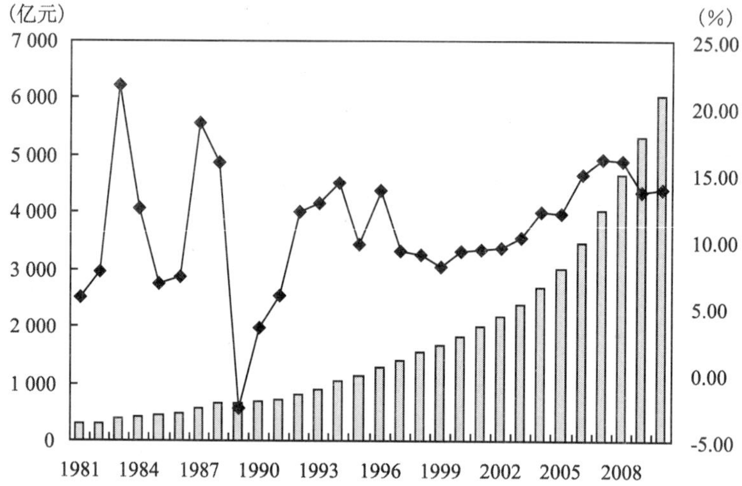

图 12.2 吉林历年 GDP 及增长率情况（1981—2010 年）

GDP 的逐年增长率，1986 年的 GDP 增速最慢，只有 3.48%，而 2010 年的增长速度最快，高达 12.7%。

就 GDP 增速的情况而言，黑龙江经济发展的第一阶段也是从 1981—1990 年，该阶段的经济增速呈现出骤起骤落的特征，波动性较大，在 3.5% ~11.5% 的区间内震荡。与辽宁和吉林所不同的是，在 20 世纪 80 年代末期黑龙江的经济虽然也出现了萎缩，但幅度并不是很大，然而 5% ~6% 的低速增长期却维持了一段时间。第二阶段是 1991—2000 年，呈现典型的“倒 U 型”特征，但幅度不大。90 年代末黑龙江工业经济速度和效益低迷，由资源主导型的工业体系出现大面积亏损，因此经济一直保持在低速运行，1992 年后开始进入调整时期。第三阶段是 2001 年至今。黑龙江的经济整体上进入恢复性增长的健康轨道，GDP 增速维持在 10% ~12% 之间，但与吉林和辽宁省相比，增速偏低。2008 年的国际金融危机对黑龙江省的影响较小，在 2009 年经济增速小幅回落后，2010 年强劲反弹，达到了 12.7%，是近 30 年来的最高值。见图 12.3。

4. 东北三省产出的比较

在 1978 年改革开放政策实施之前，仅辽宁一省的经济规模便是当时的广东省的两倍以上，成绩骄人。当时，东北地区是引领中国经济发展的火

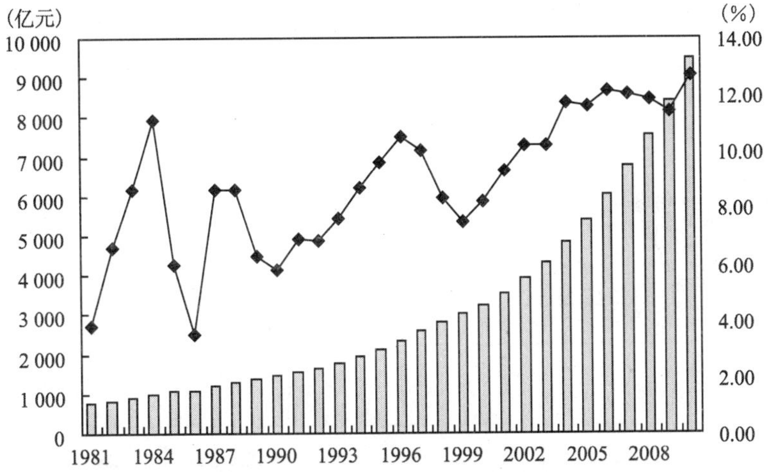

图 12.3　黑龙江历年 GDP 及增长率情况（1981—2010 年）

车头。然而 20 世纪 80 年代末 90 年代初，东北三省经济增长开始全面下滑，这是当时新中国老工业基地所面临的集体困难。改革开放以后到 1990 年左右，由于体制性和结构性矛盾日趋显现，东北老工业基地企业设备和技术老化，竞争力下降，就业矛盾突出，资源性城市主导产业衰退，经济发展步伐相对缓慢，与沿海发达地区的差距不断扩大。在 2003 年之前，东北三省的经济总量只占到全国 GDP 的 9%左右，还不到十分之一。2004 年后随着“振兴东北老工业基地”计划的实施，东北经济开始加速增长，2009—2011 年三年来的平均增速高出全国 3 个百分点以上，东北老工业基地振兴已经初步走上内生驱动、良性循环的发展轨道。

从图 12.4 可以看出，辽宁、吉林和黑龙江三省在 1980 年的实际 GDP 水平分别为 852.14 亿元、273.34 亿元和 747.21 亿元，辽宁省在经济规模上处于绝对优势，吉林和黑龙江省的产出规模相当于辽宁省的 32% 和 88%。但随着时间推进，三省份之间的差距情况有所改变，吉林省与辽宁省的差距不断缩小，但黑龙江省与辽宁省的差距越拉越大，2010 年时前者的 GDP 总量只有后者的 62%。进一步对比三省份 GDP 的增长率，发现它们总体上呈现一致的升降变化趋势。1981—1995 年之间，辽宁省和吉林省的波动性更大些，而黑龙江省相对而言要平稳些。在 1996—2006 年间三个省份呈现明显的收敛趋同趋势，2006 年后差距又有所扩大。总的来说，吉林省的年均 GDP 增长率最高（13.52%），黑龙江省的年均增长率最慢（9.02%），辽宁省（11.05%）年均 GDP 增长率居中。见图 12.5。

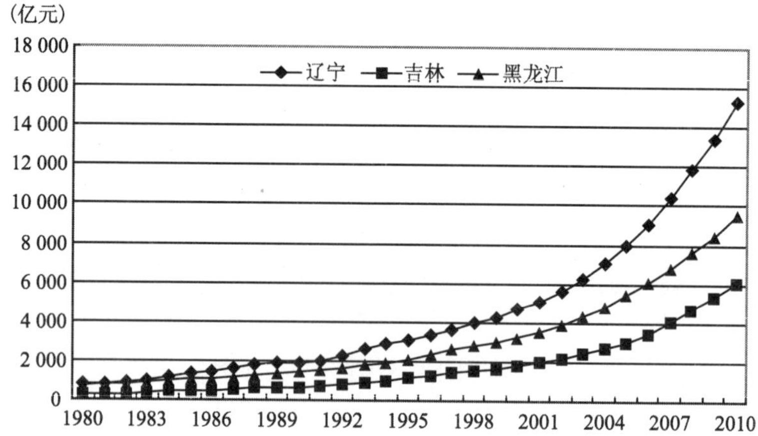

图 12.4　东北三省历年 GDP 情况对比（1981—2010 年）

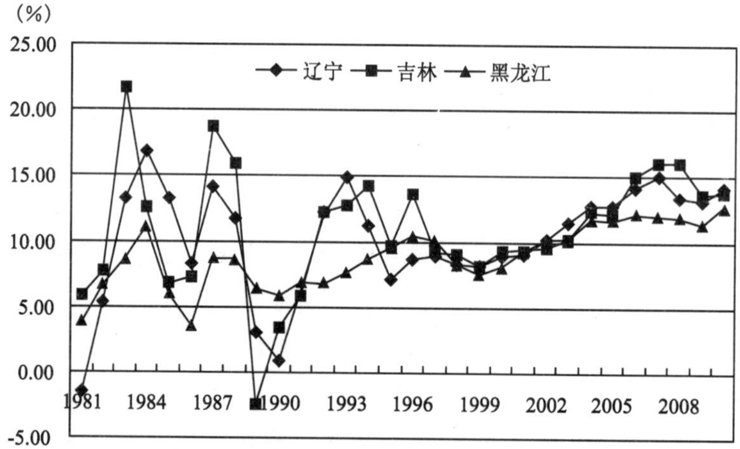

图 12.5　东北三省历年 GDP 增速情况对比（1981—2010 年）

（二）东北三省历年劳动力要素的经验描述

根据第五次人口普查数据，东北三省的劳动力资源还是较为丰富的，15～64 岁总数达到了 7 862.2 万人，占总人口的比重接近 75%，高出全国平均水平近五个百分点。可以说东北三省的劳动力供给存量大，增速也快。但在经济转型的过程中，作为计划经济向市场经济过渡时期，随着民营资本开始大力介入经济发展，人口红利得到充分释放，之后对就业人口的需求发生过一些波动，尤其是在20世纪90年代时期，随着国有企业改革的深入，大量下岗职工变为失业人口，就业总人口出现锐减，但随着全面振兴辽宁老工业基地政策的实施，经济进入快速发展轨道，经济结构调整加快，中小企业、服务业等劳动密集型经济迅速增长，之后东北三省的劳动力投入开始增加，全社会劳动人口不断提高。

1. 辽宁

按照第三章的方法说明，我们用全社会从业人员数据来衡量劳动力要素投入。图12.6是1981—2010年历年辽宁省劳动力要素投入及年增长率的情况。从中可以看出，虽然辽宁省的全社会从业人员数从1981年的1 441.7万人，增长到2010年的2 239.1万人，但增长幅度相比较于同期的GDP水平要小很多，只有48.70%，年均增长率低至1.38%。劳动力投入的增长率在1985年之前一直保持在4%~5%的增长，是整个研究阶段中最快的时期。1985年出现过峰值5.25%，之后开始不断下滑，到20世纪90年代初期开始出现负增长，1998年甚至出现了-11.89%的就业人口大幅锐减的情况。90年代辽宁就业人口的不断减少是由于在经济转型期间大量下岗职工转为失业人员，随着全面振兴辽宁老工业基地政策的实施，经济进入快速发展轨道，经济结构调整加快，中小企业、服务业等劳动密集型经济迅速增长，因此在2000—2010年期间，辽宁省的劳动力投入增速开始增加，全社会劳动人口不断增加。见图12.6。

2. 吉林

吉林的全社会从业人员就业数量是东北三省中最少的省份。从1981年的715.3万人，提高到2010年的1 248.7万人，整体增长幅度为65.49%，年均增长率1.75%，是东北三省中最高的。同样相比较于同期的GDP增速，要低出很多。与辽宁省所不同的是，吉林省的劳动力投入在1981—1984年间出现过一次较大的波动，1985年之后就一直呈现出明显的下降趋势，从1985年的7.25%增速降到1996年的0.24%，这也主要是由于在东

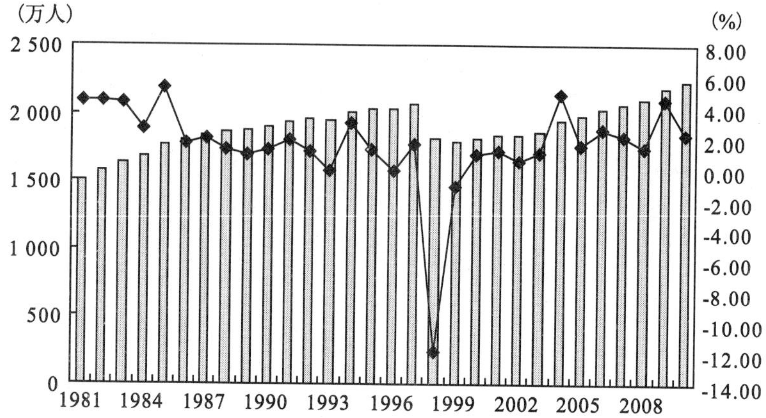

图 12.6　辽宁历年劳动力要素及增长率情况（1981—2010 年）

北经济的转型时期，随着大量国有企业的关停，下岗工人转变为失业人员，工业部门对劳动力就业的吸纳不断减少。1997 年开始出现负增长，并且持续了五年。进入 2000 年后，吉林省的劳动力增长波动比较明显，在 -4.60% ~5.40% 区间内震荡。见图 12.7。

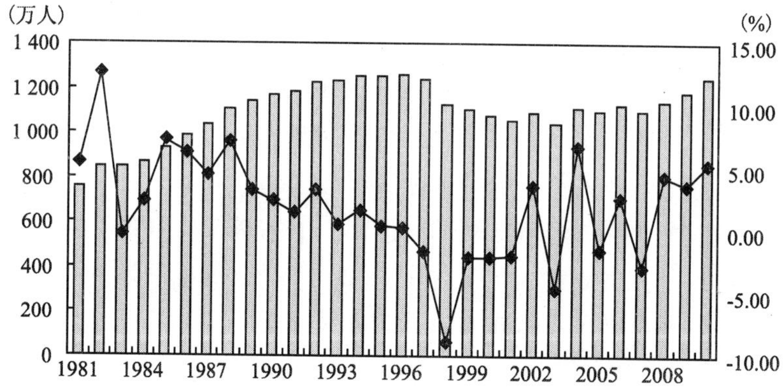

图 12.7　吉林历年劳动力要素及增长率情况（1981—2010 年）

3. 黑龙江

黑龙江的全社会就业人口也同样经历了缓慢增长的过程，从 1981 年的 1 080.7 万人，增长到 2010 年的 1 743.4 万人，整体增幅为 56.01%，年均增长率为 1.55%，低于吉林省但高于辽宁省。相对来说，黑龙江的劳动力供给年增长率总体上波动性较大。1985 年之前增速维持在 1.39% ~5.57%

之间，是整个考察期内增速最快的一段时期。与辽宁省所不同的是，黑龙江省在20世纪90年代基本没有出现就业人口增长为负的情况，而且还保持着1%~2%之间的低速增长。1999年开始出现负增长，同样持续了5年，直到2003年在东北老工业基地振兴计划实施以后，劳动力供给开始增加，但速度却明显低于吉林和辽宁省。见图12.8。

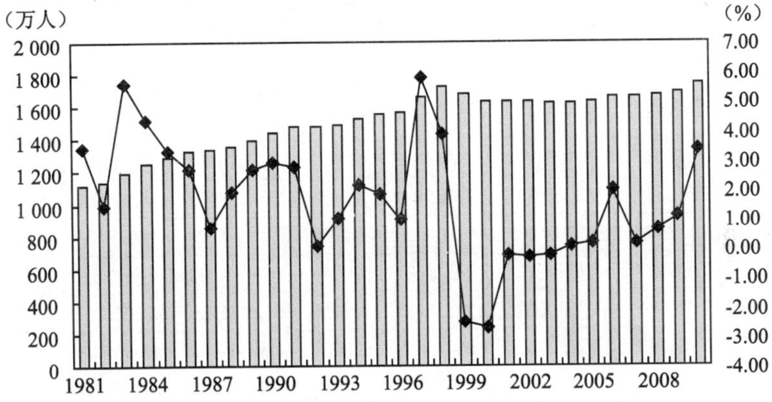

图12.8　黑龙江历年劳动力要素及增长率情况（1981—2010年）

（三）东北三省历年资本要素的经验描述

按照第三章的方法说明，物质资本存量计算采用张军（2004）提供的方法计算获得，并同样按照2000年不变价格进行平减处理，计算的结果如表12.1所示。辽宁省在1981年的资本存量为1 850.85亿，2010年这一数值攀升至41 807.55亿，是东北三省中固定资产存量最高的省份。1981—2010年期间，辽宁省的物质资本存量整体增长了3.96倍，并维持年均5.88%的增长率。吉林省的物质资本存量从1981年的482.25亿元，积累到2010年22 498.17亿元，整体增幅为958.72%，年均增长率为8.79%，是东北三省中物质资本积累速度最快的省份。吉林省的物质资本存量在2007年之前一直落后于黑龙江省，但在2008年、2009年和2010年连续三年高达25%以上的增速下赶超黑龙江，成为东北三省中物质资本存量第二位的省份。黑龙江的物质资本存量从1981年的1 068.07亿，增长到2010年的18 913.77亿，总体增幅为392.23%，年均增速只有5.86%，是东北三省中最低的。从整体上来看，东北三省的固定资产存量的年均增长率要低于经济增速，但高于劳动力投入增速，且与全国平均水平和珠三角及长三角部分省份来比，要明显较低。

表 12.1　东北三省历年物质资本存量情况（1981—2010 年）　（亿元）

年份	辽宁	吉林	黑龙江	年份	辽宁	吉林	黑龙江
1981	1 850.85	482.25	1 068.07	1996	9 135.65	2 373.86	4 158.00
1982	1 994.80	526.59	1 260.19	1997	9 814.42	2 551.91	4 497.81
1983	2 149.60	570.94	1 409.75	1998	10 571.75	2 767.90	4 941.73
1984	2 385.76	636.71	1 633.42	1999	11 323.03	3 037.65	5 339.38
1985	2 736.53	746.92	1 903.68	2000	12 255.84	3 373.68	5 753.56
1986	3 122.29	840.13	2 146.94	2001	13 324.62	3 741.74	6 251.92
1987	3 612.44	953.73	2 387.08	2002	14 558.37	4 187.98	6 806.68
1988	4 138.90	1 076.06	2 610.48	2003	16 326.28	4 750.80	7 387.75
1989	4 505.57	1 132.77	2 743.76	2004	19 105.38	5 392.52	8 086.25
1990	4 866.36	1 205.03	2 871.91	2005	22 451.39	6 462.93	8 934.23
1991	5 284.40	1 313.15	3 004.45	2006	24 468.15	8 340.75	10 062.00
1992	5 760.78	1 444.89	3 165.68	2007	27 192.15	10 972.49	11 545.71
1993	6 727.21	1 677.41	3 357.70	2008	32 276.14	14 401.97	13 292.65
1994	7 686.30	1 903.56	3 580.86	2009	36 255.69	18 069.82	16 014.33
1995	8 437.03	2 125.03	3 842.44	2010	41 807.55	22 498.17	18 913.77
增幅	395.52%	958.72%	392.23%		5.88%	8.79%	5.86%

图 12.9 是东北三省物质资本存量增速的变化情况。2004 年之前，辽宁和吉林的增速颇为相似，但在 2005 年后两省之间的差距逐步被拉开，吉林省的固定资产存量增速明显高于其他两个省份。而黑龙江省的物质资本存量增速变化则比较特殊，不同于其他两省的轨迹，而且在大部分年份都是东北三省中最低的。从整体上来看，东北三省的物质资本存量增长率具有较大的波动性，在 20 世纪 90 年代也普遍低于同期的经济增长率，这说明当经济增长加速时，资本形成的速度并没有同步增长。加速增长的趋势出现在 2003 年东北振兴计划实施后，但三省之间却表现出不小的差异性。其中，吉林省尤其引人注目的是在 2005 年后连续五年，其物质资本存量的增速保持在 25% ~32% 之间的超高速增长，远高于同期的其他东北省份，这主要是由于一批大项目，电力、煤炭、石油、铁路、水利、工业项目都有重大突破，同时 12 条高速公路全部开工建设。

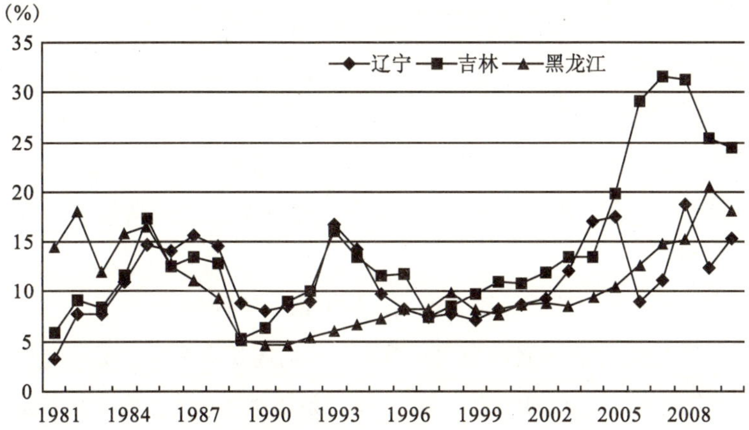

图 12.9 东北三省物质资本存量增速变化情况（1981—2010 年）

1. 辽宁

分省份来看，辽宁省的实际资本存量水平由 1981 年的 1 850.85 亿元增长至 2010 年的 41 807.55 亿元，年均资本存量增长率为 5.88%。通过考察逐年的增长率，发现 1981 年的增长率最慢，为 3.36%，2008 年的增长率最高，为 18.70%。相对来说，资本存量增长速度在 1986 年至 1993 年期间波动幅度较大，在 8.01% ~16.78% 的区间内震荡。1978 年到 1986 年，这个阶段的资本存量增长率呈现了震荡提高的变化趋势。

改革开放初期，资本稀缺性是制约经济增长的重要因素，所以投资迅速增加，对资本存量的积累具有一定的积极作用。1987 年到 1993 年，这段时期的资本存量增长率的最突出特征是先下降后上升，在 1990 年达到了谷底。因为这段时间是我国改革开放的攻坚阶段。计划体制向市场体制的转型在 20 世纪 80 年代中期以后处于激烈的争论之中，改革过程表现为时进时退的态势，而这也直接造成了辽宁省经济发展和固定资产投资的剧烈波动。1994—1999 年之间，物质资本存量的增速有个明显的不断下降阶段，从 2000 年后开始提速，2008 年更是达到峰值，这个阶段辽宁省资本存量的增长率呈现了波动上升的发展态势。资本存量的提升也带动了辽宁省经济的新一轮增长。尤其是在“东北老工业基地振兴”的政策背景下，辽宁省各级政府对铁、公、基等生产建设的狂热投入，进而带动了生产资料行业的快速扩张，房地产投机泡沫与建设也进入了高潮时期。基本上辽宁省的固定资产投资周期与经济周期大体保持同步变动，但固定资产投资增速的波动范围更大。辽宁省固定资产投资的波动也体现出辽宁国民经济结构的变动情况。1996 年以后，辽宁省产业结构经过一次较大幅度的调整，一部分生产能力低下、资源消耗大的企业关停并转，第二产业下滑，第三产业开始占据越来越多的份额。

2. 吉林

吉林省的资本存量增长较为迅速，从 1981 年的 482.25 亿元，积累到 2010 年 22 498.17 亿元，整体增幅为 958.72%，年均增长率为 8.79%，是东北三省中物质资本积累速度最快的省份。进一步考察逐年增长率，发现该指标在 1989 年时最低，为 5.27%，2007 年时最高，高达 31.55%，是整个考察期间内东北三省物质资本存量增速的最高值。在波动幅度上，与辽宁省相似，1981 年至 1993 年期间波动幅度较大，呈现了快速上升又下降的过程，总体在 5.27% ~ 16.09% 区间内波动，其余年份里的波动幅度相对较小，在 1996 年后基本保持了稳定的增长态势，从 7.50% 攀升到 2007 年的 31.55%。吉林省固定资产投资在“十一五”期间增速尤为显著，这主要是由于紧紧抓住振兴东北老工业基地历史性机遇，全力实施投资拉动、项目带动、创新驱动战略的结果。

3. 黑龙江

黑龙江的物质资本存量从 1981 年的 1 068.07 亿，增长到 2010 年的 18 913.77亿，总体增幅为 392.23%，年均增速只有 5.86%，是东北三省中最低的。通过考察逐年的增长率，发现 1985 年之前，黑龙江的物质资本存量增速非常快，领先于其他两个东北省份，但之后却不断下降，并拉开与辽宁和吉林的差距。1991 年的增长率最慢，为 4.61%，2009 年的增长率最高，为 20.48%。相对来说，黑龙江的资本存量增长速度波动比较少，在 1985 年高速增长以后持续下滑到 1991 年的最低值，之后一直保持着稳步上升的趋势，直到 2009 年达到峰值。在 1985 年以后，黑龙江省的资本存量增速一直低于吉林省和辽宁省，直到 2006 年超过辽宁省，但与吉林省的差距依旧较大。2008 年的国际金融危机并没有对黑龙江的固定资产投资造成很大的影响，2009 年超过 2008 年的增速，但在 2010 年有所回落。近些年黑龙江省的固定资产投资主要集中在四大主导产业上，包括食品工业、装备制造业、石化和能源工业，同时全省亿元以上的施工项目每年都在递增。

二、东北三省要素贡献率测度及结果分析

新中国成立之后，东北三省在要素投入上给我们的总体印象是劳动力投入不断减少，而固定资产投资却在大多数年份都保持着两位数的增长势头，与经济增速相比，绝大多数年份的固定资产投资增速都要略高，并且两者表现出相似的经济结构波动周期。

（一）资本与劳动边际产出测度结果及分析

从表 12.2 与图 12.10 可以看出，可以发现东北三省的资本边际产出变化都比较相似，大致可以分为三个阶段。第一阶段：1981—1990 年，相对而言，辽宁、吉林和黑龙江省的资本边际产出在这个阶段最高，其中吉林最高、黑龙江其次、辽宁最低。黑龙江和辽宁还有缓慢上升的趋势，吉林省有所下降。第二阶段：1991—1997 年，在 1991 年东北三省均出现了资本边际产出骤减的情况，下降幅度都超过了 5%，之后持续下降到 1997 年。第三阶段：1998—2010 年，这期间三省的资本边际产出变化并不是很大，其中辽宁和吉林省的情况比较类似，都是先上升，并在 2000 年达到峰值，然后又持续减少，而黑龙江省则一直在 0.75 上下波动，变化不大。同时，我们发现从东北三省的比较来看，吉林省的物质资本边际产出最高，平均在 0.74 ~ 0.77 左右，黑龙江省居中，平均在 0.75 ~ 0.79 左右，辽宁省最低，平均在 0.73 ~ 0.77。经过 30 年的变化，三个省份的资本边际产出出现了趋同现象。资本边际产出差异水平的下降，体现出资本存量在跨省间配置效率的提高。

从表 12.2 和图 12.11 可以看出，东北三省的劳动边际产出变化也比较相似，大致可以分为二个阶段。第一阶段：1981—1990 年，相对而言，辽宁、吉林和黑龙江省的劳动边际产出在这个阶段最高，并且三省都有小幅上升的趋势。第二阶段：1991—2010 年，与资本的边际产出情况相似，1991 年劳动的边际产出出现了一次较大幅度的减少，之后一直呈现不断下降的趋势，并且依次出现负值情况。同时，我们发现从东北三省的比较来

看，吉林的劳动边际产出最高，其次是黑龙江，辽宁最低，但都远低于资本的边际产出。经过30年的变化，三个省份的劳动边际产出也出现了趋同现象，表明劳动力在三省间的流动配置效益有所提高。

表 12.2　东北三省资本与劳动边际产出变化情况（1981—2010 年）

	资本的边际产出			劳动的边际产出		
	辽宁	吉林	黑龙江	辽宁	吉林	黑龙江
1981	0.771	0.824	0.794	0.174	0.277	0.216
1982	0.770	0.817	0.795	0.178	0.279	0.213
1983	0.769	0.820	0.793	0.181	0.282	0.213
1984	0.770	0.820	0.792	0.182	0.282	0.211
1985	0.768	0.817	0.792	0.180	0.279	0.208
1986	0.769	0.815	0.793	0.179	0.279	0.208
1987	0.770	0.814	0.795	0.177	0.278	0.209
1988	0.772	0.811	0.796	0.176	0.278	0.211
1989	0.773	0.811	0.796	0.178	0.283	0.216
1990	0.775	0.812	0.796	0.181	0.288	0.221
1991	0.743	0.780	0.763	0.059	0.165	0.102
1992	0.742	0.777	0.763	0.052	0.157	0.098
1993	0.742	0.777	0.762	0.041	0.146	0.093
1994	0.740	0.776	0.761	0.030	0.137	0.088
1995	0.739	0.776	0.759	0.023	0.128	0.083
1996	0.739	0.775	0.759	0.017	0.120	0.077
1997	0.738	0.777	0.754	0.012	0.114	0.071
1998	0.747	0.784	0.751	0.006	0.108	0.064
1999	0.748	0.785	0.753	0.001	0.101	0.058
2000	0.748	0.787	0.755	-0.005	0.093	0.052
2001	0.747	0.789	0.756	-0.011	0.085	0.046
2002	0.746	0.786	0.756	-0.018	0.077	0.040
2003	0.746	0.789	0.756	-0.027	0.067	0.033
2004	0.742	0.784	0.756	-0.039	0.057	0.027
2005	0.741	0.786	0.756	-0.051	0.044	0.019
2006	0.739	0.784	0.754	-0.058	0.024	0.010
2007	0.737	0.786	0.754	-0.066	0.003	-0.001
2008	0.736	0.783	0.754	-0.079	-0.017	-0.011
2009	0.733	0.780	0.753	-0.088	-0.035	-0.025
2010	0.732	0.776	0.751	-0.098	-0.051	-0.038

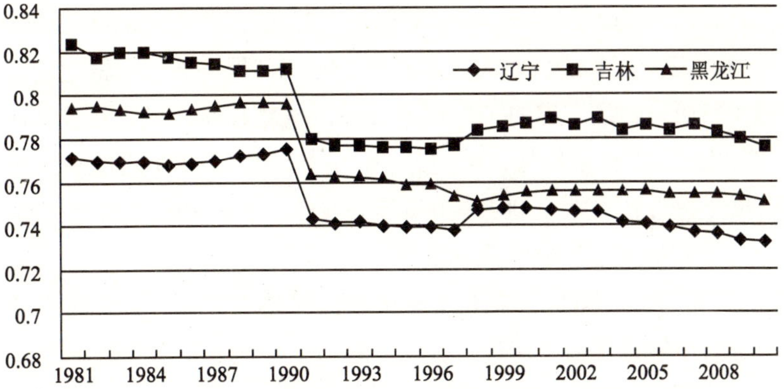

图 12.10 东北三省资本边际产出的变化情况（1981—2010 年）

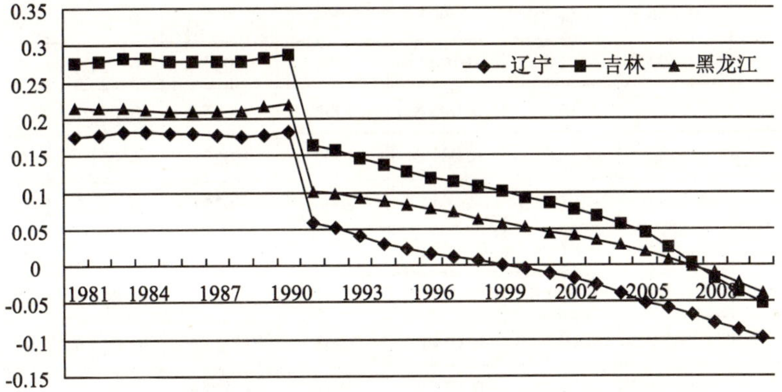

图 12.11 东北三省劳动边际产出的变化情况（1981—2010 年）

（二）东北三省 TFP 估计结果及分析

根据第二章的方法我们计算出东北三省 1981—2010 年 TFP 的结果，如表 12.3 所示。在绝大多数年份，辽宁、吉林和黑龙江省的 TFP 都为正，但吉林省在 2006—2010 年期间出现过持续为负的现象。结合表 12.4 可以看出，TFP 对东北三省的经济增长具有正向贡献，但其数值水平相对快速的经济增长而言明显过低，积极作用并不显著，而且时间趋势上的波动较大，阶段性特征非常明显。1981—1985 年间，辽宁和吉林的 TFP 都表现出较高的增长率，其中辽宁省高达近 11.7%，而黑龙江省的 TFP 却呈现出小幅下滑的情况。1986—1990 年辽宁省的 TFP 略有下降，而吉林和黑龙江则小幅上升，增长均不超过3.2%。1991—1995年、1996—2000年、2001—2005年连续三个五年阶段时间，东北三省的TFP保持着较为稳定的速度增长。相比较而言，辽宁省的TFP增速最快，超过10%，黑龙江省其次，平均在9%以上，吉林省最低，平均为7%左右。但2000年之后东北三省的TFP增长开始明显减速，2001—2005年，辽宁、吉林和黑龙江省TFP的改进率分别为9.69%、5.65%和9.87%，之后的一个阶段变为16.99%、-13.37%和9.30%。2006—2010年经济增速保持在高位，TFP的变动却表现出一定的逐年恶化趋势，其中吉林省的TFP增速更是下滑到-13.37%。

表12.3 东北三省TFP估计结果

年份	辽宁	吉林	黑龙江	年份	辽宁	吉林	黑龙江
1981	-0.036 1	0.003 0	-0.002 6	1996	0.027 4	0.029 7	0.022 5
1982	-0.002 6	-0.006 8	-0.002 8	1997	0.031 1	0.021 3	0.017 7
1983	0.063 0	0.079 9	0.006 8	1998	0.045 3	0.023 1	0.012 3
1984	0.068 7	0.018 6	0.009 3	1999	0.028 9	0.011 6	0.016 3
1985	0.024 0	-0.018 3	-0.012 3	2000	0.025 0	0.012 9	0.018 2
1986	-0.002 8	-0.009 0	-0.022 0	2001	0.023 1	0.013 1	0.018 2
1987	0.028 6	0.043 6	0.009 5	2002	0.028 9	0.008 6	0.019 8
1988	0.017 8	0.027 4	0.014 6	2003	0.024 6	0.014 6	0.019 5
1989	-0.018 1	-0.029 7	0.015 7	2004	0.009 4	0.0115	0.021 1
1990	-0.035 0	-0.006 4	0.013 9	2005	0.010 9	0.008 7	0.020 1
1991	0.002 8	0.010 0	0.019 6	2006	0.052 8	-0.006 3	0.019 7
1992	0.050 6	0.027 4	0.018 6	2007	0.045 9	-0.011 8	0.020 0
1993	0.033 7	0.015 7	0.018 8	2008	0.014 1	-0.036 9	0.019 5
1994	0.013 4	0.028 1	0.020 2	2009	0.029 0	-0.038 2	0.016 2
1995	0.005 9	0.013 3	0.021 5	2010	0.028 0	-0.040 5	0.017 5

（三）东北三省要素对经济增长的贡献率分析

根据新古典经济增长理论，投入要素具有边际产出递减的倾向。从上文的分析中我们已经可以看出，东北三省经济增长过程中劳动力和资本要素的边际产出在不断减少，因此在具有资源约束的现实情境下，经济的长期持续快速增长不可能依靠要素投入的拉动，而只能够通过全要素生产率的不断进步来实现。

基本上东北三省 TFP 对经济增长的贡献大致可以分为三个阶段：第一个阶段为 1979 年到 1992 年的改革开放初期，这一阶段的典型特征是 TFP 对经济增长的贡献呈现剧烈的波动，造成这种波动性的主要原因在于：国民经济经历了 1978—1981 年、1982—1986 年和 1987—1991 年三次经济波动，采取了 1980—1981 年的调整、1986 年的“软着陆”，以及 1989—1990 年的“治理整顿”和“双紧”政策。由于这段时间国家一直处于改革的摸索阶段，伴随着高通胀和高紧缩交替影响经济运行，最终使得国民经济呈现了较为明显的波动性。第二个阶段为 1993—2001 年，这一个阶段为改革开放的攻坚阶段，造成这一阶段东北三省 TFP 呈现一定下降趋势。其主要原因在于国家在 1993 年提出了建立现代企业制度和进行分税制改革和金融体制改革，紧接着的 1994 年国家提出了外贸体制改革，1995 年国家提出了“两个根本性转变”的目标，确定了经济体制从传统的计划经济体制向社会主义市场经济体制转变和经济增长方式从粗放型向集约型转变，再到 1999 年国家确定了非公有制经济是社会主义市场经济的重要组成部分，国家的经济体制改革逐步开始明晰，经济体制改革的大方向已经巩固确立，但是整个过程还是处于经济体制改革不断深化阶段，此外 1997 年的亚洲金融危机在一定程度上也冲击了国民经济的发展。第三个阶段为 2002 年至今，这个阶段是改革开放的良好发展阶段，“胡温新政”极大地促进了中国社会经济的进步。这一阶段东北三省经济呈现了稳步增长的态势，是改革开放以来发展速度较快的阶段。此阶段 TFP 对经济增长的贡献也呈现了一定的上升趋势，2001 年加入 WTO 以后，国家开始大力发展外向型经济。无论是经济增长速度还是 TFP 都呈现了一定的上升趋势。2006 年党中央国务院召开全国科学大会，胡锦涛总书记在会议上提出，实施自主创新的战略，用 15 年的时间把我国建设成为创新型国家。国家开始越来越重视自主创新对经济增长的贡献。在这个阶段，无论是科技投入还是科技产出，各地区都呈现了较快的增长速度，这也在一定程度上促进了 TFP 的上升。

根据第三章的方法我们计算了改革以来物质资本、劳动力和 TFP 对东北三省经济增长的贡献情况，具体结果列于表 12. 4 之中。此外我们还制作了资本、劳动和 TFP 绝对值变动和对经济增长贡献值变动的趋势图，以期直观展现东北三省经济增长的动力转换过程。

表 12. 4　东北三省历年经济增长的构成（1981—2010 年）

		辽宁	吉林	黑龙江
1981—1985	资本对经济增长的贡献率	80. 83%	81. 22%	101. 36%
	劳动对经济增长的贡献率	8. 92%	14. 69%	6. 78%
	TFP 对经济增长的贡献率	10. 25%	4. 09%	-8. 14%
	TFP	11. 70%	7. 63%	-0. 15%
1986—1990	资本对经济增长的贡献率	133. 53%	99. 53%	109. 43%
	劳动对经济增长的贡献率	3. 76%	16. 29%	7. 64%
	TFP 对经济增长的贡献率	-37. 29%	-15. 82%	-17. 06%
	TFP	-0. 95%	2. 58%	3. 16%
1991—1995	资本对经济增长的贡献率	97. 71%	93. 60%	62. 53%
	劳动对经济增长的贡献率	2. 89%	4. 14%	4. 90%
	TFP 对经济增长的贡献率	-0. 60%	2. 26%	32. 57%
	TFP	10. 64%	8. 45%	9. 86%
1996—2000	资本对经济增长的贡献率	79. 21%	80. 96%	73. 35%
	劳动对经济增长的贡献率	-5. 96%	-9. 27%	2. 91%
	TFP 对经济增长的贡献率	26. 76%	28. 31%	23. 74%
	TFP	15. 78%	9. 86%	8. 69%
2001—2005	资本对经济增长的贡献率	99. 58%	105. 34%	64. 29%
	劳动对经济增长的贡献率	3. 64%	1. 06%	-0. 27%
	TFP 对经济增长的贡献率	-3. 22%	-6. 40%	35. 98%
	TFP	9. 69%	5. 65%	9. 87%
2006—2010	资本对经济增长的贡献率	82. 24%	98. 96%	96. 17%
	劳动对经济增长的贡献率	4. 02%	6. 00%	2. 89%
	TFP 对经济增长的贡献率	13. 74%	-4. 96%	0. 95%
	TFP	16. 99%	-13. 37%	9. 30%

由表 12. 4 和图 12. 12—12. 14 的内容可以得出以下三点认识：

第一，资本投入是东北三省经济增长的最主要动力来源，1981—2010 年，东北三省的资本积累对经济增长的贡献率大幅高于劳动和 TFP，也就是说这段时期仅依靠投资拉动，东北经济便可实现 10% 以上的高速增长。

从长期来看，吉林资本投入对经济增长的贡献率有波动性上升趋势，黑龙江则有所下滑。最近一个五年时期，资本对经济增长的贡献率分别为82.24%、98.96%和96.17%。目前来看，这一高投入的趋势尚有一段时期的持续能力，但是随着能源、矿产等要素价格的提高，投资拉动的持续性正面临着极大的挑战。

第二，劳动投入对东北经济增长的贡献率较低，并且有缓慢的下降趋势。辽宁省在1981—1985年期间，劳动对经济增长的贡献率达到过8.92%，吉林省在1986—1990年期间，劳动对经济增长的贡献率也达到过16.29%，是所有省份在6个时间段中出现的峰值情况。1995年之前，辽宁、吉林和黑龙江的劳动力投入对经济增长的贡献在2.89%~8.92%、4.14%~16.29%、4.90%~7.64%之间波动。相比较而言，劳动对吉林的经济增长贡献最大，辽宁和黑龙江比较接近。1996年后劳动对资本的贡献率开始出现负值，其中吉林在1996—2000年的时期内，曾经达到过-9.27%，辽宁也为-5.96%，黑龙江则是在2001—2005年期间出现负值为-0.27%。最近一个五年时期内，东北三省劳动对经济增长的贡献率都有所回升，达到3%~6%。可以看出劳动的贡献水平具有缓慢下降的总体趋势，这主要是源于人口红利的逐渐消耗，而与此同时受结构转型滞后的困扰，劳动力市场并未对此作出足够积极的回应。

第三，TFP对东北三省经济增长的贡献并不稳定，有些年份可以达到20%以上，有些年份还为负值。从三个省份的比较来看，TFP对辽宁省的经济增长贡献率一直较高，并且大部分年份高于劳动的贡献率。2000年之前，TFP对吉林省的经济增长贡献率要高于黑龙江省，之后相反。就长期的趋势而言，辽宁省的TFP对经济增长的贡献率有波动性上升态势，1996—2000年期间达到峰值26.76%，之后下滑到3.64%，但在2006—2010年期间又回升到13.74%。吉林省的TFP对经济增长的贡献率波动性较大，1986—1990年期间只有-15.82%，之后连续两个时间段上涨，到1996—2000年时达到峰值28.31%。黑龙江省的TFP对经济增长的贡献率在1991—1995年（32.57%）、1996—2000年（23.74%）、2001—2005年（35.98%）连续三个时间段保持较高的水平，2006—2010年下滑到

0.95%。TFP 对东北三省经济增长的贡献程度远远小于资本投入，造成这一现象的主要原因是资本积累的增长率普遍高于其他要素，在经济增长过程中贡献过大。

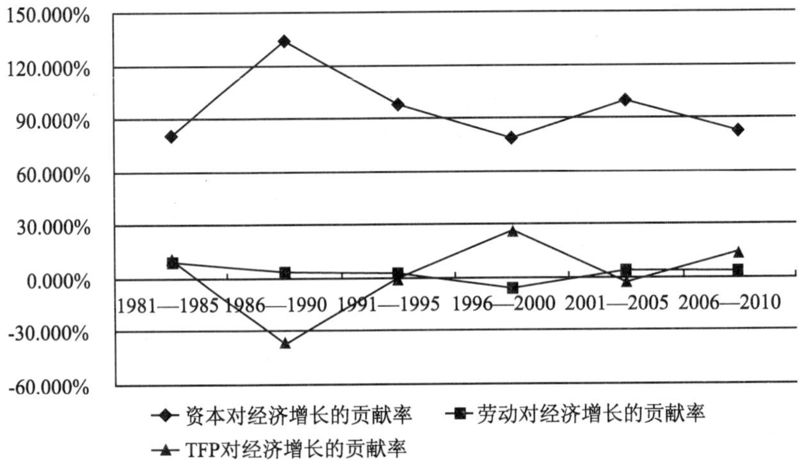

图 12.12 辽宁历年资本、劳动和 TFP 对经济增长的贡献率（1981—2010 年）

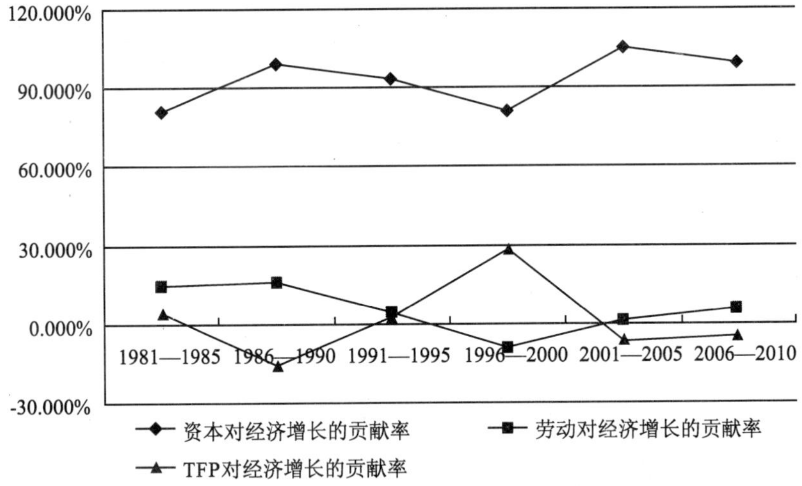

图 12.13 吉林历年资本、劳动和 TFP 对经济增长的贡献率（1981—2010 年）

从总体上来看，东北经济增长的动力转换可大体划分为三个阶段。第一阶段为 1981—1990 年，TFP 对东北经济增长的贡献还不明显，主要依靠

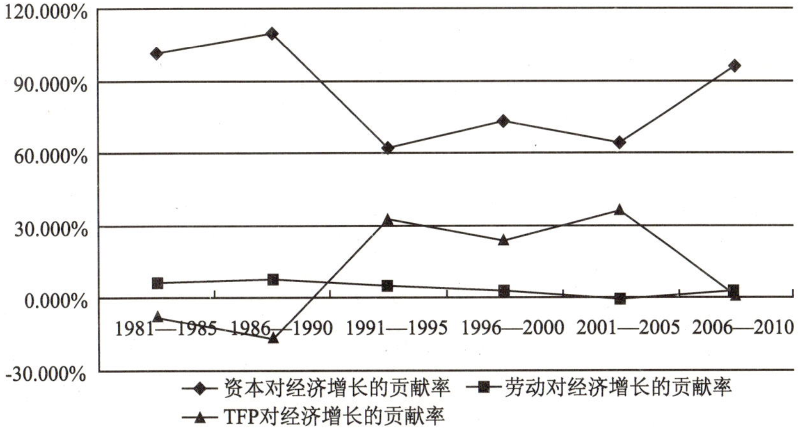

图 12.14　黑龙江历年资本、劳动和 TFP 对经济增长的贡献率（1981—2010 年）

资本和劳动的投入。并且这一阶段具有的典型特征是 TFP 对经济增长的贡献呈现剧烈的波动，造成这种波动性的主要原因在于这段时间的政策还处于摸索阶段，造成东北三省 TFP 对经济增长贡献也呈现了较为明显的波动性。第二阶段为 1991—2000 年，这一阶段为改革开放的攻坚阶段，这段时期基本上逐步明确了经济体制改革的主要方向，造成这一阶段资本投入对经济增长的贡献率有所下降，而 TFP 的贡献率却在不断上升，高峰时资本投入、劳动投入和 TFP 进步对经济增长起到了较为平衡的贡献，此时经济增长的动力表现为三驾马车各显其能的态势。第三阶段为 2001 年至今，资本的积累在加速，因此对经济增长的贡献率再次提高，而 TFP 则与资本之间的差距被拉大。

第四篇 江苏要素贡献情况深入分析

第十三章　江苏省各要素贡献率历史研究

一、经济社会发展主导要素的变迁及其原因分析

经济社会发展要素是指国家或区域整体经济活动所必需的物质与非物质元素，而主导要素是其中产出弹性最大且相对短缺，在经济社会发展中具有约束作用的关键生产要素。从长期视角来看，人类社会经济发展依次经历了劳动主导经济、土地主导经济、资本主导经济和知识主导经济四个阶段。

（一）主导要素变迁阶段划分

1. 以劳动力为主导要素的阶段

劳动力作为生产要素起于渔猎文明时期，当时由于人类开发利用自然资源的水平很低，资源短缺的问题并不突出，于是劳动力便成为经济社会发展的主导要素，社会生产率主要取决于劳动者的体力，生产的分配取决于对劳动力的占有。这种以劳动力为主导的经济形态自人类文明之始，延续了几千年，直至19世纪第一次工业革命，当今世界上部分落后地区仍处于劳动力主导的经济阶段。

2. 以土地为主导要素的阶段

人类进入农业文明，农耕代替了游猎与采集成为人类获取财富的主要方式，相应的，土地替代劳动力成为最重要的社会发展要素。拥有土地也就意味着拥有财富，于是，无论是土地所有者还是土地的经营者都具有增加土地要素的投入，促进土地产出增长的动力机制。而这一时期，国与国之间、地区与地区之间爆发的战争也都起因于领土扩张，进而占据更多的土地资源。

3. 以资本为主导要素的阶段

资本要素主要是指自然资源、人造资本（机器、设备、厂房等）、资

金等。进入19世纪后，世界上主要国家陆续完成了工业革命，科学技术取得了巨大发展，机器大生产代替了手工工具。此时，所有人类所认识到的资源都由于科学技术的发展与生产的迅速扩展而变得稀缺，机器厂房的多少、投资规模的大小决定了经济增长的速度。因此，为了获取更多利润，就必然会通过增加投资以扩大生产规模，由此可见，人造资本、资金成为该阶段经济社会发展的主导要素。

4. 以知识为主导要素的阶段

资本扩展的前提是有可开拓的市场，但如果技术一定的，仅仅依靠外延式扩大再生产，是难以进一步扩大市场的，更谈不上开拓潜在市场。20世纪70年代以后，西方经济增长停滞的原因之一就是有效需求不足，包括投资需求与消费需求的不足，但知识经济的出现迅速改变了这一状态。在生产领域，研究与开发成果迅速转化为产品，大大促进了投资；在消费领域，对高技术产业良好的预期引发股市迅速上涨，又通过财富效应刺激了新的消费领域的开辟。由此可见，知识因素在整个生产流通中的重要性大大提升，已经成为经济社会发展的核心因素，而劳动力、自然资源、资本等要素在国民经济发展中的重要性则相对下降。

结合以上分析可知，多种经济社会发展要素有机结合才能形成现实的生产力；在经济发展的不同阶段，各种要素在组合过程中所占比重和所起的作用不同，其功能和地位也会相应地变化，其中占主导地位的要素则发挥着至关重要的作用。

（二）主导要素变迁的原因分析

1. 要素贡献率的变化

经济发展的不同阶段之所以会发生主导要素的变化，根本原因是不同要素的贡献率在不同阶段存在差异。某个阶段对经济发展的贡献率最高的要素便成为主导要素。在劳动力主导的第一阶段末期，随着土地的进入，劳动的贡献率开始下降，此时资本与知识的贡献率十分小，可以忽略不计，随着土地的要素贡献率上升到超过劳动力要素的贡献率，便成为主导要素；在第二个阶段末期，资本进入，劳动的贡献率继续下降，土地的贡献率最终也会下降，知识的贡献率可以忽略不计，资本便逐步成长为主导要素；第三阶段末期，知识要素进入，资本的贡献率达到最高点，劳动、土地的贡献率继续下降，直至知识要素的贡献率超过其他三个要素的贡献率，继而成为主导要素，进入知识要素主导的第四阶段。

2. 劳动、土地、资本和知识的稀缺程度变化

当人口量很低，存在大量未耕种的肥沃土地时，劳动自然而然成为最稀缺的要素，此时，劳动力便是主导经济发展的关键要素。随着人口的增加，肥沃的土地已开垦完毕，需要耕种那些相对贫瘠的土地，于是肥沃的土地成为稀缺要素，继而成为经济发展的主导要素。劳动力与土地相继成为主导要素，但在相当长时间里两种经济形态同时存在于世界不同地区，并非有十分严格的界限。工业革命后，大机器代替手工生产，劳动和土地的重要性下降，而研发机器和建造工厂需要大量资本，资本的作用开始显现，并逐渐发展成为约束经济发展的主导要素。随着物质资本积累达到相对充裕的程度，资本的谋利性决定资本需要寻找新的赢利创意，此时知识创新的稀缺性开始显现。当今世界上的大多发展中国家正处于资本要素主导的经济发展阶段，该阶段不可避免而且正在遇到资源和环境不可持续供给的极限，因此正寻求着向知识要素主导阶段转变。

二、江苏省经济发展阶段主导要素及其特征分析

根据生产要素贡献率的变化划分经济发展阶段是审视经济发展的一种长期视角。自改革开放以来，江苏省经济发展经历了跌宕起伏，一方面体现了经济结构的转变，另一方面体现了经济结构转变背后不同生产要素贡献率的变化。下文将根据前文测算的江苏省要素贡献率的结果，划分江苏省经济发展阶段，并指出经济发展阶段特征。

（一）江苏省经济发展阶段主导要素分析

图 13.1 是根据前文测算的各生产要素对经济增长的贡献率绘制而出。由图 13.1 可以明显看出，资本要素对江苏省经济增长的贡献率大幅度高于劳动与 TFP 对经济增长的贡献率。改革开放的三十多年中，资本对经济的贡献率有十多年超过 90%，甚至高于 100%；相比较而言，劳动力对经济增长的贡献率在三十年中一直都比较低，大多数年份都稳定地处于 1% ~

5%的水平；TFP对经济增长的贡献率波动性较大，尤其是20世纪90年代之前，TFP对经济增长的贡献率很多年份是负的，90年代后逐步稳定，但对经济增长的贡献率基本在10%以下。

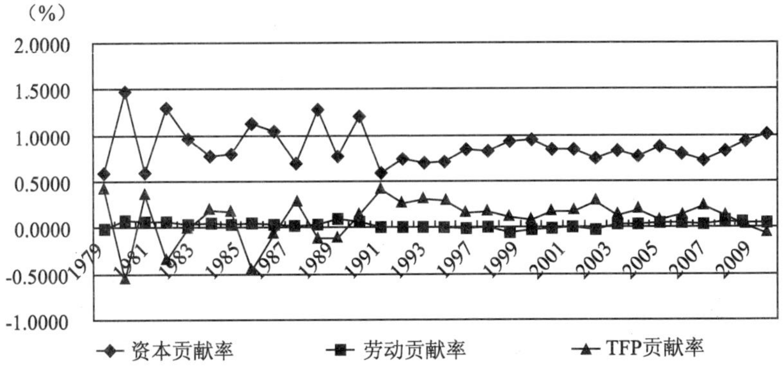

图13.1　1981—2010年江苏省资本、劳动及TFP对经济增长的贡献率

根据前文不同阶段主导要素的分析，可以看出，江苏省近三十年来经济发展都处于资本要素主导的阶段，该阶段的主要特征是资本要素对经济增长的贡献率处于绝对优势地位，资本的产出弹性较大。正如很多研究已经表明的那样，固定资产投资不仅是中国经济增长的主要推动力，对于经济较为发达的江苏省更是如此，江苏省的经济发展正处于高速工业化时期，所面临的关键主导要素是物质资本。但如果以1993年为界限分为两个阶段，则1993年之后全要素生产率对经济增长的贡献率明显提高，这表明现阶段及今后很长一段时间内资本仍是推动经济发展的主动力，但长期来看，资本要素贡献率逐步降低，知识、技术、人力资本等创新要素的重要性将逐步突显。

（二）江苏省资本主导的经济发展阶段的基本特征

1. 人均产出平均增长率大幅提高

资本要素相比较于劳动力要素与土地要素，产出弹性更高，因而带来了更高的人均产出增长率。1500—1820年全球的人均产出的年均增长率仅为0.05%，1820—1870年为0.53%，1870—1913年为1.3%，江苏省1980—2010年以不变价格计算的人均产出年均增长率达到7%左右，资本要素主导的经济发展使江苏省迈入后工业化阶段。

2. 技术进步和工业化进程加速

资本要素主导的经济发展阶段与工业化相伴相生，以人均工业产品数量测度的人均工业化水平，江苏省在1990年之前整体上都处于下降阶段，因为人口数量比工业产值上升更快，工业产值被人口稀释了；1990年至今，人均工业产值大幅度上升，增长了近50%，高于同期的全国平均水平。快速的工业化和城镇化带来的是总产出中农业份额的迅速下降，江苏省的农业产出占比由1950年的50%左右下降到2010年的5%，再次体现了资本主导的经济发展阶段工业化的进程速度。

3. 人口转型

在土地和劳动力主导的经济发展阶段，技术进步和要素积累带来的总收入增长会被人口增长所吞没，这一现象在资本主导的阶段将有所逆转。该阶段允许具有持续技术进步和要素积累的地区享受持续的人均收入增长。以人口出生率下降、死亡率下降、人口自然增长率的下降和预期寿命提高为标志的人口转型将在这一阶段出现。江苏省1950年人口出生率为35.7%，死亡率为15.1%，人口自然增长率为20.6%，到2010年60年间都出现大幅度下降，分别下降为9.3%、7.0%和2.3%，人口增长率的下降，使得要素积累和技术进步成果更大份额被用于增加人均收入。

4. 人力资本积累加快

技术进步和工业化加速，导致对人力资本需求的上升，对人力资本需求的上升使人力资本投资有利可图，提高了对人力资本投资的激励，诱致家庭投资更多用于子女的教育，最终导致人口转型。人口转型的实现使得人均收入的持续增长成为可能。人均收入的提高，放松了家庭预算约束，使得工资和人均收入增加中一部分用于人力资本投资。人力资本需求和供给的动态演进，最终促进了人力资本的积累。

随着技术进步加速，突显出人力资本的作用，需要的受教育年限越来越长。江苏省1950年每万人在校大学生数仅为2人，60年间，江苏省一跃成为教育大省，到2010年，每万人在校大学生数达200多人，在校的小学生数、中学生数都上升较快，充分体现了社会与家庭对人力资本培养的重视。

三、江苏省经济增长方式转变与要素贡献率

（一）依据要素贡献率划分的经济增长方式及其形成机制

1. 依据要素贡献率划分的经济增长方式

传统上，学术界将经济增长方式分为两类，即以全要素生产率的提高为主的所谓集约型增长方式和以增加要素投入为主的所谓粗放型增长方式，但这种划分方式是粗糙的，因为经济活动中要素投入的增加不可能是完全同比例的，这种划分方式不能区分粗放型增长方式中各种要素投入的变动对经济增长的相对贡献。对此，林毅夫等人作出了一定的改进，他们按照生产率水平、资本、劳动、土地这四种要素的变动对经济增长的贡献率的相对大小，将经济增长方式分为全要素生产率增进型的经济增长、资本密集型经济增长、劳动密集型经济增长和土地（或自然资源）密集型经济增长四类，后三类又可以统称为“要素积累型增长方式”。

根据前文的测算结果，江苏省近三十年来主要依靠资本的大量投入推动经济增长，其依赖程度并未有下降趋势，资本存量的增长现在及未来一段时间内都将是推动江苏省经济增长的主要动力；全要素贡献率对经济增长的贡献率非常低，劳动力对江苏省经济增长的贡献较小。因此，依据要素贡献率划分江苏省的经济增长方式，很明显的属于资本密集型经济增长方式。

2. 江苏省经济增长方式现状分析

江苏省目前处于资本要素主导的经济发展阶段，其经济增长方式属于资本密集型增长方式，该阶段最明显的特征是投资率较高，江苏省这一特征表现得尤为明显。国家统计网有文章指出：“改革开放以来，江苏省固定资产投资快速稳定增长，1978—2004 年，全社会固定资产投资从 21.75 亿元增加到 6 827.59 亿元，年均增长 25.5%，是推动江苏省经济持续高速增长的主要推动力量。” 1997 年到 2010 年地级市以上城市的固定资产投资年均增幅也在 20% 以上。

从江苏省投资率的国际比较看，根据世界银行资料，2006 年，世界投

资率的平均水平为22.4%，高收入国家为21.2%，中低收入国家为28%。人均GDP达到1 000美元的年份是一国（地区）历史上投资率最高的阶段之一，较为典型的有韩国、新加坡和中国台湾省，最为典型的则为日本、泰国和巴西。与我国发展水平相当的（即人均GDP在1 000美元左右）菲律宾、印度尼西亚、泰国等国的投资率分别为19.3%、14.3%和23.9%。可见，江苏的投资率大大高于世界平均水平，也明显高于发达国家和发展中国家的水平，还高于全国平均水平。因此，江苏投资率水平偏高是不争的事实。

从经济增长方式来说，高投资率会严重阻碍经济增长方式转变的进程。因为一些地方政府没有树立科学的发展观和正确的政绩观，片面理解"发展就是硬道理"，认为加快发展就是加快经济增长。在这种思想指导下，其在行政管理体制和职能上产生越位和错位，制定了不切实际的经济增长目标，加之投融资体制改革相对滞后和预算软约束，结果使得投资增长大大快于消费增长，许多投资项目建成后形成的新生产能力是没有市场需求的无效供给。这种拼资源、扩张土地资源占用的外延型投资方式虽然能拉动短期的经济增长速度，但从长期看反而加剧了供过于求的矛盾，浪费了宝贵的经济资源，降低了经济增长的质量。这种长期高度依赖资本投入拉动经济增长的模式不利于经济增长方式的转变，给经济持续发展带来了严峻挑战。

3. 江苏省经济增长方式形成机制

从要素贡献的角度来看，江苏省目前的经济增长方式有其特殊的形成机制。首先，由于自主研发带动的技术进步的成本太高，所以企业宁愿选择以引进技术和要素投入为主的增长方式。江苏省的制造业企业大部分为代工企业，代工企业由于直接采用国外的技术，很少需要投入研发，只需投入大量的劳动力和资本要素即可，进而促成了江苏省过高的投资率，形成资本密集型经济增长方式。其次，自然资源和能源的价格偏低导致资本品的购买价格和现有资本品的运行成本偏低，因而刺激了对新资本品的需求。第三，我国长期实行低利率政策，而目前的企业制度导致企业实际支付的利率更低，使得企业对新资本品的需求进一步增加。第四，对新资本品需求的增加导致了生产这些新资本品的过程中对自然资源和能源的需求。第五，由于在生产过程中能源是资本的互补品，多年积累起来的巨大的资本存量的使用必然导致对自然资源和能源的巨大需求。于是，就形成了以资本和自然资源的大量投入为特征的增长方式。

（二）依据要素结构变迁的江苏省经济增长方式转变途径

推进经济增长方式由粗放型向集约型转变一直是江苏省经济转型的重点，近些年政府和企业都作出了一定的努力，但实现经济增长方式转变依旧遥遥无期。从要素结构来看，主要原因是忽视了江苏省要素禀赋的结构，加之昂贵的自主研发成本，短期内改变经济增长方式基本不可能。只要江苏省未达到发达国家的经济发展水平，那么其增长方式就会在相当长的一段时间内倾向于引进技术和增加投入。表现为相对的要素积累型。因此，要实现经济增长方式的转换，较为可行并且有效率的做法是将增长方式从资本密集和自然资源密集的增长方式向以劳动投入为主的增长方式转换。具体而言，可从以下两方面入手。

1. 为企业提供合理的要素价格体系

所谓合理的要素价格体系，是指能够正确反映江苏省要素禀赋结构的要素价格体系。如果要素价格体系不能正确反映资源的稀缺性，即使企业实现了最优化，整个经济也无法实现最优化。整个经济的成本最小化只有当要素价格体系能够正确反映要素禀赋结构时才能够实现。这就要求加快市场化改革，使原材料价格、能源价格以及利率的决定都实现市场化，使其反映相应要素的稀缺性。在我国目前利率不能大幅度提高的前提下，可以通过提高原材料价格和能源价格以及征收资源、能源使用税来提高资本的使用成本，从而实现向最优经济增长方式的转换。

2. 促进要素价格市场秩序的建立

在要素价格体系合理的情况下，要使企业实际支付的要素价格尽量接近这一要素价格体系。也就是，要消除或至少尽量减弱信用市场上的道德风险和逆向选择行为。具体可采取以下措施：（1）一是加快企业改革，消除企业的短期行为；二是建立健全企业和个人信用制度，使企业的短期行为具有长期效应。这样便能够建立企业行为的长效机制，使企业在借款时不仅考虑短期利益，还要考虑长期利益。（2）加快银行改革，使银行在放款时切实考虑贷款质量，并在放款后对企业进行切实的监督，并努力回收贷款。（3）加大执法力度。在企业赖账的情况下，用法律手段确保合同的执行，从而消除对合理的要素价格体系的偏离。

总结而言，从要素贡献的视角来看，经济的增长方式是由其要素价格体系决定的。技术作为一种组合各种投入要素以进行生产的知识，其获得也是有成本的，并且，自主研发技术进步的成本通常较高。因此，经济到底是要靠自主研发或是引进技术以取得技术进步也应该决定于其成本的高低，而不应该一味地为了在经济增长核算中表现为“集约型”的增长方式，而过度强调以自主研发的方式来取得技术进步。就江苏省目前所处的发展阶段而言，劳动是其比较优势所在，但是要素价格的扭曲却使得江苏省的经济增长方式成为资本和自然资源密集型增长。这种增长方式既降低了经济增长的质量，也减少了劳动就业的机会，使得大量农村劳动力无法进入附加价值较高的制造业部门，造成城乡差距的扩大和收入分配的不平均，因此，要实现经济增长方式的转换，关键从两方面入手：一是避免片面强调“TFP 增进型”即“集约型”的增长方式，二是消除要素价格体系的扭曲。

四、总结

根据主导要素的不同，可以将经济发展划分为劳动主导经济、土地主导经济、资本主导经济和知识主导经济四个阶段。目前江苏省的资本要素贡献率达到 80% 左右，而劳动资本要素贡献率及 TFP 要素贡献率不到 10%，由此可知，江苏省处于资本要素主导的经济发展阶段。该阶段的主要特征为人均产出平均增长率大幅提高、技术进步和工业化进程加速、人口结构转型及人力资本积累加快，属于较为典型的工业化加速阶段。但资本要素主导的经济发展阶段最大的特征是资本投入过高，江苏省此特征表现得更为明显，其投资率高于全国平均水平及大多数省份，从而一定程度上影响了经济增长方式转换的进程。因此，从要素投入的角度来看，江苏省要实现经济增长方式的转换，较为可行并且有效率的做法是将增长方式从资本密集和自然资源密集的增长方式向以劳动投入为主的增长方式转换。其中的关键点是避免片面强调“TFP 增进型”即“集约型”的增长方式，消除要素价格体系的扭曲，使要素价格能够较为正确地反映要素的稀缺性。

第十四章　江苏省与全国要素贡献率对比分析

一、江苏省经济发展现状与驱动力分析

（一）江苏经济的全国位置

1. 经济增速方面

2003—2011 年，江苏地区生产总值年均实际增长 13.5%，连续多年保持两位数增长，在受国际金融危机冲击最严重的 2009 年依然实现了 12.4% 的增速。这一时期的年均增速不仅高于改革开放以来 12.6% 的年均增速，而且高于同期全国经济 10.7% 的年均增速，也远高于同期世界经济 3.9% 的年均增速。

2. 发展水平方面

江苏主要指标位居全国前列，2011 年，江苏 GDP 总量 49 110 亿元，居全国第二位，占全国 10.4%；人均 GDP62 290 元，居全国第一（图 14.1）；地方财政一般预算收入 5 149 亿元，居全国第二位；进出口总额 5 398 亿美元，居全国第二位；实际利用外资 321 亿美元，连续九年位居全

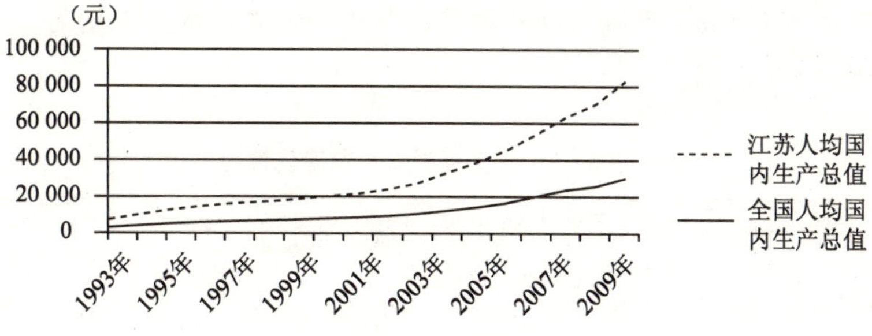

图 14.1　江苏与全国人均 GDP 对比

国第一；城乡居民人均收入分别突破 2.5 万元和 1 万元，为 26 341 元和

10 805 元，分别位居全国第三、第二位。主要行业在全国具有较明显的优势地位。电子信息产业为江苏第一大支柱产业，2011 年实现主营业务收入 2.3 万亿元，居全国第二位。江苏机械制造行业规模居全国第一位，工程机械行业年销售收入约占全国总量的 1/3。

3. 运行质量方面

2011 年全省财政总收入达到 14 119.9 亿元，占 GDP 比重由 2002 年的 14% 提高到 2011 年的 28.8%，比重高于全国平均水平 6.8 个百分点。2011 年全省规模以上工业企业实现主营业务收入 11 万亿元，居全国第一位。能源利用效率较高。2011 年江苏万元地区生产总值能耗为 0.6 吨标准煤/万元，比全国平均水平低 20% 以上。

（二）江苏经济发展驱动力分析

1. 总体描述

通过报告前面的章节可以看出，绝大多数省（市区）经济增长主要来自资本贡献，其次为 TFP，而劳动贡献最小。资本贡献率基本呈现东部向西部递增的态势，TFP 贡献则相反，劳动变动幅度较大，具体取决于各省（市区）经济的实际情况。

具体到江苏省（表 14.1），以固定资产投资为主的资本贡献仍是经济发展的主要驱动力，贡献率基本保持在 80% 以上，“十一五”期间贡献率则为 85.23%；TFP 贡献其次，但波动明显，1979 年到 2010 年 TFP 所引致的年均经济增长 1.80%，对经济的平均贡献率达到了 9.72%，其中“十一五”期间为 9.8%。劳动力则不再是江苏省经济发展的主要动力，其贡献率大多在 5% 以下。

表 14.1 江苏省要素贡献变化情况

	1981—1985 “六五”	1986—1990 “七五”	1991—1995 “八五”	1996—2000 “九五”	2001—2005 “十五”	2006—2010 “十一五”
资本对经济增长贡献率	85.94%	96.51%	72.36%	87.67%	81.26%	85.23%
劳动对经济增长贡献率	4.68%	8.85%	-2.96%	-1.80%	2.34%	4.97%
TFP 对经济增长贡献率	9.39%	-5.36%	30.60%	14.13%	16.40%	9.80%

2. 变化趋势总结

下文结合表 14.1，对第二篇中江苏省要素贡献测度的变化及阶段划分进行简要总结，从而从整体上了解要素变动态势，便于下文的对比分析。

（1）1979—1992 年的改革开放初始阶段

这一阶段为改革开放的起步时期，改革的不确定性、政策的不稳定性与探索性带来了资本、劳动、TFP 三要素对经济增长的贡献的波动特征。

（2）1993—2001 年的改革开放攻坚阶段

资本要素对经济增长的贡献则是出现了先提升后下降的变化趋势，一个重要的时间节点就是 1997 年的亚洲金融危机。劳动贡献下降较为明显，甚至出现为负的情况，主要由于受到国有体制改革的下岗、资本过度挤占和亚洲金融危机等因素的影响，造成劳动与经济增长呈现负变化关系。TFP 贡献率出现一定下滑，主要由于在 20 世纪 90 年代初的通胀危机之后，市场经济的建设带动了民间资本的投入，一定程度地稀释了 TFP 的贡献。

（3）2001 年至今的改革开放高速推进阶段

这个阶段江苏省经济呈现了稳步增长的态势，实际 GDP 年均增长 13.58%。资本贡献在波动中上升，尤其是为了应对 2009 年全球金融危机，投资对经济增长的贡献明显上升。劳动贡献方面，民营经济获得了政府有力的政策支持，成为吸纳劳动力的主力军，从而导致这段时期就业规模开始呈现了缓慢的增长，并对经济增长的贡献有所提升。TFP 贡献方面，经济发展思路的调整对于江苏省实现技术创新驱动经济增长，转变经济增长方式具有重要作用，在一定程度上形成了江苏省 TFP 对经济增长的贡献的平稳上升。

二、江苏与全国要素贡献情况综合比较

（一）与全国整体水平的比较

前文论述结论表明，资本是 30 年来江苏经济增长的主要推动力，全要素生产率贡献程度在波动中上升，而劳动的贡献作用十分微弱。因此在与全国比较中，我们将重点比较资本与 TFP 对经济的拉动作用，结合前几章计算数据，我们得到表 14.2、图 14.2。可以看出江苏省资本与 TFP 引致的经济增长率变动基本与全国水平保持一致，资本波动幅度略小于 TFP 幅

度，表明资本对于经济增长的贡献程度较为稳定，我国经济原动力基本来自长期高额的固定资产投资。

表14.2　江苏与全国资本和TFP要素引致的经济增长率对比

年份	资本（江苏）	TFP（江苏）	资本（全国）	TFP（全国）	年份	资本（江苏）	TFP（江苏）	资本（全国）	TFP（全国）
1979	7.14	4.97	6.686	1.133	1995	10.87	4.49	10.961	1.675
1980	7.09	-2.71	6.435	1.856	1996	10.35	1.94	10.417	1.28
1981	6.43	3.82	5.202	0.091	1997	9.93	2.08	9.604	1.118
1982	12.62	-3.41	7.7	1.296	1998	10.25	1.29	9.882	0.487
1983	11.94	-0.09	8.016	2.06	1999	9.54	0.75	9.216	-0.403
1984	11.98	3.01	9.573	5.162	2000	8.94	1.84	8.991	0.523
1985	13.75	2.86	11.071	1.645	2001	8.5	1.67	9.057	0.485
1986	11.69	-4.83	10.311	-3.467	2002	8.8	3.2	9.501	0.934
1987	13.92	-1.01	10.066	0.637	2003	11.35	1.73	10.862	0.931
1988	13.48	5.68	9.167	1.861	2004	11.42	2.85	11.637	1.407
1989	8.29	-0.88	5.872	-2.126	2005	12.59	1.18	12.639	0.042
1990	8.4	-1.22	5.756	-1.299	2006	11.93	2.14	12.47	0.714
1991	9.97	1.11	6.595	2.79	2007	10.91	3.48	12.593	1.524
1992	15.01	10.53	8.72	6.651	2008	10.46	1.5	12.384	-0.94
1993	14.6	5.12	11.032	5.312	2009	11.51	0.32	13.421	-2.353
1994	11.49	4.94	11.243	3.031	2010	12.81	-0.82	14.676	-2.087

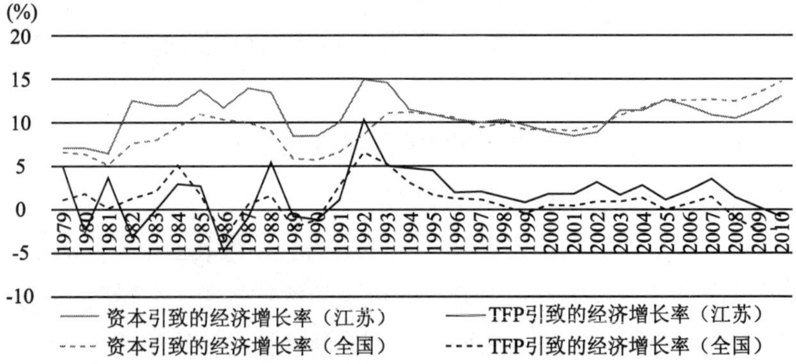

图14.2　江苏与全国资本和TFP要素引致的经济增长率对比

1. 资本贡献情况比较分析

在对比中，资本引致的经济增长率变动大致可以分为两个阶段。第一阶段为1979—1993年，这一阶段资本引致的经济增长率在5%～15%之间大幅度波动，且江苏省波动幅度较全国水平更为明显，所引致的经济增长率也高于全国水平，表明这一阶段江苏省经济发展对于资本的依赖明显高于全国水平，资本对经济的拉动效果也更好，但过大的波动说明对于投资方式与投资利用并不科学。主要原因是，这一阶段我国处于改革开放初期，计划经济迈出了向市场经济转轨的第一步，国家大规模的投资成为拉动经济增长的主要力量，而江苏省作为改革开放的排头兵之一，肩负着探索经济发展与转轨方式的重任，投资强度自然高于全国，投资的探索性质较全国水平也更为显著。

第二阶段为1994年至今，投资引致的经济增长率明显平稳，且江苏省与全国的引致水平基本保持一致，2000年以后，全国投资引致的经济增长率开始高于江苏，说明在前十年探索经验的积累下，尤其是1994年市场经济全面建设以来，全国层面的投资内容、方式与利用明显变得科学，“拍脑袋”决定投资的现象明显减少；而此时的江苏省则更多地面临经济转型与升级的要求，对于资本的依赖有所减弱。

2. TFP贡献情况比较分析

TFP引致的经济增长率波动幅度明显大于资本，且并没有显著的增长趋势，表明我国整体的经济发展方式仍然较为粗放，科技与人力资本贡献程度并不突出，这也成为我国经济发展与转型面临的主要问题。通过对比可以发现其变动与资本有类似的规律，1993年之前，波动幅度很大，江苏与全国TFP对经济增长的影响处于同一水平。1993年之后，江苏TFP的拉动作用强于全国水平，说明江苏省在科研、教育、人才培养等方面强于全国整体水平，经济发展方式也更为科学。但是，这一时期TFP引致的经济增长率处于下降趋势，一方面由于我国经济增长率趋于平稳，但更主要的是对于科研等活动的重视程度仍然不够，经济增长仍然过多地依赖投资，发展眼光不够长远。

（二）江苏要素贡献结构与东部主要省市的比较

相对于全国水平而言，江苏与东部主要省市的比较更具有借鉴意义。

东部省份经济发展水平普遍领先于全国，在要素贡献结构方面也各有长短，通过比较能够更好地理解江苏要素结构与贡献情况，并能够发现江苏经济发展方式的不足。由于北京、上海、广东、浙江与江苏的经济发展水平与质量更为突出，本章将在下面的内容中对它们进行更为细致的比较；此处对比的省市主要是天津、河北、山东、福建与辽宁。见表14.3、图14.3—14.5。

表14.3　江苏与东部主要省市要素贡献率变动的对比

		1981—1985	1986—1990	1991—1995	1996—2000	2001—2005	2006—2010
江苏	资本	85.94%	96.51%	72.36%	87.67%	81.26%	85.23%
	劳动	4.68%	8.85%	-2.96%	-1.80%	2.34%	4.97%
	TFP	9.39%	-5.36%	30.60%	14.13%	16.40%	9.80%
天津	资本	76.74%	112.14%	83.11%	89.38%	78.30%	84.96%
	劳动	5.85%	2.45%	2.21%	-9.39%	1.84%	5.15%
	TFP	17.41%	-14.59%	14.68%	20.01%	19.86%	9.89%
河北	资本	55.04%	81.63%	73.19%	110.72%	90.63%	115.34%
	劳动	7.75%	8.55%	4.47%	0.93%	0.33%	3.55%
	TFP	37.21%	9.82%	22.34%	-11.64%	9.04%	-18.90%
山东	资本	73.89%	98.30%	58.92%	90.17%	87.29%	93.95%
	劳动	4.89%	6.27%	3.37%	0.26%	2.59%	2.68%
	TFP	21.22%	-4.57%	37.71%	9.57%	10.12%	3.37%
福建	资本	80.72%	84.77%	52.11%	89.28%	82.69%	86.15%
	劳动	8.09%	9.27%	4.34%	2.15%	4.93%	5.23%
	TFP	11.20%	5.96%	43.55%	8.57%	12.38%	8.62%
辽宁	资本	101.36%	109.43%	62.53%	73.35%	64.29%	96.17%
	劳动	6.78%	7.64%	4.90%	2.91%	-0.27%	2.89%
	TFP	-8.14%	-17.06%	32.57%	23.74%	35.98%	0.95%

1. 资本贡献率对比分析

从六省市对比可以发现，资本仍然是东部主要省市经济发展的主要动力，波动中基本保持平稳，30年来对于经济增长的贡献基本都在60%以上；六省市趋势基本一致，“六五”期间受改革开放初期投资热潮的影响，出现大幅度上升，“七五”至“八五”中期，由于投资过热导致的第一次通胀危机的影响，以及为了实现“软着陆”的宏观调控等原因，投资贡献率明显下降；但随后随着市场经济改革深入与“胡温”黄金十年，资本贡献再次攀升，2000年后在高位保持相对稳定。

江苏省投资贡献程度处于中间水平，反映江苏经济的投资依赖水平位于中游；其波动程度不大说明对于投资的利用方式相对科学，但同样反映其经济发展方式转变并不明显。河北资本贡献率基本呈上升态势，且上升幅度最大，资本贡献率与依赖程度在六省市中最为突出；江苏、天津、福建基本保持稳定，近十年在80%左右徘徊；辽宁虽然近5年有所上升，但长期看，基本处于下降态势，表明辽宁经济发展方式转变较为明显，原先高度依赖投资的重工业产业结构正在发生明显变化。

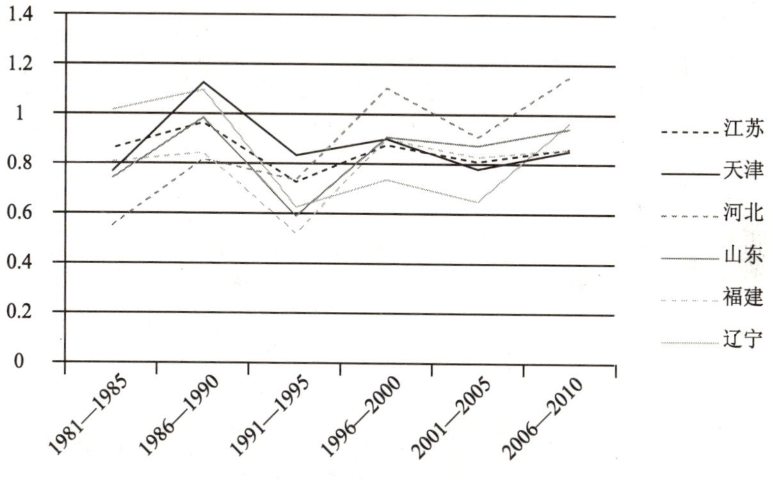

图14.3　东部主要省市与江苏资本贡献率变动情况

2. *劳动贡献率对比分析*

劳动贡献率方面六省市间存在明显不同，辽宁、福建、山东、河北整体趋势大体保持一致，长期处于下降趋势，但近十年基本保持稳定。表明东部省市对劳动力依赖程度整体下降，廉价劳动力的比较优势与传统要素结构正在发生转变，不过，近十年的产业结构调整与经济发展方式转变却没有突破进展，虽然经济保持平稳较快增长，但改革进程明显放缓，经济发展更多地表现为“以稳为主”。天津波动更为明显，呈现巨大的“深V”形转变。一方面同样受上述原因的影响，另一方面是由于天津的特殊地位，作为毗邻北京的直辖市，经济总量相对于其他东部省份较小，具有典型的“船小好调头”的特点，对于要素选择与经济发展方式选择较为灵便，因此其波动幅度更为明显。江苏劳动贡献程度波动小于天津，但大于其他四省，且在“八五”期间率先触底，随后持续上升，目前劳动贡献程度与天津、福建持平。

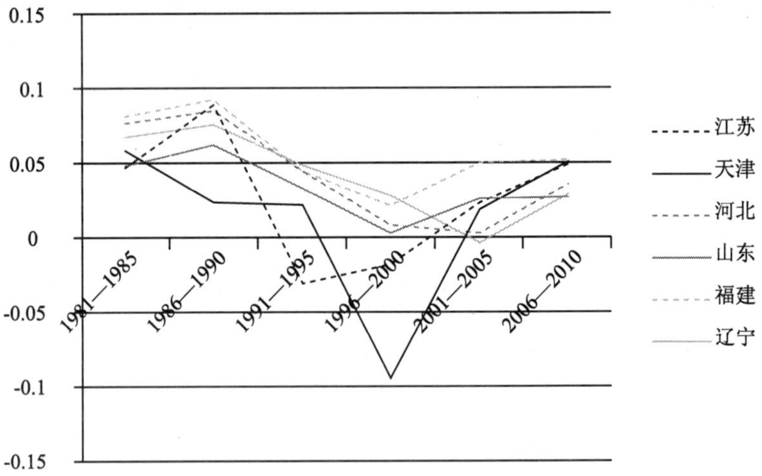

图 14.4　东部主要省市与江苏劳动贡献率变动情况

3. TFP 贡献率对比分析

东部六省市 TFP 贡献率变动同样存在明显不同。在 1981—1995 年之间均呈现“V”形变化，但变动幅度有所不同；河北在波动中下降，从 40% 变为 20%；江苏、福建、山东、辽宁态势基本一致，呈现波动上升状态，其中辽宁上升幅度最大，由 -10% 上升至 30%。

主要是由于改革开放初期，在技术基础薄弱的状况下，除河北外的东部省市的技术发展处于“试错中前进”的状态，但对于经济发展的作用较为明显。1996 年至今，东部主要省市 TFP 贡献率基本在波动中下降，河北下降幅度最为明显。天津则保持在 10% ~20% 较为稳定的状态。辽宁在

"九五"、"十五"阶段保持了较高的TFP贡献水平，但"十一五"期间却下降明显。江苏、福建、山东变化基本保持一致，在一定程度的下降后，在10%～20%的水平下保持稳定。

总体比较，江苏的TFP贡献率在东部主要省市中居于中游，究其原因主要是经济增长平稳之后，稳定的投资与回升的劳动贡献挤占了TFP的贡献空间；虽然国家近几年强调"转变经济发展方式"，但由于东部经济发展程度较高，固有的依赖投资的经济发展方式难以较快地有效转变，江苏同样如此。

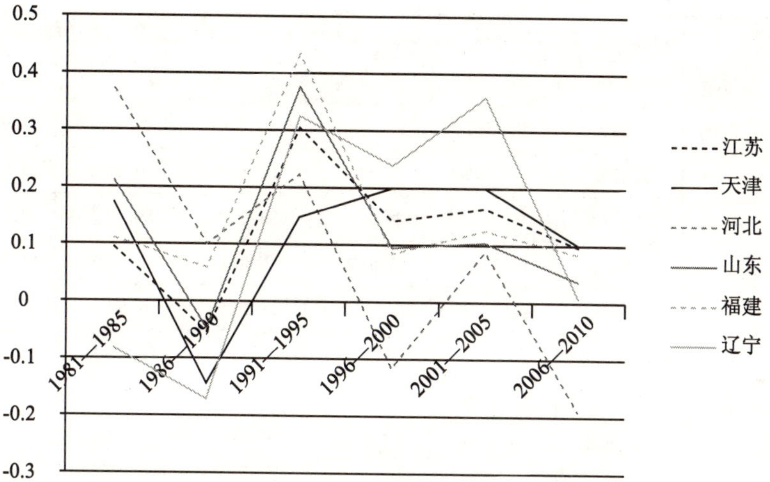

图14.5　东部主要省市TFP贡献率变动情况

4. 简要总结

东部六省市在经济发展水平与经济发展方式上具有较为明显的共性，对于投资均有较强依赖，TFP贡献率介于投资与劳动之间，劳动贡献较为微弱；从要素供给结构来看经济发展方式，辽宁与天津的转变较为明显，河北发展方式转变最为微弱，甚至出现更加粗放的倾向，山东、福建经济发展方式有所转变，但并不突出。

江苏经济发展水平在其中处于较为领先的水平，但经济发展方式转变并不突出，与山东、福建基本保持同样水平。近十年，资本贡献率位居东部六省市第三，劳动贡献位居第二，TFP贡献位居第三，要素贡献结构所反映的经济的发展方式仍较为粗放；更为重要的是，从变化趋势来看并没有出现明显的改变态势，表明江苏省经济发展方式转变任重道远。

（三）江苏要素贡献结构与中部省份的比较

通过前面章节的论述可以看出，江苏省经济发展程度与发展方式基本领先于中部大部分地区。下面我们将江苏与中部地区进行简要对比，以更清楚地认识江苏经济发展在全国中的位置。见表14.4与图14.6~图14.8。

1. 与中部五省比较

表14.4 江苏与中部五省要素贡献率变动的对比

		1981—1985	1986—1990	1991—1995	1996—2000	2001—2005	2006—2010
江苏	资本	85.94%	96.51%	72.36%	87.67%	81.26%	85.23%
	劳动	4.68%	8.85%	-2.96%	-1.80%	2.34%	4.97%
	TFP	9.39%	-5.36%	30.60%	14.13%	16.40%	9.80%
安徽	资本	84.80%	102.07%	44.02%	83.10%	89.54%	102.11%
	劳动	7.84%	13.71%	5.54%	2.84%	1.86%	4.36%
	TFP	7.36%	-15.79%	50.44%	14.05%	8.60%	-6.47%
江西	资本	72.18%	97.60%	67.93%	96.81%	119.05%	111.36%
	劳动	9.70%	11.97%	6.09%	-3.90%	4.73%	4.41%
	TFP	18.12%	-9.57%	25.98%	7.09%	-23.78%	-15.77%
河南	资本	68.05%	100.06%	63.54%	96.16%	89.81%	105.39%
	劳动	7.58%	9.37%	5.41%	8.18%	0.71%	2.38%
	TFP	24.37%	-9.43%	31.05%	-4.34%	9.48%	-7.77%
湖南	资本	67.82%	100.03%	55.67%	85.43%	91.33%	101.75%
	劳动	7.03%	11.20%	5.13%	-0.66%	2.91%	3.54%
	TFP	25.15%	-11.23%	39.19%	15.23%	5.75%	-5.29%
湖北	资本	39.57%	79.42%	55.44%	81.16%	107.62%	94.44%
	劳动	4.63%	7.13%	3.07%	-2.98%	3.07%	5.30%
	TFP	55.80%	13.44%	41.50%	21.82%	-10.68%	0.26%

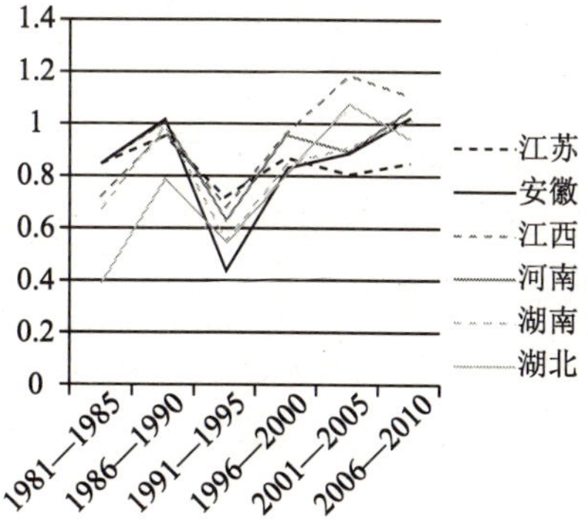

图 14.6　江苏与中部五省资本贡献率比较

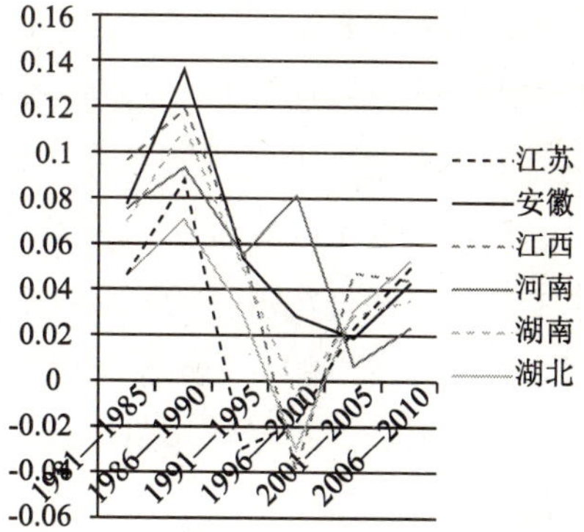

图 14.7　江苏与中部五省劳动贡献率比较

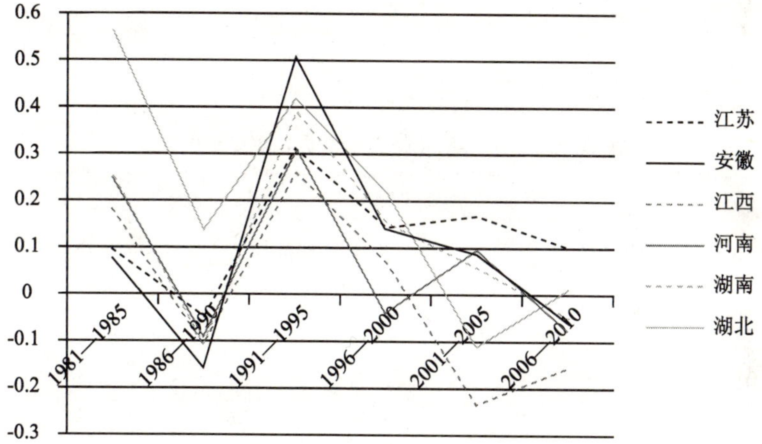

图 14.8　江苏与中部五省 TFP 贡献率比较

通过对比可以发现近 15 年来，江苏要素的贡献结构明显优于中部五省。从资本贡献层面看，“十五”之前，江苏要素资本贡献率基本高于中部五省，资本所引致的经济增长率与产值更是明显较高，表明这一时期，江苏经济对于资本的吸引、利用更为合理，资本形成总量较为庞大，拉动了经济的高速发展。但“十五”与“十一五”期间，资本贡献率明显落后于中部五省，表明相对中部五省而言，江苏经济发展方式已经出现了明显变化，而中部五省正在经历江苏的上一发展阶段。

从劳动力贡献程度来看，在较长时期内，江苏省劳动贡献率均低于中部五省，但近年来有所提高，与中部五省基本相当，但需要注意的是劳动要素对于经济发展的贡献质量存在明显不同。“十五”之前，江苏经济发展主要依赖于大规模的投资，而中部省份发展仍主要是简单劳动的贡献。但近十年来，随着江苏经济的平稳高速增长，对于劳动的需求日益提高，其中主要是掌握一定技术的高级技工与具有较高学历的人力资本需求量的提高。而中部省份的劳动贡献的降低，更主要是由于资本贡献的作用很大程度上稀释了劳动贡献的作用，而且中部大量的剩余劳动力已经向东部地区转移。

从TFP贡献率来看，近15年江苏TFP贡献高于中部五省，加之江苏的经济总量与增长速度，其引致的实际增长总量更是明显高于中部省份。由此表明江苏在研发、创新、教育等环节具有中部省份缺少的比较优势。

2. 与东北两省比较

表14.5 江苏与东北两省要素贡献率变动的对比

		1981—1985	1986—1990	1991—1995	1996—2000	2001—2005	2006—2010
江苏	资本	85.94%	96.51%	72.36%	87.67%	81.26%	85.23%
	劳动	4.68%	8.85%	-2.96%	-1.80%	2.34%	4.97%
	TFP	9.39%	-5.36%	30.60%	14.13%	16.40%	9.80%
吉林	资本	80.83%	133.53%	97.71%	79.21%	99.58%	82.24%
	劳动	8.92%	3.76%	2.89%	-5.96%	3.64%	4.02%
	TFP	10.25%	-37.29%	-0.60%	26.76%	-3.22%	13.74%
黑龙江	资本	81.22%	99.53%	93.60%	80.96%	105.34%	98.96%
	劳动	14.69%	16.29%	4.14%	-9.27%	1.06%	6.00%
	TFP	4.09%	-15.82%	2.26%	28.31%	-6.40%	-4.96%

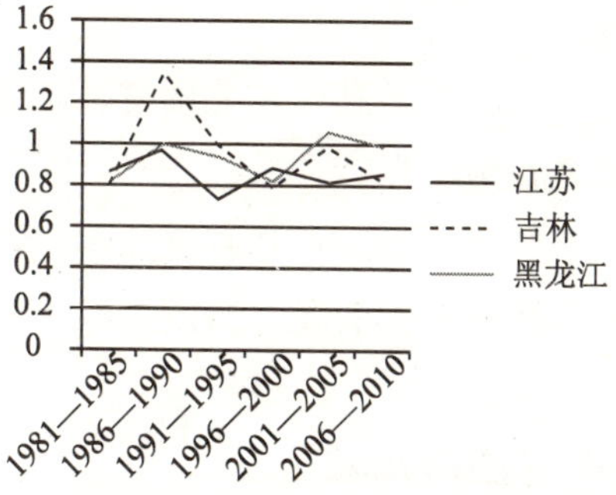

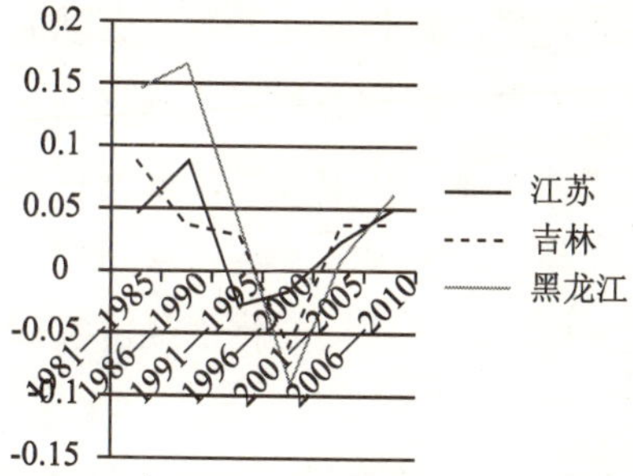

图 14.9　江苏与东北两省资本贡献率比较　图 14.10　江苏与东北两省劳动贡献率比较

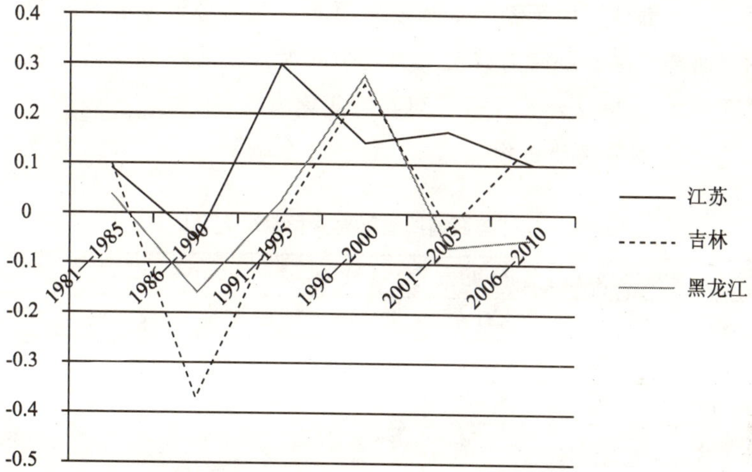

图 14.11　江苏与东北两省 TFP 贡献率比较

如表 14.5、图 14.9 ~ 图 14.11，从江苏与东北两省的对比可以发现，长期以来它们的经济发展方式存在显著不同。从资本贡献来看，由于产业结构的不同，东北两省资本贡献率自改革开放以来基本都高于江苏；东北是我国的重工业基地，重工业比重很高，固定资产投入数额巨大，经济发展来自资产折旧的贡献比例很高，因而资本的贡献率自然很高。

劳动贡献率方面，三十年中三省互有高低，差别不大；但江苏波动幅度明显较小，黑龙江的波动幅度较大；具体来说，东北两省劳动贡献率在“九五”期间触底后，均出现反弹，并在“十一五”期间保持在 5% 左右的平稳状态，主要由于东北在振兴老工业基地的背景下，投资拉动促进了经济的发展，同时增加了对于劳动的需求。

在 TFP 贡献率方面，在大多时期内，江苏明显高于东北两省，东北两省则波动明显，其中吉林在近五年内 TFP 贡献率保持在较高水平。综合来看，江苏经济发展方式与要素结构较优于东北，不过吉林省近几年的要素贡献结构出现了积极变化，经济发展方式转变较为明显，其发展经验值得江苏借鉴。

（四）江苏要素贡献结构与西部省区的比较

在与东中部进行对比之后，我们将进一步与西部主要省区进行对比。整体而言，西部地区由于经济基础较为薄弱，江苏经济发展水平明显高于西部；但西部地区发展潜力较大，加之西部大开发战略的进行，西部地区经济发展方式在 2002 年来出现了可喜的变化。

1. 与西南四省区的比较

表 14.6 江苏与西南四省区要素贡献率变动的对比

		1981—1985	1986—1990	1991—1995	1996—2000	2001—2005	2006—2010
江苏	资本	85.94%	96.51%	72.36%	87.67%	81.26%	85.23%
	劳动	4.68%	8.85%	-2.96%	-1.80%	2.34%	4.97%
	TFP	9.39%	-5.36%	30.60%	14.13%	16.40%	9.80%
广西	资本	35.19%	64.80%	71.31%	135.19%	105.19%	108.74%
	劳动	12.23%	14.51%	4.95%	4.62%	4.08%	4.63%
	TFP	52.58%	20.69%	23.74%	-39.81%	-9.27%	-13.37%
四川	资本	57.17%	68.16%	48.42%	101.44%	98.87%	92.83%
	劳动	5.92%	7.81%	3.32%	-2.21%	1.77%	2.95%
	TFP	36.91%	24.03%	48.26%	0.77%	-0.64%	4.22%
贵州	资本	59.65%	83.20%	51.63%	113.99%	123.37%	102.69%
	劳动	9.64%	20.97%	9.89%	8.57%	5.87%	4.87%
	TFP	30.71%	-4.16%	38.48%	-22.57%	-29.25%	-7.57%
云南	资本	85.02%	80.37%	117.12%	124.43%	111.36%	34.99%
	劳动	7.79%	11.70%	6.48%	2.92%	4.07%	6.46%
	TFP	7.18%	7.93%	-23.59%	-27.35%	-15.42%	58.56%

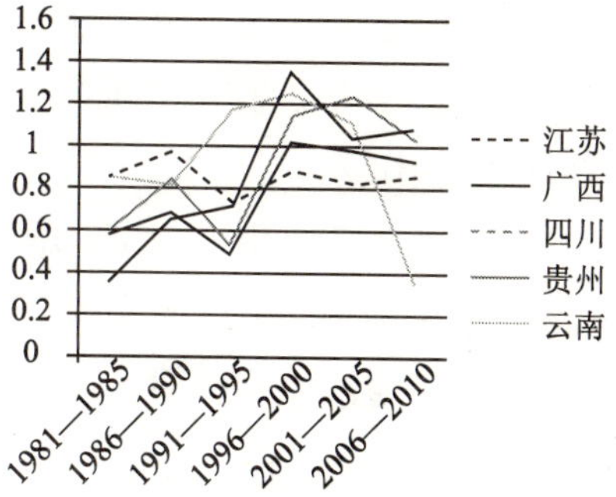

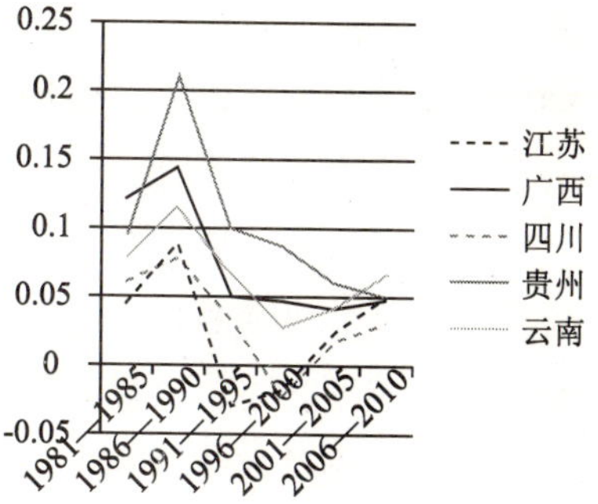

图 14.12　江苏与西南四省区的资本贡献率对比　图 14.13　江苏与西南四省区的劳动贡献率对比

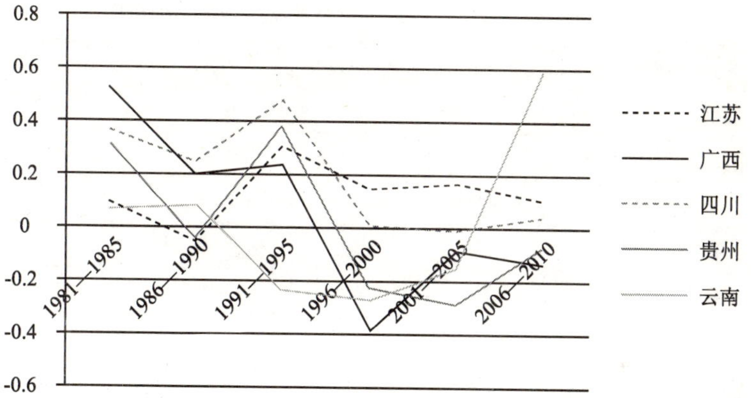

图 14.14　江苏与西南四省区的 TFP 贡献率对比

如表 14.6、图 14.12—14.14，通过与西南四省区的比较可以看出，除云南外，江苏在要素结构方面明显优于其他省区。近年来，多数西南省区的资本贡献率维持在 100% 左右，可见其经济发展几乎全部依赖于投资，劳动贡献率在 5% 左右徘徊，TFP 贡献率则基本为负。表明西南省区经济发展方式十分粗放，要素贡献结构极不平衡，尤其是资本与劳动之外促进经济发展的要素力量十分缺乏。

不过值得注意的是，云南省要素供给结构明显不仅优于西南省区，甚至也明显优于江苏省，其经济发展方式在“十一五”期间经历了显著变化，而在此之前，云南的要素贡献结构在西南省区中也属较差。

目前，云南资本对经济贡献率不到 40%，劳动贡献率在 5% 左右，

TFP 贡献率则达到了近乎 60%，超过全国大部分省区。其原因来自于云南经济结构的变动与发展思路的突破，近十年来，云南以打造“七彩云南”为核心思想，不盲目追求工业化，而是从自身比较优势出发，以发展旅游、传统医药、边境贸易等特色产业为发展重点，既弱化了对于资本的依赖，又提高了其他要素的利用能力，以旅游业为代表的第三产业发展加速了云南的经济转型之路，也就造就了云南科学的要素供给结构。这对于江苏省是一个颇为有益的启发。

2. 与西北五省区的比较

表 14.7　江苏与西北五省区各要素贡献率变动的对比

		1981—1985	1986—1990	1991—1995	1996—2000	2001—2005	2006—2010
江苏	资本	85.94%	96.51%	72.36%	87.67%	81.26%	85.23%
	劳动	4.68%	8.85%	-2.96%	-1.80%	2.34%	4.97%
	TFP	9.39%	-5.36%	30.60%	14.13%	16.40%	9.80%
陕西	资本	72.47%	114.41%	59.13%	84.94%	101.87%	118.45%
	劳动	8.95%	8.37%	7.71%	1.49%	2.15%	1.58%
	TFP	18.58%	-22.77%	33.16%	13.57%	-4.01%	-20.02%
甘肃	资本	29.24%	77.65%	67.20%	103.53%	114.37%	136.97%
	劳动	25.95%	13.86%	-8.48%	1.50%	9.23%	4.16%
	TFP	44.81%	8.49%	41.28%	-5.04%	-23.60%	-41.14%
青海	资本	62.43%	92.80%	74.87%	135.16%	130.26%	115.13%
	劳动	13.21%	24.05%	-7.38%	5.13%	8.43%	6.26%
	TFP	24.36%	-16.85%	32.51%	-40.29%	-38.69%	-21.39%
宁夏	资本	46.19%	91.04%	91.04%	88.59%	98.60%	101.25%
	劳动	13.83%	18.60%	15.70%	10.07%	7.86%	6.15%
	TFP	39.98%	-9.64%	-6.74%	1.34%	-6.46%	-7.40%
新疆	资本	98.61%	97.08%	121.36%	114.27%	112.12%	114.36%
	劳动	5.97%	5.87%	3.85%	1.20%	8.58%	7.04%
	TFP	-4.58%	-2.95%	-25.22%	-15.46%	-20.70%	-21.40%

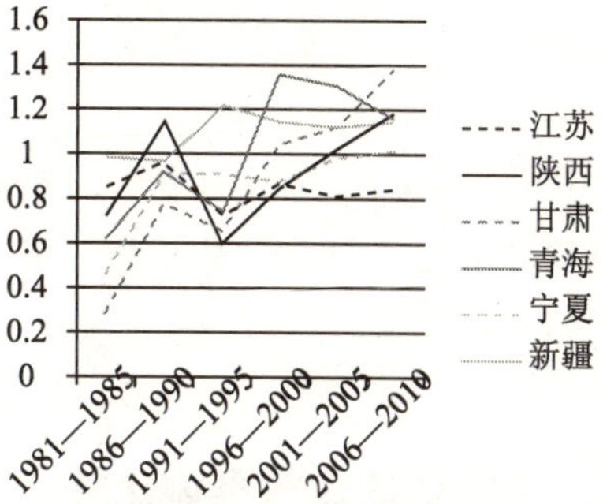

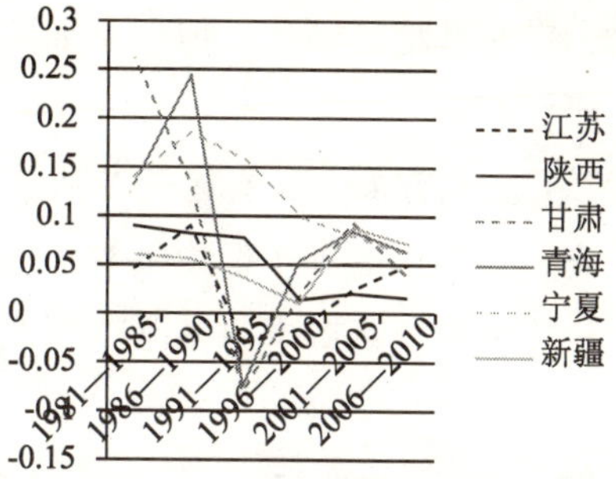

图 14.15　江苏与西北五省区的资本贡献率比较 图 14.16　江苏与西北五省区劳动贡献率的比较

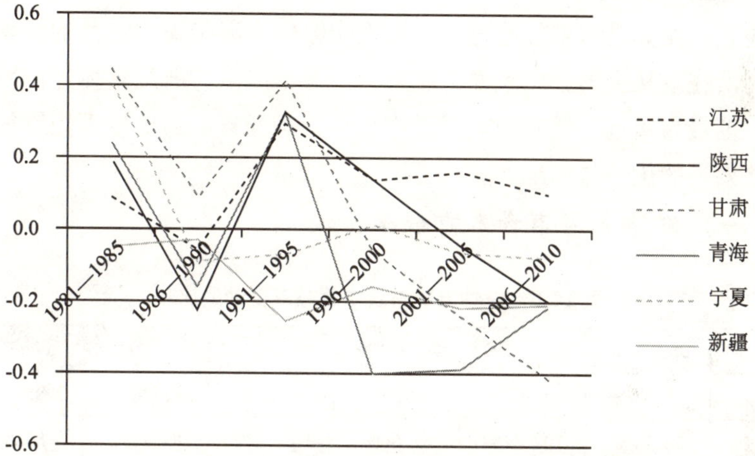

图 14.17　江苏与西北五省区 TFP 贡献率的比较

如表 14.7、图 14.15 ~ 图 14.17，通过与西北五省区的比较可以看出，江苏经济发展与要素结构明显优于西北五省区，差距明显。资本贡献方面，江苏省资本贡献近几年呈现平稳下降态势，表明对资本依赖明显降低；而西北五省区基本呈现波动中上升趋势，分别在“六五”、“十一五”达到了高峰，主要因为西北地区经济发展仍然主要来自重工业的拉动，资本折旧与固定资产投资的数额较大，与东北较为相似。

劳动贡献方面，甘肃、青海两省波动幅度最大，新疆近几年则出现了一定的上升态势，但整体基本呈现波动下滑状态。但是其劳动贡献率下降并不是由于 TFP 贡献的上升，而主要由于资本贡献的稀释作用，以及大量劳动力向东部地区转移。但即便如此，除陕西外，其他省区的劳动贡献率均高于江苏。

TFP贡献方面，各省区基本从波动中逐渐平稳，江苏的TFP贡献率明显较高，其他省区基本都为负数，表明其经济发展方式十分粗放，仅仅依赖于投资劳动，与西南省区基本相似。

三、江苏与浙江、上海、北京、广东发达省市具体比较

通过上一部分的对比，我们较为清楚地认识江苏要素贡献结构在全国中的位置；尤其是与东部地区的比较更能够较为清楚说明江苏的要素结构的优劣所在。从全国层面来说，北京、上海、广东与浙江整体经济发展水平与江苏最为接近，领先于全国平均水平，对五省市的比较更能够得出江苏经济发展的优势与不足。

（一）发达五省市资本贡献率比较

表14.8　发达五省市资本贡献率变动的比较

	1981—1985	1986—1990	1991—1995	1996—2000	2001—2005	2006—2010
江苏	85.94%	96.51%	72.36%	87.67%	81.26%	85.23%
浙江	58.14%	100.34%	65.61%	102.60%	89.95%	85.60%
上海	86.39%	104.61%	87.13%	100.05%	69.66%	75.45%
北京	90.50%	100.47%	92.19%	85.50%	70.80%	75.22%
广东	83.87%	64.55%	63.70%	85.19%	65.52%	78.05%

1. 资本贡献变动的整体描述

总体而言，资本仍是我国发达省市经济发展的核心动力，贡献率维持在60%以上，从当前资本贡献情况来看，江苏、浙江排位最高，达到80%，上海、广东、北京相对较低，在70%左右。

从长期来看，江苏与浙江、上海的变动趋势基本一致，在改革开放初期的“六五”、“七五”时期内出现一升一降，并在“八五”期间触底，“九五”期间再一次有所攀升，随后十年在平稳中有所下降，由此说明长三角地区在经济发展方式上存在着显著的相似性，更深层次原因则是产业

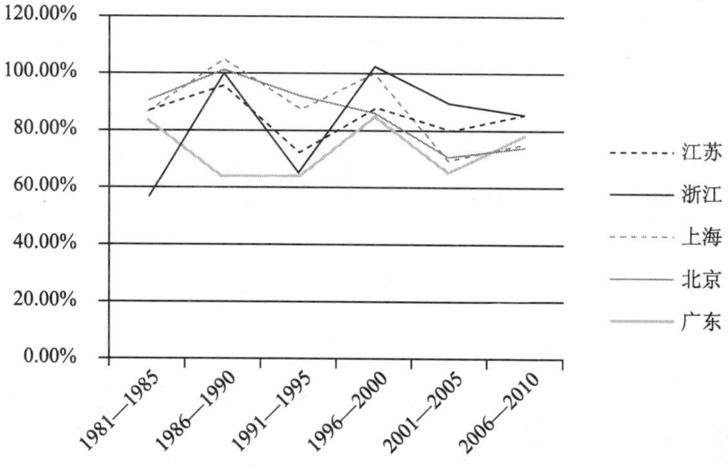

图 14.18　发达五省市资本贡献率变动的比较

结构、贸易结构、人民生活水平与经济发展程度的内在相似性。近十年来，长三角三省市中，上海降幅最大，其次为浙江，江苏降幅最小。

但是，以江苏为代表的长三角与北京、广东的资本贡献变动情况却存在较为明显的不同。广东省资本贡献率从长期来看基本处于各省市最低地位，波动明显，但下降趋势并不显著。北京市资本贡献率波动幅度最小，且呈现明显的下降态势，从五省市的相对高位水平基本下降至“十一五”的最低位置。见表 14. 18、图 14. 18。

2. 资本贡献的具体分析

（1）上海、浙江的具体分析

长三角地区资本贡献率变动的具体原因同上文一致，即改革开放初期大量生产性投资大幅度提高了资本贡献率，而盲目投资带来了 21 世纪初的第一次通胀危机，从而被迫减少投资，实现经济软着陆；随后在国家发展市场经济的宏观背景下，政府投资带动民间投资的增加，造成了“九五”期间资本贡献率的提升；近十年“转变经济发展方式”成为经济发展的核心思想，发达省市面临着调整产业结构与要素结构升级的需要，因此需要率先降低对于投资的依赖程度。

但近十年来，两省市具体的变动幅度不同则反映了各自经济发展方式、要素结构，以及发展转变措施实施与效果的不同。上海降幅最大，从"九五"期间的将近100%的水平下降至"十一五"期间的70%左右，下降幅度达到30个百分点。上海作为我国经济最为发达的地区，优势要素与要素结构变动最为明显，在经济发展方式转变与应对国际竞争的背景下，近十年上海将培育现代服务业作为实现产业结构升级的重要途径，着力打造国际商务服务中心、金融中心、文化创意中心、国际航运中心，以及科技研发中心；以外向经济为发展的主要导向，加速制造业等生产性部门向中西部省区转移。通过一系列具体措施与国家政策支持，要素结构已经产生显著变化，尤其是对以固定资产投入为主的资本依赖减少，其经济发展方式的转变走在全国前列；此外，减少资本依赖也成为上海应对国际金融危机的重要举措。

浙江下降幅度其次，但资本贡献率仍然位于较高水平。浙江是我国民营经济最为发达的省份，经济结构以贸易加工制造业为主，要素结构以资本与劳动投入为主，从事简单加工的中小型私营企业是其最为庞大的经济主体。这一经济现状由其资源小省、经济大省的特殊情况决定。面对廉价劳动力比较优势丧失的客观现实，浙江经济发展方式却存在着较为突出的问题。虽然浙江决策层同样重视培养创新能力与转变产业结构，但是，出于其中小民营经济为主的特殊经济结构，企业家在经济发展转轨过程中，更重视资本的再造与升值，也就造成了浙江大量的流动资本、民间资本的形成；近十年，民间资本对房地产、金融衍生品等虚拟经济领域的投资，对于浙江经济发展的贡献日益增强，也造成了浙江经济对资本的过高依赖。民间资本是一把双刃剑，如何使用至关重要。总体来说，浙江的发展经验并不算十分成功，其经验教训值得江苏借鉴。

（2）广东、北京的具体分析

广东所代表的珠三角地区的较低资本贡献率源自于其经济结构的不同，虽然其经济外向性同样很高，但是其经济结构与上海、浙江均存在一定差异。广东省产业结构以外贸加工制造业为主，但是与浙江省不同，其劳动密集型企业规模相对较大，参与国际分工企业的产品科技含量较高；更为重要的是，近年来为了应对廉价劳动力比较优势丧失，广东省更加注重对于拥有自主知识产权与核心创新能力的大中型企业的扶持，尤其在互联网、软件、移动智能终端、高端家电等行业有重大突破，例如腾讯、华为、中兴、格力、美的、TCL 等企业的迅速发展；对于传统代工的劳动密集型制造业则更注重培育自主品牌，例如东鹏瓷砖、富安娜家纺、碧桂园食品等，通过品牌附加值的增加，增强了国际竞争力；而传统制造业则加速向湖南、江西等内陆省份转移。这种基于价值链攀升的产业调整与经济发展方式的选择，大幅度地降低了对于资本，尤其是固定资产投入的依赖程度；而重视创新的发展思路也促使民间资本投入更具有战略性与长远性。其发展的有益经验值得江苏借鉴。

北京对于投资的依赖呈现的下降趋势则反映了其经济发展方式的转变，以及产业结构调整的结果。作为首都的北京一直是我国重要的工业基地，在早期发展中重工业比重很高，资本投入量巨大；但是随着首都功能的转变，北京的发展开始方式逐步向创新驱动、技术支撑、第三产业主导的发展方式转变；首都的天然政策优势加之奥运会举办的良好契机，使得北京在近十年内的经济转型速度明显快于全国其他地区。顺应后工业时期的发展要求，在国家极大力度的支持下，北京在淘汰落后产能、传统重工业转移、现代服务业发展、创新能力培育方面取得了重大突破。这些措施大大减少了传统投资，使得资本的贡献率保持下降。

（3）江苏的对比分析

江苏与上述四省市相比，异同之处兼具。经济发展水平十分接近，但是从产业结构与经济特征来说，却存在显著不同，也造成了江苏资本贡献率的居高不下。江苏不同于广东与浙江的地方在于，江苏大中规模的传统工业在国民经济中的比重很大，尤其体现在苏中、苏北地区；国有经济在所有制成分中比重较高，虽然以苏州、无锡为代表的苏南地区民营经济也十分发达，但是科技含量并不突出。另一方面，江苏又不同于上海与北京，江苏经济存在明显的地域落差，苏南最为发达、苏中其次、苏北相对落后。上述原因造成了江苏不能在短时间内大幅度减少对工业的资本依赖，而考虑到平衡区域发展差异，产业转移又只能更多的在省内进行。此外，加之毗邻上海，发展现代服务业的条件又相对不足，难以对传统工业的资本依赖产生有效的稀释作用。

江苏省近年来着重培养生物医药（泰州）、光伏光能（无锡）、软件服务（南京）、文化创意（苏州）、新能源（连云港、南通）等新兴产业；并加速传统装备制造业升级（徐州），提升其科技含量。这些具有战略性特点的措施，势必会推动江苏经济的有效转型，但是，短期内的对于降低资本依赖的效果会相对有限。

（二）发达五省市劳动力贡献率比较

表 14.9　发达五省市劳动贡献率变动的比较

	1981—1985	1986—1990	1991—1995	1996—2000	2001—2005	2006—2010
江苏	4.68%	8.85%	-2.96%	-1.80%	2.34%	4.97%
浙江	7.50%	4.57%	1.38%	0.00%	4.95%	6.95%
上海	1.88%	0.68%	-0.92%	-4.91%	8.28%	2.68%
北京	6.30%	3.13%	2.72%	-2.63%	11.58%	13.46%
广东	5.33%	4.15%	3.10%	1.71%	4.80%	5.18%

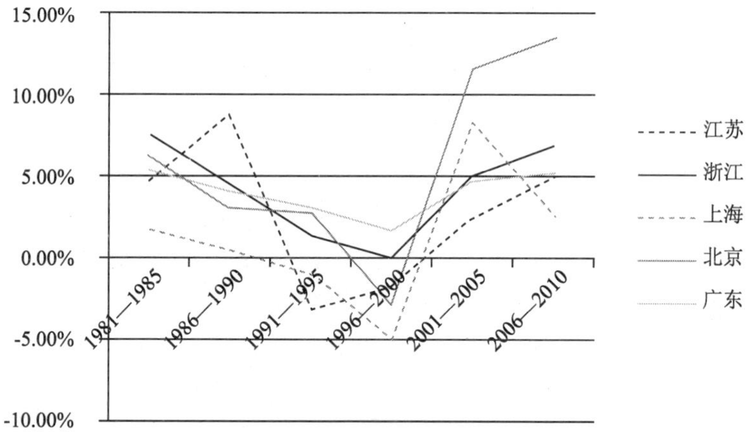

图 14.19　发达五省市劳动贡献率变动的比较

1. 劳动贡献率对比的总体描述

通过对五省市劳动贡献率的比较，可以看出劳动都不是主要的经济发展动力，贡献率均在 15% 以下，“十一五”期间北京劳动贡献率最高，达到14%；其次分别是浙江、广东、江苏、上海。从长期来看，均呈现先降后升的态势；近十年来，除了上海有所下降外，其余省市均在平稳中有所上升。从整体变化趋势来看，浙江与广东在变化轨迹与贡献程度上均较为接近，贡献率在0~5%之间徘徊；上海与北京的变化趋势相对接近，但北京的劳动贡献程度整体高于上海；上述省市劳动贡献率均在“九五”期间达到最低，随后开始攀升。江苏较为特殊，“触底”在“八五”期间，其变化轨迹在本章前文中已有详细论述。

总体来看，劳动贡献率首先出现下降趋势，主要由于改革开放的前20年我国经济发展依赖于持续扩大的投资规模，加之我国参与国际分工程度有限，投资贡献在很大程度上稀释了劳动贡献。而近15年来，我国参与国际分工持续深化，廉价劳动力优势作为我国核心比较优势，对于经济发展的作用有持续提升，加之剩余劳动力转移进程的加快，劳动投入带来的规模报酬持续提高，提升了劳动对经济的贡献程度。如表14.9、图14.19。

2. 劳动贡献率对比的具体分析

(1) 浙江与广东的具体分析

浙江与广东在劳动贡献率上的相似主要来源于其经济结构的相似，正如上文论述的那样，广东与浙江经济的外向程度很高，外贸零部件加工、外包订单加工在其经济构成中的比重很大；虽然在具体行业、科技含量、企业规模、价值链环节上有所不同，但是这一经济类型都具有典型的劳动密集型特征，较为低廉的劳动力成本是这些产业长期发展的根本保证。在此背景下，广东与浙江变成吸收内地劳动力转移规模最大的两个省份。虽然廉价劳动力优势的丧失成为大势所趋，但是，产业转型与升级仍然要经历一个较长的过程。

“十一五”期间，浙江的劳动贡献率高于广东，主要原因同样是广东在创新能力培养、品牌培育等价值链攀升方面做得较为出色，而浙江更多地在“低端锁定”的边缘徘徊。

(2) 上海与北京的具体分析

上海与北京的变化形态较为接近，都经历了“大落大升”的两个阶段，不过北京的劳动贡献率始终保持在较高水平；而且，“十一五”期间北京劳动贡献率呈现稳中有升，而上海则是下降明显。近年来，两市劳动贡献率变化都伴随着其产业结构的调整，两市都注重第三产业，尤其是现代服务业的发展，但是发展的重点与选择的方向有所不同。上海更加注重于国际化发展，以涉外金融、商贸、科研的相关行业为主，北京则更加注重发展国民经济基础性、支撑性的高端产业；此外，北京在制造业等实体经济部门的比重高于上海，由此导致了北京对于劳动需求规模大于上海；而上海在劳动力质量上的需求略强于北京，对劳动力的选择也更加苛刻，但更容易受到国际金融危机等不良经济环境的影响。因此，上海劳动力贡献程度下降，而北京则基本保持平稳。

（3）江苏具体的对比分析

"十一五"期间，江苏省劳动供给率基本与广东持平，贡献程度在五省市中居中。江苏整体经济结构较为均衡，制造业与第三产业发展规模均相对较高，国有经济与民营经济比例整体协调，这就造成了对于劳动的需求较为平稳，不会出现较为明显的劳动力需求波动；在劳动力需求结构方面，普通劳动力与高素质的劳动力需求比例也较为稳定。因此劳动贡献率在五省市中相对居中。

（三）发达五省市 TFP 贡献率比较

表 14.10　发达五省市 TFP 贡献率变动的比较

	1981—1985	1986—1990	1991—1995	1996—2000	2001—2005	2006—2010
江苏	9.39%	-5.36%	30.60%	14.13%	16.40%	9.80%
浙江	34.36%	-4.91%	33.01%	-2.60%	5.09%	7.44%
上海	11.74%	-5.29%	13.79%	4.86%	22.07%	21.87%
北京	3.20%	-3.60%	5.09%	17.13%	17.62%	11.32%
广东	10.80%	31.30%	33.20%	13.10%	29.68%	16.77%

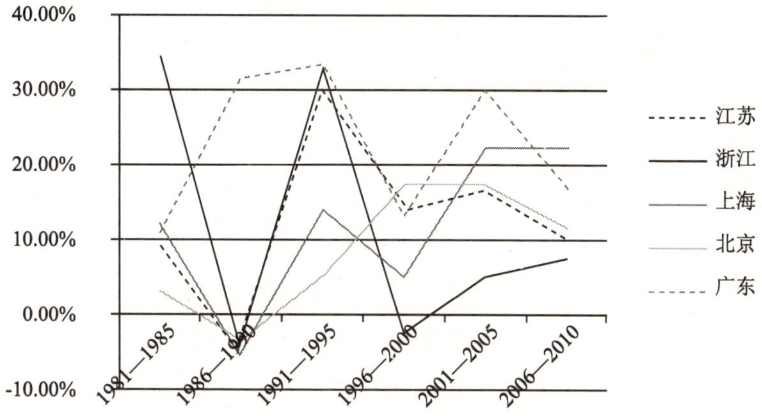

图 14.20　发达五省市 TFP 变动的比较

1. 整体描述与分析

通过 TFP 的比较可以看出，五省市 TFP 贡献率波动十分明显，除广东与上海外，其他省市均呈现不同程度的“W”形波动。在“六五”至“八五”期间，江苏、上海、浙江与北京均出现先降后升的形态，这一形态与资本的变化趋势基本相反。究其原因主要是改革开放初期，这些省份的发展方式均较为接近，即大量固定资产投入促进了资本的大量形成，促使资本积累成为带动经济的主要力量，而对于技术发展等第三要素的要求并不明显；20 世纪 90 年代初的通胀危机使得对于经济进行调整，资本贡献率降低较为明显，同时这段时间起进入东部省份的外资企业形成一定规模，在技术研发与外溢方面的作用开始显现；这样的一升一降造成了“V”字形波动。

但是进入“九五”之后，五省市的变动轨迹出现明显不同。“九五”时期，除北京外各省市均出现一定程度的下降，其中浙江降幅最为明显；近十年，广东省先升后降，其他各省市则相对平稳；各省市 TFP 贡献率的变动反映了在经济发展方式、产业结构、经济构成等各方面的不同。

三十年间，各省市 TFP 贡献率的排名变化显著：“十一五”期间上海位置最高，达到 20% 以上；其次为广东，在 15% 以上；北京、江苏位列第三、第四，在 10% 左右徘徊；浙江最低，贡献率在 10% 以下。下面将对

“十一五”期间五省市 TFP 贡献率的变动情况进行分析。

2. TFP 贡献率变动的具体分析

（1）上海与广东的具体分析

上海与广东 TFP 贡献率在“十一五”期间位居前两位，广东数值虽然较“十五”期间有所下降，但仍然维持在相对高位，表明两省市的经济发展方式的转变取得了较为突出的成果。如前文所述，两省市虽然在产业结构上存在一定差异，但无论是广东突出扶持的高技术制造业，还是上海着重发展现代高端服务业，都是典型的知识技术密集型产业；此外，两省市在信息技术、生产性服务业、物联网等产业都具有相当的优势。更为重要的是，上海与广东是以市场为导向、企业为主体的创新模式，科研成果可以直接贡献于经济增长。正是经济内容中知识技术含量提高成为 TFP 贡献率提升的关键因素。

“十一五”期间广东与上海均提出了一系列产业结构升级与技术创新的发展措施，率先将创新驱动作为发展思路，取得较大成就。2010 年，上海第三产业增加值占全市生产总值比重达到 57% 左右，技术产业产值占工业总产值比重达到 23.2%，全社会研发经费支出占全市生产总值比例达到 2.8% 以上，单位生产总值综合能耗累计下降 20%。广东省 2010 年三次产业结构预计为 5.0:50.4:44.6，规模以上轻重工业增加值比例为40:60；自主创新能力明显提升，高技术产业发展迅速；先进制造业加快发展，装备制造业形成规模化、高级化发展格局；现代服务业加快壮大，传统产业转型升级步伐加快。

（2）北京与浙江的具体分析

北京 TFP 贡献率稳中有降，浙江则有所上升，虽然变化趋势不尽相同，但是贡献率水平均不是很高，在 10% 左右，北京高于浙江。北京作为我国教育、科技中心，整体技术研发实力居于全国前列，但是与上海与广东不同的是，北京的技术成果产业化过程并不是十分成熟；上海与广东的技术研发基本都是应对市场需求与企业发展而进行的，是以企业为主体，产品应用为导向的研发模式，成果可以直接转化为经济价值。但北京的研发更多的是以国家政策与资金引导、高校与科研机构为主体、服务全国经济需要为导向的科研模式。造成了北京产学研链条环节薄弱，具体体现在三个方面。

第一，北京拥有全国三分之一左右的重点实验室、工程技术研究中心，全国50%的院士在北京工作，特别是在京的高校、科研院所和中央企业研究机构集中了大量的科技资源，但大量中小企业和部分国有企业的创新能力还不强。第二，2010年北京技术合同成交额近1 600亿元，占全国的40.4%，其中近80%输出到其他省区市以及出口，对全国创新发展作出了很大贡献，但在北京实现产业化的成果比例相对较低。第三，2010年北京研发经费达到821.8亿元，占地区生产总值的比例为5.82%，其中来自中央、地方政府的资金占57.4%，用于基础研究的资金比例较大，但企业、社会对科技成果产业化过程的投入显得不足。

就浙江而言，其较低的TFP贡献率主要由于其经济特征与产业结构。如前文所说，浙江省经济以从事简单形式外贸加工的中小民营经济为主体，民间资本充足，政府对经济的控制力量相对较弱；中小企业家的战略眼光更多的是集中在资本升值，因而投资方向集中于虚拟经济。对于实体经济的创新投入相对不足，造成了TFP贡献率的低水平状态。

（3）江苏省的对比分析

“十五”、“十一五”期间江苏省TFP贡献率与北京基本在同一水平，在五省市中处于中间靠后的位置，通过对比分析，可以看出其原因有两点。第一，与北京类似，江苏省科技成果转化体制不健全。江苏省同样是我国重要的教育与基础研发基地，汇集了大量著名的高等院校与科研机构，拥有较强科研能力；但是产学研衔接能力却相对不足，甚至落后于北京。高校与从属于高校的科研机构是江苏省最主要的科研主体，以课题为依托的科研形式往往又不能与江苏省经济发展的实际需要有效契合，相对薄弱的社会科研力量则不能有效提高整体科技水平；虽然在光伏、生物医药等新兴产业的企业研发能力有所发展，但并不成熟，一些龙头企业正面临发展危机（例如无锡尚德）。

第二，江苏经济结构不利于科技创新能力的提升。如前文所述，江苏传统工业比重较大，虽然第三产业发展水平相对较高，但是经济科技含量与企业科研水平却相对不足，与上海、广东比差距较大。以装备制造业为主的传统工业通过技术创新提升的周期相对较长，研发资源投入要求更高，加之长期形成的工业发展模式，在短期内难以形成科技对经济劳动能力的有效提升。江苏近几年虽然顺应国家要求与发展需要，重视新能源、新材料、高端装备制造、生物医药、物联网、信息技术等产业的发展，但是整体规模与发展程度有限，在企业发展与品牌建设方面仍处于起步阶段，与上海、广东差距明显，且同样落后于北京。

（四）江苏省与四省市对比分析总结

通过上述分析可以看出，资本仍然是发达五省市经济发展的主要推动力量，其次为TFP，劳动的贡献均相对较弱，表明我国发达地区的经济发展方式集约程度有限；但是近十年的要素贡献结构变动表明，各省市在经济发展方式的转变的速度与趋势产生了较明显的不同。

五省市在改革开放前15~20年的发展方式较为类似，都是依赖于高额投资带动的资本贡献率的提升。但在“十五”与“十一五”时期，上海与广东的要素供给结构变动较为明显，资本贡献率下降、TFP贡献上升；北京与江苏有所转变，但并不显著；浙江要素结构变动最小，经济发展方式相对落后。整体而言，江苏经济发展方式转变居于相对靠后的位置。

就发展趋势而言，上海与广东在有效措施的作用下，产业结构升级、科研能力提升等均有显著进展，逐渐形成了以知识技术密集型的现代服务业、信息技术产业、高端装备制造业为主导的产业格局。北京在政策优势与良好发展契机的有利条件下，虽然经济发展方式略逊于上海，但转变幅度较为明显，表现出了支柱产业由传统重工业向现代高技术产业转变的产业结构升级趋势。浙江由于经济结构与发展基础的特殊性，在产业升级与发展方式转变进程中相对缓慢，且遇到一定阻力。江苏近年来在一系列针对性措施的有效带动下，经济发展方式转变开始加速；尤其是以发展战略性新兴产业为主要内容、以创新驱动为重点的战略实施，为江苏经济发展方式的转变指明了方向；但需要注意的是，江苏省现阶段的经济发展方式转变仍然面临着产业结构较为固化、传统工业比重较高、比较优势并不突出等较多问题，加之转变具有长期性，江苏省仍然任重道远。

四、总结

就经济发展而言，江苏省经济发展水平位于全国前列；经济总量、产业结构、发展质量等均位于全国领先地位，与上海、北京、广东、浙江位居第一集团，领先于中西部地区，以及大部分东部省份；就要素贡献结构与经济发展方式而言，领先于除云南外的中西部省区，但在东部地区位居中游，在与上海、北京、广东、浙江等经济发达省市的对比中，则排在中间靠后的位置；从发展方式转变幅度来说，江苏省经济发展方式转变并不明显，落后于上海、广东，与北京相当，领先于浙江。总体而言，现阶段江苏省经济发展方式集约程度有限，TFP 对经济的贡献能力有待加强，需要进一步加快经济发展方式的转变，与产业结构、要素结构的升级。

根据对比分析，江苏省经济发展方式应当继续以创新驱动、转型发展为主要思想，以发展战略性新兴产业带动产业结构升级作为主要内容。具体措施制定要坚决围绕“四个坚持”与“六个突破”，把创新贯穿于江苏经济社会发展各个环节和全过程，着力推进制度创新、科技创新、管理创新和文化创新，坚持人力资源优先开发和教育优先发展，切实增强自主创新能力，使科技进步和创新成为江苏转型发展的重要支撑。

专栏：江苏省创新驱动战略实施的“四个坚持”与“六个突破”

四个坚持

坚持把促进科技与经济紧密结合作为加快创新驱动发展的战略重点，坚持把增强自主创新能力作为加快创新驱动发展的核心任务，坚持把构建以企业为主体的技术创新体系作为加快创新驱动发展的重要抓手，坚持把促进创新资源优化配置和高效作用作为加快创新驱动发展的基本要求。

六个突破

一是在科技推动产业结构优化上取得新突破。围绕实施产业升级“三大计划”，集中力量开展重大技术创新，着力推动科技创新与产业升级紧密结合，努力构建具有国际竞争力的现代产业体系，加快实现经济由大到强的转变。二是在提升企业创新能力上取得新突破。以实施国家技术创新工程为抓手，引导和支持企业增强创新能力，加快培育壮大创新型领军企业，着力将创新资源引入企业，着力将技术研发机构建在企业，着力将科技服务覆盖到企业，着力将创新政策落实到企业。三是在科技惠民上取得新突破。把科技进步与保障改善民生、创新社会管理紧密结合起来，进一步实施民生科技促进计划，着力解决关系民生的重大科技问题，让科技成果更好地惠及广大人民，突出抓好民生科技产业，突出抓好环保科技项目，突出抓好科技社区建设。四是在打造人才高地上取得新突破。牢固树立科学人才观，加快建设一支规模大、结构优、素质高的创新人才队伍，努力以人才优势构筑创新发展优势，大力培养引进高层次创新创业人才，大力推动科技大军下基层，大力构建人才发挥体制机制。五是在完善区域创新布局上取得新突破。以苏南创新提升、苏中创新崛起、苏北创新跨越为目标，加强分类指导，合理布局资源，努力形成各具特色、优势互补的区域创新体系。六是在深化科技体制改革上取得新突破。按照以企业为主体、市场为导向、产学研用紧密结合的要求，不断深化科技体制改革，着力在高校院所科研体制改革、科技资源开放共享、科技管理体制改革等方面实现更大突破。

第十五章　政策建议

一、优化投资环境，不断完善软硬件设施

首先要优化政策环境，取消不合理政策，解决在政策执行过程中弹性较大、透明度不高等问题，对跨国公司高新技术产业、现代制造业、现代服务业等行业要给予适当倾斜，对跨国公司的政策要具有连续性。要优化法律环境，执法部门要依法办事，给予跨国公司国民待遇。进一步加快基础设施建设步伐，尤其是重点地区，实现跨国公司投资在区域间有序分布，推动地区协调发展。

完善的投资环境是吸引高质量外资的重要因素之一，投资环境包括硬件和软件两个方面。从硬环境方面来说，政府应该进一步改善城市环境、提高城市空气质量、完善城市配套设施和基础设施建设；从软环境方面来说，一是政府要保持外资政策的连续性和稳定性，不会因为更新某些优惠政策而使得部分外商投资者的投资意愿和投资金额有所下降。二是政府应进一步完善外商投资的相关法律法规，保证外商投资者在本地区能够享有充分的权力和利益。三是政府要进一步加强服务意识，营造高效优质和谐的政务环境，提高政府工作水平和效率，把企业满意作为服务的第一标准，按照多做事、多服务、少干预、少设障碍的原则，为外资企业提供满意的投资环境。

二、大力发展技术密集型产业和现代服务业，推动产业整合

作为中国最具经济活力的省份之一，江苏省应积极实行产业结构升级，在创新中推动产业整合，从而取得经济发展的主动，保持其经济体系相对的独立性和完整性。主要可以从下面几个方面进行：第一，调整劳动密集型产业，压缩低档产品，注重自我研发能力培养，扶持高附加值和高

技术含量的产业，树立国际品牌。第二，进一步加强对外经济联系，积极参与国际分工，吸纳其产业链中劳动密集型和技术密集型的生产环节。同时，吸引外资也要错位发展，建立良好的产业布局。第三，对长三角各地区的关联度高、地位重要的优势产业或潜力产业，应集中有限的资源，重点发展，形成规模经济，提升产品的国际竞争力。第四，加快培育具有先导性的高新技术产业，如电子信息、生物工程、航天航空、新材料产业，采取自主研发与国际引进相结合的方式，发挥后发优势，以较低的成本建立起与世界先进水平接近的高新技术产业化体系。第五，利用江苏省特有优势，加快发展第三产业，建立起具有相当辐射范围的现代服务业。

江苏省对外直接投资在第三产业的分布主要集中于房地产业、批发零售业、交通运输仓储邮政业及租赁商品服务业，对金融保险业、社会福利业、文化体育娱乐业等部门投资偏少，这些较高层次的服务业在江苏省发展比较落后，并且这些行业非国有经济进入也比较小，主要与我国产业开放政策有关。所以要尽快改革第三产业的相关政策，打破行业垄断，大力发展现代服务业。服务业是外商未来投资的热点和增长点，积极引导外资参与商贸物流业，鼓励外商在各城市中心地带建立大型超市、连锁经营品牌旗舰店等现代物流业。鼓励外商投资旅游业，把先进的管理经验带到景点的开发和维护中，兴办中外合资旅行社，提升旅游业的整体素质，此外，还要积极推动文化卫生、体育卫生、娱乐业的对外合作等。最重要的是鼓励世界四大银行等大型跨国银行在江苏省大力投资，努力发展现代金融业，以使江苏省更好地融入世界经济活动中。积极引导欧美等发达国家对技术密集行业进行投资，基于发达国家及地区在科技创新方面的优势，有效利用外资的技术溢出效应。

三、培育具有国际竞争力产业集群，增强内外资源配套能力

产业群落的良好发展可以为经济释放巨大的能量。培育具有国际竞争力的产业群落，必须建立在市场与政府统一的基础上，通过资源配置效率高、市场反应灵敏的企业组织来实现。对城市间优势相对分散的产业，可以在企业间建立产业联系网络，打破条块分割，统一竞争规划，利用企业

外部的垂直联系与水平联系，形成网络型的产业组织空间，互为雇主和供应商，一致形成较强的对外产业优势，整体对外出口。对优势相对集中的产业，可以通过关联企业兼并重组，整合形成若干具有规模经济优势的跨地区企业集团。集团企业作为独立于地方政府的利益主体，能够规避地区分割和不适当的行政分割，在区域内自行优化资源配置，建立产业组织体系，并以跨地区的集团企业为核心形成产业群落。

产业集群的特征使得民营企业配套存在较多的潜在需求方，只要能够提供合格的成本较低的配套产品，寻求配套外企就比较容易，而且外向配套发展比较成熟时，一家民营企业就可以为多家外资企业提供配套。各开发区应确定区内的主导产业，积极引进产业关联度大、产业链比较长的外资投资项目，加强各区的基础设施建设，单纯依靠优惠的政策和政府有意识扶持一批高新技术企业难以达到发展产业集群的目的。在东道国，外商面临着很多的不确定性，此时外商在选择 FDI 区位时往往采取“跟进”效应，一旦产业集群形成，会有越来越多的跨国企业来此投资。在发挥产业集群效应的同时，一定要防止像劳动密集型等处于价值链底层的产业在开发区内大量聚集，无疑这样的集群效应不会起到拉动江苏省产业结构升级的作用。

四、加强长三角区域协作，加快区域经济一体化进程

要实现区域一体化，最终还要建立一个跨行政区的管理机构统一规划协调，并赋予相应的调控权，对各地方政府的行为构成有效约束，避免使其演变成只有协调职能，却无决策权力的尴尬。因此实现长三角区域整体的协调发展，必须突破行政区划限制，建立有效的区域合作机制和一定形态的协调机构。在产业升级的过程中，要弱化地方政府行政参与经济的力量，避免盲目投资与恶性竞争而出现的无效投资、泡沫经济及资源外流。进一步推进区域合作，不仅可以减少因内部无序竞争带来的浪费，而且可以通过在更大空间范围的资源配置提高生产效率，降低发展成本，从而推动可持续率先发展的实现。从一定意义上说，能否进一步深化体制改革，强化市场在资源配置中的基础性作用，实现从政府主导经济向民间主导经

济的转化，将是决定长三角未来发展的关键。要进一步深化体制改革，推动政府职能转变，强化市场在资源配置中的基础性作用。政府间要加强相互协作和联动，规范和优化有效竞争的市场环境，来培育和构建统一、开放、规范的共同市场，保障市场机制发挥基础性作用。遵循市场行为规律，有效地协调城市间物流、资金流、信息流和人才流。长三角应努力实现率先建立和完善社会主义市场体制，率先在市场规则上与国际接轨，形成统一、有序、公平、竞争的市场环境。

长三角已建立了一些区域协调合作机制，应在此基础上进一步扩展范围，深化内容，提高层次，强化效果。要打破行政区划分割，消除行政障碍，强化市场机制，形成生产要素自由流动、产品和服务彻底开放的长三角共同市场，优化区域资源配置。共建区域性的商品物流共同市场、产权交易市场、人力资源共同市场、科技成果及知识产权保护共同市场、基于信息网络平台的信息共享市场，以及文化旅游共同市场等。还需加强重点基础设施建设的协调，在区际交通、通讯信息、江河整治、生态环境保护等重大基础设施建设方面加强合作与协调，尤其是强化在区域整体规划上的相互衔接，实现资源共享、信息共享，最大限度地提高基础设施的利用率和规模经济效益。